문화예술 PR 전략

이 수 범 저

서울경제경영

저자소개

이수범

서강대학교 신문방송학과에서 석사와 미국 오클라호마대학교에서 언론학 박사 학위를 취득하였으며, 방송위원회와 정보통신윤리위원회에서 정책연구를 수행하였다. 서강대학교 영상대학원 교수를 거쳐 지금은 인천대학교 신문방송학과 교수로 재직하고 있다.

지난 5년간 한국광고홍보학회 학회장과 〈한국광고홍보학보〉, 〈광고연구〉, 〈홍보학연구〉 편집위원장을 역임하였으며, 현재는 한국언론학회 부회장으로 활동하고 있다. 수상실적으로는 한국조사연구학회의 한국갤럽학술논문상, 미국 방송학회 국제분과 최우수논문상, 한국광고학회의 제일기획 저술부분 학술상 등이 있으며, 교내에서 학술연구상을 받았다. 또한 마르퀴즈사가 발행하는 인명사전 〈Who's Who in the World〉에 등재되었다.

저서로 『디지털 시대의 음악산업』, 『영화 마케팅 PR론』, 『시장개방 20년과 한국의 광고산업』 등이 있으며, 역서로는 『퍼블릭 스피킹』, 『상품세계의 인식과 설득』, 『인터넷 마케팅의 원칙』, 『대통령 선거 마케팅』 등이 있다. 그 밖에 ≪Communication Research≫, ≪Journal of Media Economics≫, ≪Asian Journal of Communication≫, ≪Public Relaions Review≫, ≪Continuum≫, ≪한국언론학보≫, ≪광고연구≫, ≪광고학연구≫ 등의 저널에 130여 편의 논문을 발표했다.

서문

문화예술 분야는 문화콘텐츠 상품을 다루고 있기 때문에 21세기를 주도할 신성장 동력으로 작용할 것이라는 기대를 받고 있다. 더구나 글로벌 시대의 문화콘텐츠 판매 시장은 특정 국가에 국한되지 않고 전 세계를 대상으로 한다. 뮤지컬 한 편이 히트하는 것만으로도 작곡가나 제작자 또는 가수가 벌어들일 수 있는 수입 규모가 매우 커졌다는 점에서, 문화상품을 다루는 문화예술 산업은 경제의 논리가 적용될 수 있는 분야다. 가령 예전에는 클래식 공연을 할 때 순수 클래식 연주만을 했었다면 근래에는 일반인들이 쉽게 다가갈 수 있도록 대중음악을 가미하고 이벤트 성격이 강한 공연을 하는 것이다.

최근 뮤지컬, 오페라, 미술전시회 등이 흥행에 성공하면서 문화예술의 산업화가 급속히 이루어지고 있다. 문화예술 산업의 활성화로 인하여 이제 기획력이 뛰어난 콘텐츠만 있으면 큰 돈을 벌어들일 수 있는 황금알을 낳는 거위가 되었다. 즉, 우리는 문화예술 분야의 산업적 전망을 위해서는 효과적인 마케팅과 홍보의 중요성에 대한 논의가 필요한 시점에 서 있다. 한편 디지털 시대를 맞이하면서 문화예술 분야의 PR 전략에서도 새로운 변화를 겪고 있다. 따라서 문화예술 산업이 지속적으로 성장하기 위해서는 디지털 시대의 새로운 패러다임을 적용해야 한다. 이러한 시점에서 이 책은 문화예술 분야의 효과적인 홍보방안에 관한 학문적인 이해와 실용적인 정보를 제공하기 위한 목적으로 쓰였다. 다시 말해, 저자는 21세기에 들어 새롭게 변화하는 문화예술 분야의 PR 전략에 대해 체계적으로 정리해 보고자 한다.

구체적으로 〈문화예술 PR 전략〉은 PR과 홍보의 개념과 차이를 설명하고, 문화예술 PR 매체와 미디어 시스템에 대해 다루고자 한다. 문화 예술홍보 실무자들을 위해 보도자료, 기자회견, 인터뷰 준비, 사진의 중요성 등 언론홍보에 관한 전반적인 내용을 설명하려 한다. 또한 문화예술 홍보분야에서 그동안 많이 논의되지 않았던 PR 전략, 예산, 마케팅 PR에 대해서도 살펴보고자 한다. 마지막으로 SNS와 스마트 미디어를 활용한 문화예술 PR 사례를 소개하고자 한다.

국내 문화예술 분야의 기획 경영 실무자는 대부분이 홍보와 관련하여 비전문가로 구성되어 업무를 진행하고 있다. 더욱이 문화예술 분야의 특성상 영세하게 사업을 추진하고 있다. 이에, 문화예술 행사 및 공연, 전시 등을 기획하여 사업을 추진하고자 할 때 실무자들이 PR을 어떻게 전략적으로 계획을 수립하고 시행해야 할지 난관에 부딪히는 경우가 다수이다. 이를 해결하고자 문화예술 분야의 시장 특성을 반영한 PR 전략에 대한 계획 수립부터 시행까지 전체적인 진행 절차와 그에 대한 방법을 제시함으로써 문화예술 분야 행정 및 기획 경영 실무자의 홍보 수행 역량을 강화하고자 한다. 이런 의미에서, 본 저서는 각종 문화예술 분야의 다양한 사례 등을 통해 문화예술 분야의 PR 전략에 대한 기본적인 지식을 제공하여 실무자들의 필독서로 자리매김하였으면 한다.

이 과정에서 이 책을 잘 마무리 지을 수 있게 도움을 주신 분들이 많다. 우선 문화예술 홍보와 관련된 강의를 들어준 학생들이다. 그들에게서 많은 아이디어와 영감을 얻을 수 있었다. 특히, 일차 자료를 잘 정리해준 송민호 군과 참고문헌의 인용 페이지를 꼼꼼하게 확인해준 이선정 양에게 고마움을 전한다. 이들을 제자로 얻은 것은 나의 행운이다. 또한 어려운 출판환경에서도 좋은 책으로 만들어준 서울경제경영의 김은중 사장님에게도 감사의 말씀을 드린다. 끝으로 본 작업의 마무리 단계에서 교정을 봐 준 지연에게 감사의 마음을 전하고 싶다.

2016년 봄을 맞으면서

잠원동 서재에서

이수범

목차

CHAPTER 01

CULTURAL ARTS PUBLIC RELATIONS STRATEGIES

홍보/PR에 대한 이해

개요

1.1. 우리는 홍보와 PR을 같은 의미로 사용하고 있다. 그러나 엄밀히 말하자면, 홍보는 '알리는 것'에 치중하고 PR은 홍보를 통해 조직의 이해관계자들과 지속적으로 '좋은 관계를 유지하는 것'으로 개념적 차이가 분명히 존재한다. 따라서 문화예술 PR전략의 수립을 위한 기본 과정으로 PR과 홍보의 차이를 명확하게 이해하는 것이 중요하다.

1.2. PR에 대한 다양한 정의에도 불구하고 '공중', '양방향 커뮤니케이션', '상호 호혜적 관계'와 같은 핵심적 개념은 PR을 구성하는 핵심 요소와도 같다. 따라서 각 핵심요소의 개념을 제대로 이해함으로서 PR전략 수립을 위한 기본적 소양을 학습하는 것이 무엇보다 중요하다.

1.3. PR 전략을 수립하기 위해 필요한 상황은 무엇이며, 누구를 대상으로 어떤 프로그램을 활용해야 하는지에 대한 기본적 이해를 습득한다.

오늘의 이슈

2013년 12월 연극배우 이유린이 각종 실시간 검색어 1위를 차지했다. 연극배우 이유린은 대중적으로 잘 알려진 배우가 아니었음에도 성인연극에 출연한 후 극단에서 배포한 보도 자료에 과거 투신자살 시도 내용이 보도되면서 관련 기사와 연관 검색어가 급증했다. 덕분에 무명의 배우와 해당 연극은 대중에게 제대로 '홍보'되었지만, 대중들에게는 부정적 이미지와 여론을 형성하는 계기가 됨으로써 성공적인 PR 활동에는 실패한 사례가 되었다. 여기서 우리는 홍보와 PR의 차이점을 단적으로 볼 수 있다.

PR과 홍보에 대한 다양한 정의가 존재하고 있으나, 전반적으로 PR은 공중과의 호의적인 커뮤니케이션 활동이며, 홍보는 공중에게 언론홍보를 포함하여 여러 매체를 활용하여 특정 정보를 널리 알리는 제반활동을 의미한다. 즉, 홍보는 단순히 '알리는 것'에 치중하는 활동이라면, PR은 대중과의 호의적인 관계를 구축한다는 점에서 큰 차이점을 가지고 있다.

본 장에서는 홍보와 PR의 개념적 차이를 알아보고 홍보보다 광의의 의미를 지닌 PR의 구성 요소와 활용 방안에 대해 알아보고자 한다.

1.1 홍보와 PR의 차이

홍보(弘報)는 '널리 알리다'라는 의미이다. 언론매체 등을 통해 무엇인가를 널리 알리는 것이 대표적인 홍보라고 할 수 있다. 반면 PR은 Public Relations의 약자로 이를 우리말로 직역하면 '공중관계'라고 할 수 있다. 이 때 공중(public)이란 조직과 직 · 간접적으로 관련이 있는 이해관계자들(stakeholders)을 말한다. 즉, 조직과 관련이 있는 이해관계자들은 조직의 활동과 정책에 영향을 받는 공통적인 이해관계를 가진 집단 혹은 조직의 활동과 의견이 영향을 미치는 집단을 의미한다.

PR에 대한 개념이 정립되어 있지 않은 이들에게 '공중'이라는 단어를 정확하게 이해시키기 어렵다면 '공중관계'를 '대인관계'로 바꿔서 설명할 수 있다. 흔히 사람이 살아가는 데 대인관계가 중요하다는 말을 많이 한다. 대인관계란 사람들 상호 간의 심리적 관계를 의미하며, 좋은 대인관계란 단순히 서로를 안다는 것을 넘어서 상호 간의 좋은 이미지를 형성하고 유지하는 것이다. PR도 이와 같은 맥락에서 단순히 공중을 '아는 것' 이상으로 공중과 '좋은 관계를 형성하고 지속적으로 유지하는 것'이라고 할 수 있다. 이러한 맥락에서 '공중관계'는 조직과 공중 사이의 상호이해와 호의를 확보하여 조직의 이미지를 높이고 여러 이해관계자들과 좋은 관계를 유지하는 것이라고 할 수 있다.

홍보와 PR의 차이는 바로 알리는 것을 넘어 모든 사람들에게 '무엇'에 대한 좋은 이미지를 갖게 하는 데 있다. 그렇기 때문에 홍보를 통해 '아는 것'보다 PR을 통해 '좋아하는 것'이 더 높은 효과라고 할 수 있다. 물론 사람들에게 좋은 이미지를 형성시키기 위해선 널리 알려지는 것이 도움이 되지만, 널리 알려졌다고 해서 반드시 좋은 이미지가 형성된다고 할 수 없다(이명천 · 김요한, 2011, pp.1-2).

요약하면 홍보와 PR은 같은 개념이라기보다 PR의 한 수단이 홍보라고 할 수 있다. 홍보 외에도 기업이 공익 캠페인을 수행하거나 사회단체에 기부, 문화예술 활동을 후원해도 좋은 이미지가 형성될 수 있다.

홍보와 PR의 이러한 개념적, 효과적 차이에도 불구하고 우리나라에서 이 두 용어가 같은 개념으로 사용되었던 이유는 크게 두 가지로 정리할 수 있다.

첫 번째는 다양한 PR 수단과 PR 프로그램들 중에서 가장 영향력이 있으며

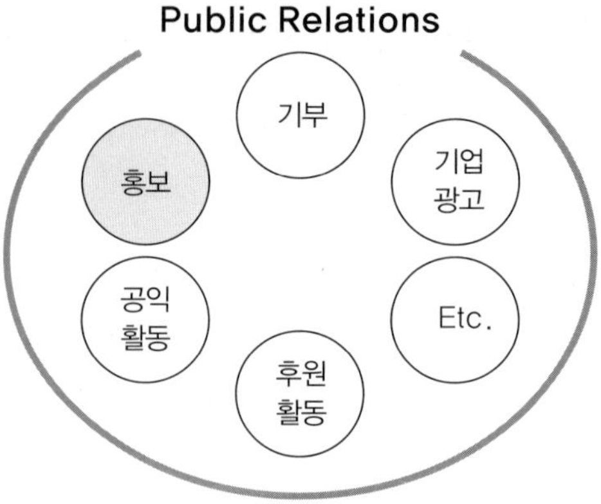

그림 1-1 ■ 여러 가지 PR 수단

오랫동안 사용되어 온 것이 홍보다. 따라서 PR하면 누구나 먼저 홍보를 떠올리게 된다. 두 번째 이유는 정부의 시책 때문이다. 과거 우리나라 정부에서는 지나친 외래어 남용을 막기 위해 용어 사용에서 한글을 권장하였다. PR 관련 학회나 대학 학과를 만들 때도 PR학회나 PR학과 대신 홍보학회나 홍보학과라는 명칭을 사용해야만 했다. 이러한 이유들로 인해 홍보가 PR과 동의어인 것처럼 사용되어 왔다. 물론 아직도 많은 기업이나 조직에서는 홍보라는 용어를 그대로 사용하고 있다. 또한 앞서 기술한 것처럼 PR 수단 중 가장 영향력 있는 수단이 홍보라는 점에서 PR을 홍보라고 하는 것이 반드시 잘못된 것이라고 단정할 수도 없다. 하지만 PR은 개인 또는 조직이 다양한 공중과 호의적인 관계를 형성하기 위한 활동으로 정의하고 홍보는 개인 또는 조직이 주로 언론매체를 통해 자신에 관한 정보를 알리는 활동으로 구분함으로서 개념적 차이를 알아두는 것이 좋다고 판단된다(이명천 · 김요한, 2011, p.2).

1.2 PR의 개념

PR이란 개념을 처음 사용하였던 미국에서조차 통일된 견해가 없을 정도로 PR은 매우 다양한 정의를 내포하고 있다. 1900년대 초기부터 1976년까지 사용되었던 PR의 정의를 수집한 PR 학자이자 전문가인 할로(Rex F. Harlow) 박사에 의하면 당시까지 PR에 대한 정의가 472개에 달할 정도로 매우 다양하였다고 한다. 그는 472개의 PR 정의를 분석한 후 그 구성 요소들을 중심으로 다음과 같이 정리하였다(Cutlip, Center, & Broom, 2006).

> PR은 조직과 그 공중들 사이의 상호 커뮤니케이션, 이해, 수용, 협조를 수립하고 유지하는 데 도움을 주는 분명한 관리 기능이다. PR은 문제와 이슈에 대한 관리를 포함한다. 그리고 경영진들이 여론에 대한 정보를 얻고 제대로 반응하도록 도와준다. PR은 공공의 이익에 봉사하도록 경영진의 책임을 강조한다. 그리고 경영진이 변화에 대응하고 효과적으로 변화를 활용하도록 도움을 주는데, 다시 말해 PR은 트렌드를 예측하는 데 도움이 되는 조기 경보 시스템으로서 기능한다. 또한 조사를 이용하고, 주요 도구로서 건전하고 윤리적인 커뮤니케이션을 활용한다(Harlow, 1976, p.36).

이 외에 여러 나라의 PR관련 주요 협회와 학자들의 정의를 정리해보면 다음과 같다.

표 1-1 ■ PR 관련 주요 학회와 학자들의 정의 (출처: 김주환, 2010, p.8)

PR관련 협회	미국PR협회	사회의 동향을 분석하고 그 동향이 무엇을 초래할 것인가를 예측하여 기업 경영자가 조직과 사회에 이익이 되는 사업을 추진하는 기술이자 사회과학
	프랑스PR협회	한 집단이 집단 구성원 상호간 또는 다른 많은 집단의 여론 사이에 바람직한 관계를 형성하여 이를 유지할 목적으로 전개하는 활동
	국제PR협회	조직과 공중 사이의 커뮤니케이션, 상호이해, 상호작용, 협력을 달성하기 위한 특수기능이며, 문제점을 해결하고 여론동향을 파악하여 변화에 효과적으로 대응할 수 있는 조기경보시스템이다. 또한 기업 활동에 영향을 주는 호의적인 태도를 개발하기 위한 일체의 활동
	영국PR협회	조직과 공중 간의 상호이해를 확립하고 유지하려는 신중하고도 계획적이며 지속적인 노력
	일본상업학회	기업 또는 조직체의 활동에 영향을 주는 공중에 대해 기업 또는 조직이 호의적 태도를 개발하기 위한 일체의 활동
	PR News	공중의 이해와 수용을 얻기 위해 공중의 태도를 평가하고, 개인 또는 조직의 정책 및 절차와 공중의 관심사를 확인하여 행동 프로그램을 계획하고 실행하는 관리 · 경영 기능
PR학자	커틀립(Cutlip)과 센터(Center)	매스 커뮤니케이션을 통하여 한 조직체를 우호적으로 지지하고 문제발생 시에 자신의 입장을 이해하고 영향을 미치려고 하는 노력
	그루닉(Grunig)과 헌트(Hunt)	의도적으로 계획된 바에 따라서 공중의 이익과 일치하는 일의 성패를 위해서 양방향 커뮤니케이션을 전제로 한 경영활동
	스파이서(Spicer)	조직이나 공중을 위한 커뮤니케이션 활동이 아니라 서로 다른 이해관계자가 서로의 의견을 조율하고 갈등을 해소하며 장기적인 관계를 형성해 나가는 광범위한 커뮤니케이션 활동

미국PR협회(Public Relations Society of America)에서는 기존 정의들의 공통 요소들을 정리하여 발표하였으며, 그 내용은 다음과 같다(이명천 · 김요한, 2011, pp.4-5).

1. 조직 관리의 한 부분으로 계획되고 지원적인 프로그램을 실행한다.
2. 조직과 공중 사이의 관계를 다룬다.
3. 조직 내외의 인식, 의견, 태도와 행위 등을 모니터한다.
4. 정책, 절차, 행위가 공중에게 미치는 영향력을 분석한다.
5. 공중의 이익과 조직의 생존 갈등에서 발견되는 정책, 절차, 행위를 조정한다.
6. 조직과 공중에게 상호 호혜적인 새로운 정책, 절차, 행위의 수립에 대해 경영진에게 자문을 한다.
7. 조직과 공중 사이의 양방향 커뮤니케이션을 수립하고 유지한다.
8. 조직 내외의 인식, 의견, 태도와 행위에 구체적인 변화를 준다.
9. 이러한 활동의 결과로 조직과 공중 사이의 새로운 지속적 관계가 형성된다.

이상의 정의들을 종합해 보면, PR이란 개인 또는 조직이 자신과 이해관계가 있는 다양한 공중과 양방향 커뮤니케이션을 통해 상호 호혜적인 관계를 형성하고 유지하기 위해 계획하는 관리활동이라고 할 수 있다. 앞서 기술한 것과 같이 PR에 대한 많은 정의에도 불구하고 그 핵심개념에는 '공중', '양방향 커뮤니케이션', '상호 호혜적 관계'가 포함되어 있다는 것을 확인할 수 있다. 따라서 PR에 대한 이해는 이러한 핵심개념을 이해하는 데에서 출발한다고 볼 수 있다.

1) 공중

먼저, 공중(public)이란 조직과 직 · 간접적으로 관련이 있는 이해관계자들(stakeholders)이며 조직은 공중을 대상으로 다양한 PR 활동을 실시하여 조직에게 미칠 부정적 영향을 최소화하고 긍정적 영향을 극대화시키려고 노력한다. PR 공중은 크게 외부 공중(external publics)과 내부 공중(internal publics)으로 나뉜다. 외부 공중은 조직 밖의 공중으로 조직 내부의 일원은 아니지만 조직과 관련을 맺고 영향력을 미칠 수 있는 집단이다. 주요 외부 공중으로는 정부, 재계, 업계를 비롯하여 언론매체, 교육기관, 각종 시민단체, 지역사회, 소비자 등이 포함된다. 반면 내부 공중은 조직이나 기업이 가장 긴밀한 관계를 맺고 있는 집단으로 경영진, 직원, 투자자 등과 같이 조직의 실체를 공유하는 사람 또는 단체를 의미한다(최윤희, 2008, p.80).

2) 양방향 커뮤니케이션

의사소통을 의미하는 커뮤니케이션(communication)은 메시지를 전달하는 송신자(sender), 그것을 받는 수신자(receiver) 등 최소 2명 이상이 있어야 한다. 그리고 메시지를 전달하는 매개체(channel)가 있어야 한다. 이러한 의사소통을 통해 송신자는 수신자로부터 사전에 얻고자 했던 반응을 얻을 수 있는데 이를 효과(effect)라고 한다. 일반적으로 커뮤니케이션은 송신자로부터 메시지가 채널을 통해 수신자에게 전달되는 일방향(one-way)이지만, 때로는 수신자가 송신자의 메시지를 받아 그것에 대한 자신의 반응을 다시 송신자에게 보낼 수 있으며 이를 피드백(feedback)이라 한다. 이러한 메시지의 선순환은 양방향(two-way)적이며, 송신자와 수신자 모두 커뮤니케이션을 통해 효과를 얻을 수 있다(이명천 · 김요한, 2011, p.6).

PR은 조직과 공중 사이의 양방향 커뮤니케이션을 추구한다. PR에서 송신자는 PR을 하는 주체이며, 공중은 수신자에 해당한다. 이 때 PR을 하는 주체는 메시지를 다양한 프로그램을 통해 공중에게 전달하며 공중은 이러한 메시지에 대해 직접 경로를 통해 피드백을 보내기도 하고 PR의 주체가 공중의 의견이나 태도를 스스로 모니터하기도 한다. 이를 통해 공중의 의견과 태도를 반영하여 조직에 변화를 줄 수 있다(이명천 · 김요한, 2011, pp.6-7).

3) 상호 호혜적 관계

PR에서 상호 호혜적 관계(mutually beneficial relations)는 커뮤니케이션 당사자들이 상대로부터 얻고자 하는 반응으로, PR의 주체는 자신과 중요한 영향을 주고받는 다양한 공중으로부터 호의를 얻어서 조직 경영에 우호적인 환경을 조성하고자 한다. 공중들도 PR의 주체로부터 호감을 사서 PR 주체의 활동을 통해 이득을 얻을 수 있다. 일례로, 대표적인 내부 공중인 직원들과 호의적인 관계를 형성한다면, 직원들은 자신의 기업에 대한 애사심이 증가할 것이며, 이는 직원들 사기를 고취시켜 생산성 증대라는 결과로 나타날 것이다(이명천 · 김요한, 2011, pp.7-8).

1.3 PR의 시스템

1) PR 상황

기업이 처한 PR 상황은 크게 평판 관리(reputation management), 쟁점 관리(issue management), 위기 관리(crisis management)로 구분할 수 있다.

(1) 평판 관리

평판은 특정 기업이나 조직에 대해 공중이 인식하는 이미지의 총합으로 평판 관리는 일반적인 의미의 기업 PR 활동이라고 할 수 있다. 대부분의 PR은 평판 관리를 의미하는 것으로 평소에 평판 관리가 잘 수행되어 왔다면, 해당 기업은 명성을 얻을 수 있다. 이렇게 획득한 명성은 조직의 위기 상황에서 공중들의 이탈을 막고 위기를 극복하는데 큰 힘이 될 수 있다(이명천 · 김요한, 2011, p.9).

(2) 쟁점 관리

쟁점은 '어떤 결정 단계에 있는 해결되지 않은 문제이며, 기업경영에 심각하게 영향을 미칠 수 있는 내 · 외부의 사안, 상태, 사실이나 가치 또는 정책에 대한 논쟁의 여지가 있는 문제'라고 정의 할 수 있다(Moore & Kalupa, 1985: 이명천 · 김요한, 2011 재인용, p.10). 따라서 쟁점 관리는 잠재적으로 영향을 미칠 수 있는 사안이나 현재 논의되고 있는 쟁점들 또는 현재 직면한 특정 쟁점을 파악하고 대비하는 것이다. 구체적으로 쟁점 관리란 기업과 공중 간의 관계에 영향을 미치는 공공정책 쟁점들을 예상, 규명, 평가, 반응하는 사전 반응적 PR이다(이명천 · 김요한, 2011, p.10).

(3) 위기 관리

위기는 조직의 목표를 위협하고 조직을 붕괴시킬 수 있는 물리적인 영향으로 조직의 존재가치를 위협하는 지속적인 상황으로서(이용필 외, 1992: 김주환, 2010 재인용, p.315) 예측하지 못한 상태에서 발생하는 사건이자, 잘못 대처할 경우 기업이나 조직의 이해관계자들에게 부정적인 영향을 미칠 수 있는 중대한 위협이라고 할 수 있다. 따라서 위기 관리는 기업이 바람직하지 않은 결과를 초래할 수 있는 위기를 사전에 감지하여 대비책을 마련하고 위기를 억제하는 것으로 위기 시 이를 극복하여 최소의 비용으로 원상태에 복귀하는 PR 활동을 말한다(이현우 역, 2001: 김주환, 2010 재인용, p.315).

일반적으로 조직은 위기 상황에 직면하기 이전에 위기 유형에 대해 파악하고 그에 따른 관리 매뉴얼을 만들어 사전에 대처해야 한다. 그리고 위기가 감지되면 위기 관리 프로그램을 실시하여 이를 극복해야 한다. 위기는 대체로 일상적인 기업 활동을 방해하고 조직의 존재 자체를 위협하기도 하지만 위기를 잘 관리하여 극복할 경우 기업의 이미지는 이전보다 더 상승할 수 있다(이명천 · 김요한, 2011, p.10).

따라서 기업은 조직에 영향을 미칠 수 있는 위기 유형에는 어떠한 것이 있는지 파악하고 그에 따른 관리 매뉴얼을 만들어 사전에 대처해야 한다. 그리고 위기가 감지되면 위기관리 프로그램을 실시하여 이를 극복해야 한다. 이러한 위기유형의 예는 〈표 1-2〉과 같다(이명천 · 김요한, 2011, p.10).

한편, 미트로프와 포찬트(Mitrof & Pauchant, 1992)는 이러한 위기의 유형들을 책임 수준을 바탕으로 총 다섯 가지의 위기 군으로 분류하였다. 5가지의 위기군은 루머, 자연재해, 악의, 사고(기술적 문제, 도전, 작업장 폭력, 대규모 피해), 범죄(조직의 범죄와 인적 문제)이다. 이러한 유형은 높은 위기 책임성에서 맞은 위기 책임성의 연속성에 따라 배치될 수 있고, 이는 〈그림 1-2〉와 같이 나타낼 수 있다(Mitrof & Pauchant, 1992).

표 1-2 ■ 위기의 유형과 사례

위기 유형	내용	대표적 위기 사례
자연재해	기후나 자연적인 원인으로 발생	지진, 태풍, 홍수 등
악의에 의한 위기	내 · 외부의 적대 세력에 의한 발생	제품 손상, 납치, 테러 등
기술적 원인 위기	기술적인 원인에 의한 발생	사고, 결함, 리콜 등
인간적 원인 위기	인간의 실수로 발생	산업장 재해 등
도전	불만을 가진 이해당사자로 인한 발생	보이콧, 파업, 소송 등
대형 참사	사고로 대규모 환경 피해 발생	기름 유출, 방사능 유출 등
조직의 비행	조직과 관련된 반사회적 · 불법적 행위	반사회적 이익 추구 등
작업장 폭력	직원에 의한 작업장 폭력	상해 사건, 사망 사건 등
루머	조직이나 제품에 대한 잘못된 정보의 확산	제품 오명 소문 등

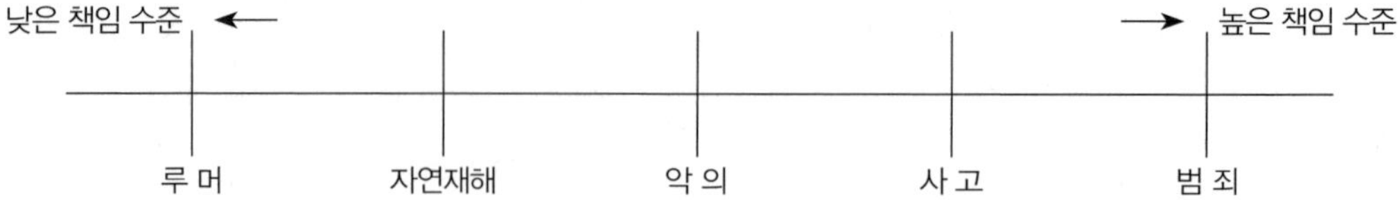

그림 1-2 ■ 위기의 책임 수준에 따른 유형 분류

위기 관리와 관련하여 미트로프(Mitroff)와 피어슨(Pearson)은 감지, 방지와 준비, 억제, 회복, 학습과 같은 5단계의 위기 관리 프로세스를 제안하였다(Mitroff & Pearson, 1993, p.21).

첫째, 감지 단계는 위기가 발생하기 전에 그 가능성을 알려주는 초기의 경과와 최초의 사건을 알아내는 단계로서 기업을 위협하는 정보들을 지각하고 분석하는 과정을 필요로 한다.

둘째, 방지와 준비 단계에서는 가능한 한 위기가 발생하지 않도록 위기발생에 대한 예방을 해야 하며, 설사 위기나 이에 준하는 상황이 발생한다 하더라도 신속하게 대처할 수 있는 대비 활동을 해야 한다.

셋째, 위기 억제 단계는 위기 발생 후 아직 피해가 미치지 않은 기업 내부와 그 주변을 그대로 지켜내기 위한 단계를 말한다. 위기가 발생한 즉시 사전에 준비된 위기 관리 지침에 따라 신속히 대처할 경우 위기가 발생한 시점에서 그 피해를 최소화할 수 있다.

넷째, 회복 단계에서는 위기를 겪은 기업이 위기 마무리 후에 다시 정상적인 업무를 펼칠 수 있도록 단기와 장기로 나누어 복구 계획을 실행하는 것이다. 이 단계는 위기상황에서 기업의 운영에 필요한 최소한의 부서 운영과 위기극복에 대한 업무분담 및 업무처리 절차의 확인, 정상적인 업무재개를 위한 책임 분담 그리고 대안적 위기관리 운영센터의 선정을 포함한다.

위기 관리와 관련하여 또 하나의 중요한 개념은 바로 공중의 위기 책임성 판단이다. 즉, 동일한 위기라 할지라도 공중은 기업에 동일한 책임을 부과하지 않는다. 공중은 각 위기가 누구의 책임으로 발생했는지 나름의 판단을 하고 그 판단에 따라 기업을 평가한다.

공중의 위기 책임성 판단에 영향을 미치는 요인으로는 지속성, 통제 가능성, 원인 소재를 들 수 있다. 먼저 지속성이란 위기 이력이라고도 할 수 있는데,

위기에 직면한 기업에서 과거에도 유사한 위기가 발생했었는지를 의미한다. 유사한 위기가 이전에도 발생했는데 또 재발한다면, 공중은 우연보다는 근본적으로 해당 기업에 문제가 많다고 인식한다. 다음으로 통제 가능성은 해당 위기를 기업이 사전에 통제할 수 있었는지의 여부를 말한다. 사전에 충분히 통제할 수 있었는데도 위기가 발생한 것이라 인식하면, 기업을 더 부정적으로 평가하게 된다. 예컨대 직장 내 성희롱은 충분히 예방 가능한 것임에도 불구하고 성희롱 사건이 발생한다면 공중은 해당 기업이 사전 교육을 충분히 하지 못했거나, 혹은 기업 문화가 여성 비하적이라 판단할 수 있다. 마지막은 원인 소재다. 이는 위기의 원인이 기업 내부에 있는지, 아니면 외부에 있는지를 말한다. 만약 특정 위기가 기업보다는 외부 원인으로 인해 우발적으로 발생했다면 공중은 기업을 덜 부정적으로 평가한다(이명천 · 김요한, 2011, pp.12-13).

2) PR 공중

PR 시스템의 두 번째 구성 요소는 PR 공중이다. 즉, 누구를 대상으로 PR 커뮤니케이션 활동을 수행하느냐에 따라 언론매체 관계, 정부 관계, 지역사회 관계, 직원 관계, 투자자 관계, 소비자 관계 PR로 구분할 수 있다(이명천 · 김요한, 2011, p.13).

3) PR 프로그램

PR 시스템의 마지막 구성 요소는 PR 프로그램들이다. 이는 PR 주체가 다양한 공중과 상호 호혜적인 관계를 구축하기 위해 사용하는 PR 수단들을 의미한다. PR 수단은 몇 가지로 단정하기 힘들 정도로 매우 많다. 그러나 일반적으로 퍼블리시티, 스폰서십, PPL, 기업 광고, 홍보대사 등이 많이 사용된다(이명천 · 김요한, 2011, p.13).

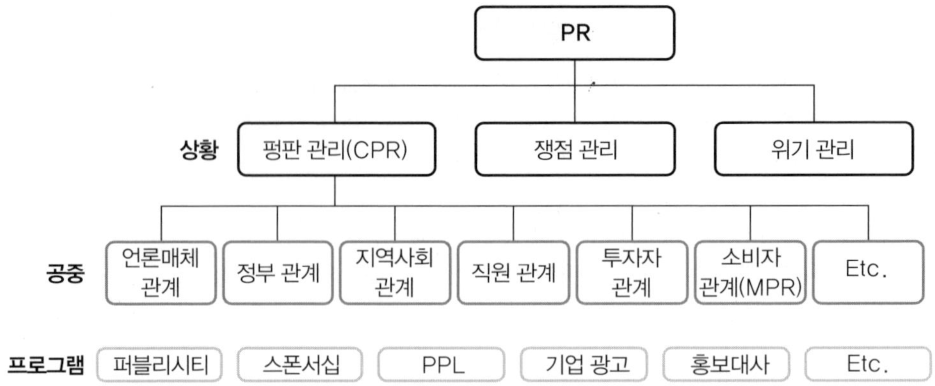

그림 1-3 ■ PR 시스템

참고문헌

김주환 (2010). 〈PR의 이론과 실제〉. 파주: 학현사.

이명천 · 김요한 (2011). 〈PR입문〉. 서울: 커뮤니케이션북스.

이용필 외 (1992). 〈위기관리론〉. 일산: 인간사랑.

최윤희 (2008). 〈현대 PR론〉. 파주: 나남.

Coombs, W. T. (1999). *Ongoing Crisis Communication: Planning, Managing, and Responding.* 이현우 (역) (2001). 〈위기관리 커뮤니케이션〉. 서울: 커뮤니케이션북스.

Cutlip, S. M., Center, A. H., & Broom, G M. (2006). *Effective Public Relations* (9th ed.). Upper Saddle, NJ: Pearson Prentice Hall.

Moor, H. F., & Kalupa. F. B. (1985). *Public Relations: Principles, Cases and Problems.* Homewood, NJ: Richard D. Irwin.

Mitrof, I. I., & Pauchant T. C. (1992). *Transforming the Crisis-Prone Organization: Preventing Individual, Organizational and Environmental Tragedies.* San Francisco, CA: Jossey-Bass.

Mitrof, I. I., & Pearson. C. M. (1993). *Crisis Management.* San Francisco, CA: Jossey-Bass.

Harlow, R. F. (1976). Building a public relations definition. *Public Relations Review*, 2(4), 34-42.

정리	
소주제 1.	홍보는 '널리 알리다'라는 의미로 언론매체 등을 통해 '무엇인가를 알리는 활동'을 말한다. 반면, PR은 홍보의 개념을 포함하며 '무엇인가를 알리는 활동'과 더불어 '무엇'에 대한 좋은 이미지를 갖게 하여 조직과 관련한 이해관계자들과 지속적으로 좋은 관계를 유지해나가는 데 그 목적이 있다.
소주제 2.	PR은 매우 다양한 정의를 내포하고 있다. 수많은 정의들을 종합해 보면, PR이란 개인 또는 조직이 자신과 이해관계가 있는 공중과 양방향 커뮤니케이션을 통해 상호 호혜적인 관계를 형성하고 유지하기 위해 계획하는 관리활동이라고 할 수 있다. 또한 수많은 정의들은 공통적으로 '공중', '양방향 커뮤니케이션', '상호 호혜적 관계'라는 핵심 개념을 포함하고 있다.
소주제 3.	PR 시스템은 크게 PR 상황, PR 공중, PR 프로그램으로 구성된다. PR 관리가 필요한 상황은 평판 관리, 쟁점 관리, 위기 관리 등이 있다. 특히 조직의 위기 발생 시 공중은 위기의 책임성을 지속성, 통제 가능성, 원인 소재 등에 따라 판단하게 된다. 각 PR 관리 상황에 맞춰 PR 대상과 PR 프로그램의 차이가 나타난다.

CHAPTER 02

CULTURAL ARTS PUBLIC RELATIONS STRATEGIES

홍보/PR 매체에 대한 이해

개요

1.1. 우리는 많은 매체에 노출되어 있다. 매체는 본질적으로 커뮤니케이션을 위한 수단으로 사용되지만 매체의 특징을 제대로 이해하지 못한다면 적절한 활용도 요원하다. 따라서 매체에 대한 개념적 정의를 정립하고 문화예술 홍보와의 관련성에 대해 논의한다.

1.2. 신문, 잡지, 라디오, TV 등과 같은 전통매체는 오랫동안 주요 매체로서 활용되어 왔다. 그러나 각 매체별로 장단점에 차이가 있으며 활용의 범위도 다르기 때문에 적절한 특징을 이해해야 한다. 이와 관련하여 구매체의 구체적 유형과 특징, 장단점에 대해 연구한다.

1.3. 인터넷과 커뮤니케이션 기술의 비약적 발전은 지금까지와는 다른 매체를 탄생시켰으며, 각 매체는 기존 매체의 영역과 기능을 포괄하기 시작하였다. 구매체와 비교하여 신매체의 유형과 특징을 알아본다.

오늘의 이슈

문화체육관광부는 2012년 문화예술계의 새로운 흐름을 '누리소통망(SNS)과 유튜브를 타고 신한류를 이끄는 K팝', '주5일제 수업의 전면적 도입에 따른 가족여가의 새로운 발견: 문화예술로 함께 즐긴다', '장르의 옷을 벗고 융복합으로 무한 변신하는 예술' 등으로 전망하였다. 문화체육관광부의 이러한 전망은 현재에도 지속되고 있다. 특히 다매체 시대에 뉴미디어와 스마트 미디어 활용이 한류의 새로운 확산 통로로 주목받으며, 문화예술 분야에서는 이를 적극적으로 활용하고 있다. 또한 사회현상이나 문제를 다루는 예술가들의 사회적 예술 또는 예술행동 역시 활기를 띠고 있다. 이와 더불어 사회적 이슈를 팔로워들과 긴밀하게 소통하면서 발언이나 행동을 하는 '소셜테이너'가 큰 주목을 받고 있으며, 스마트 민주주의를 이끈 SNS는 사회적 예술에도 활용되고 있다. 다매체 시대를 살고 있는 현재, 우리는 TV나 라디오가 등장한 이래로 또 한 번 매체의 파급력을 몸소 체험하고 있다(백영미, 2012. 01. 01).

다양한 매체는 이제 거대 자본이 없이도 충분히 소통의 채널로서 홍보 효과를 누릴 수 있는 기회가 되고 있다. 그러나 아직까지 인쇄매체와 방송매체와 같은 구매체의 전통적인 힘도 무시할 수 없다. 본 장에서는 홍보 분야에서 매체가 갖는 중요성은 무엇이며, 매체 종류별 유형과 특징을 탐구함으로서 홍보수단으로서의 활용 가능성을 살펴보고자 한다.

2.1 매체에 대한 이해

매체(media)란 중간(middle)을 뜻하는 라틴어로부터 파생된 단어로서 중간에 있는 어떤 것으로 둘 이상의 사이에서 중개 역할을 하는 것을 말한다. 일반적으로 커뮤니케이션이 가능하기 위해서는 수신자와 송신자라는 최소 둘 이상의 대상이 있을 때 가능하다. 이 때 커뮤니케이션은 채널을 통하여 의미를 전달하는 현상으로 정보전달 현상을 의미하기 때문에 어떠한 채널을 활용하느냐에 따라 정보전달의 수준에 차이가 나타난다. 따라서 수용자를 효과적으로 설득하기 위해서는 어떤 채널을 활용하느냐가 매우 중요하며, 현대 사회에서 대부분의 채널은 매체로 대신하기 때문에 매체의 특성을 제대로 이해하는 것이 중요하다(김정현, 2015, p.207).

매체는 여러 가지의 뜻을 가진 복합적 개념이라고 할 수 있다. 매체는 대체로 '메시지를 담는 용기', '용기를 운반하는 운반체', '메시지가 흐르는 통로 또는 유통망'으로 구성된 복합체이다.

먼저 '메시지 용기로서의 매체'란 커뮤니케이터의 메시지를 실어서 수용자에게 전달하는 수단을 말하는 것으로 예를 들어 신문, 방송, 잡지 등이 이에 해당된다. 이 경우 메시지 자체와 이를 담는 용기로서의 매체는 서로 불가분의 관계를 지니면서 하나로 결합되어 있기 때문에, 어디까지가 메시지이고 어디서부터가 메시지 용기인 매체인가를 구별하기가 어려운 경우도 적지 않다(김정현, 2015, p.207).

둘째, '메시지 용기의 운반체로서 매체'란 음파나 전파 또는 광파 등의 물리적 신호를 말한다. 예컨대, 라디오는 매체(메시지 용기)를 통하여 어떤 메시지를 청취자에게 보내려면 일단 그 메시지를 음성신호로 변화시킨 다음 이를 전파에 실어 보내야 하는데, 이 때 메시지의 전송수단이 되는 전파와 같은 것이 메시지 용기 운반체로서의 매체인 것이다. 그런데 이러한 매체도 그것이 운반하게 되는 메시지 용기의 성질과 불가분의 관계를 지니고 있기 때문에 서로 구별하기 어려운 경우가 적지 않다(김정현, 2015, pp.207-208).

셋째, '메시지의 유통 통로로서의 매체'란 문자 그대로 어떤 메시지나 정보가 한 정보원으로부터 다른 수용자에게로 전파되는 통로를 말하며, 이러한 통로로서의 매체를 일반적으로 채널, 네트워크, 회로라고 부른다. 가령, 어떤 정보

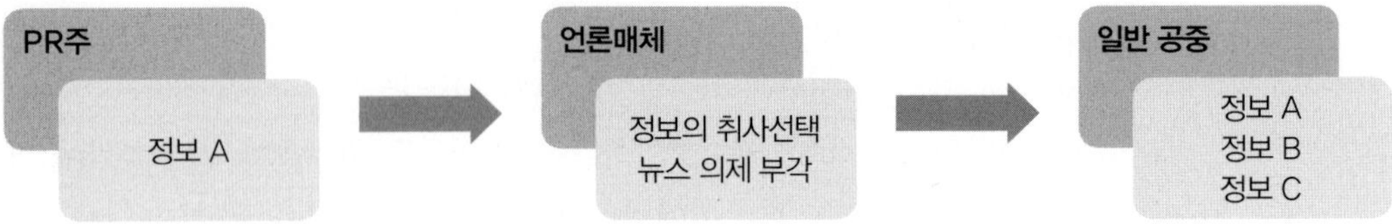

그림 2-1 ■ 언론매체의 중간자적 역할

가 매스미디어로부터 의견지도자를 거쳐 수용자 대중에게 전파된다든가, 또는 유언비어가 여러 사람의 입을 거쳐 확산될 때, 그것들의 전파 또는 확산 통로가 곧 메시지 유통 통로로서의 매체이며, 이것도 메시지의 전달수단이 되고 있기 때문에 일종의 매체로 볼 수 있다(김정현, 2015, p.208).

연극의 3요소에 희곡, 배우, 관객이 있는 것처럼 예술 홍보를 위해서도 세 요소가 있어야 한다. 홍보 담당자가 주체적으로 활동하는 예술단체, 기관이 한 요소이고 청중이나 관객이 객체가 되는 공중이 두 번째 요소이다. 여기에 주체와 객체를 이어주는 매체(미디어)가 제3의 요소가 된다. 홍보 담당자는 예술기관, 단체에 소속 돼 있을 수도 있지만 예술인도 개인 차원에서 얼마든지 홍보의 주체가 될 수 있다. 일반적으로 홍보의 객체는 공중이 되지만 예술 홍보에서는 잠재 관객이 객체가 된다(임연철, 2007, p.121).

홍보의 주체는 예술단체나 기관이 자의적으로 될 수 있으므로 문제가 없다. 그러나 객체인 관객에게 정보를 전달하고 공연, 전시에 관심을 갖도록 하며 참가하도록 하는 마케팅 홍보의 주요수단으로서 매체의 중요성은 아무리 강조해도 지나치지 않는다. 공신력 있는 대중매체를 통한 홍보는 광고와 다르게 기사를 통해 홍보 객체인 관객에게 정보가 전달되므로 신뢰도가 높고, 광범위하게 알려지므로 효율성, 인지도측면에서 높은 홍보성과를 거둘 수 있다.

매체는 특성에 따라 세 종류로 분류가 가능하다(임연철, 2007, p.121).

첫 번째는 가장 오래된 매체로 시각을 통해 호소하는 매체들이다. 인쇄 형태를 띠는 신문, 잡지, 리플릿을 비롯해 포스터, 육교현판, 차량 안팎 광고 등이 이에 속한다.

두 번째는 시청각에 호소하는 매체로 라디오, 영화, TV, 연극 등이 이에 속한다.

세 번째는 인터넷을 이용한 각종 매체를 들 수 있다. 웹 사이트, 블로그, 이메일 등은 시각, 청각의 요소에 기존 매체가 일방향(one-way)인데 반해 양방향(two-way) 커뮤니케이션이 가능하다는 점에서 다른 특성을 갖는다.

위와 같은 특징에 따라 매체의 종류가 나누어지지만 개별 매체는 특성이 같다 해도 성격은 각각 다르다. 따라서 매체의 성격을 미리 파악해 적합한 홍보 계획을 수립하는 일이야 말로 홍보 담당자가 해야 할 기본적인 업무가 된다(임연철, 2007, p.122).

2.2 구매체에 대한 이해

1) 인쇄매체

인쇄매체는 전통적으로 여러 사람들이 이용할 수 있도록 종이에 인쇄된 서적이나 잡지, 신문 등을 의미하였으나, 최근의 급변화한 미디어 환경에서는 종이에 인쇄된 것만을 인쇄매체에 포함시키기에는 몇 가지 문제가 있다고 할 수 있다. 즉, 대표적인 인쇄매체인 서적이나 신문의 경우 전자책(e-book)이나 전자 신문의 형태로 제작되면서 수용자는 종이가 아닌 컴퓨터 화면 위에서 글이나 그림을 접하게 되었고, 이러한 환경 변화로 인하여 인쇄매체는 동영상이나 컬러 화면을 포함하는 새로운 매체 형식을 이용한 메시지를 개발하도록 요청 받고 있는 실정이다(김정현, 2015, p.209).

인쇄매체는 대체로 시간적 제약으로부터 자유로우며 기록의 영속성이 강하여 인간의 지적, 문화적 결과를 오랫동안 보존해온 역할을 하고 있다. 또한 영상매체는 전문적이고 깊이 있는 내용을 다루고 있으며, 특히 책의 경우 깊이 있고 전문적인 지식을 다룰 수 있다는 점에서 사상성이 짙은 매체라고 할 수 있다(김정현, 2015, p.209).

(1) 신문

신문은 배포되는 범위에 따라 전국지와 지방지로 대별되고 주요한 전달 내용에 따라 종합지와 전문지로 나뉜다. 도달률(reach), 빈도(frequency), 영향력(impact)의 관점에서 살펴 볼 때 신문의 장점은 다음과 같다(임연철, 2007, pp.123-124).

① 대규모 독자층을 갖고 있다. 국내 주요 신문은 발행부수가 600만 부에 이르러 전 가구의 절반에 해당할 만큼 두터운 독자층을 형성하고 있다.
② 매일 발행되므로 즉각적인 도달률을 갖고 있다.
③ 홍보효과가 나타나기까지 오랜 시간이 걸리지 않는다.
④ 정기 구독해야 하므로 양호한 규모의 독자분포를 보인다. 방송 매체보다 독자의 경제적 교육적 수준이 높다.
⑤ 종합지는 모든 뉴스를 취급하기 때문에 소재, 내용의 제한을 받지 않는다.
⑥ 선택할 수 있는 신문의 종류가 많다.
⑦ 독자들이 습관적으로 읽는다.
⑧ 기사를 통한 홍보와 함께 광고를 게재할 수도 있다.
⑨ 반복해서 읽을 수 있고 돌려보기도 가능하다.
⑩ 공신력이 가장 높은 매체이다. 신문의 공연 전시에 대한 평가를 통해 관객에게 높은 신뢰감을 줄 수 있다.
⑪ 컬러인쇄가 가능하다.
⑫ 광고지면에 대한 독자의 저항이 다른 매체보다 약하다. TV, 라디오 광고는 피할 수가 없지만 신문광고는 건너 뛸 수 있으므로 광고에 대한 불만은 TV와 라디오보다 낮다.
⑬ 가정에 배달되므로 독자의 접근 편의성이 높다.

위와 같은 다양한 장점을 기반으로 다른 매체보다 신뢰도와 권위가 높지만 다음과 같은 단점도 갖고 있다(임연철, 2007, pp.124-125).

① 세분화된 목표 관객의 선정이 어렵다.
② 문화예술에 관심 없는 독자에게 공연 전시 관련 기사는 낭비로 보인다.
③ 잡지에 비해 시간적으로 생명이 짧다.
④ 지면에 따라 메시지 효과가 다르게 나타난다.
⑤ 읽는 노력이 필요하다.
⑥ 잡지에 비해 컬러사진의 효과가 떨어진다.
⑦ 지하철과 같은 좁은 공간에서 읽는데 어려움이 있다.

신문은 문화예술 기관이나 단체의 홍보를 위해 공연, 전시 행사를 기사화하는 것이 아니라 공연 전시가 갖고 있는 공익적 의미를 위해 사실보도를 하는 것이 목적이므로 보도자료 등을 통해 제공되는 내용에 허위나 과장이 있어서는 안 된다(임연철, 2007, p.125).

(2) 잡지

잡지는 종합뉴스를 다루는 것도 있지만 특정분야 독자층을 겨냥한다는 점에서 신문보다 훨씬 종류가 다양하고 발행빈도도 월간 격월간 계간 등 여러 가지가 있다. 도달률, 빈도, 영향력의 측면에서 분류한 잡지의 장점은 다음과 같다(임연철, 2007, p.127).

① 관객의 매체 선호성이 좋다. 예술 장르별로 문학, 연극, 음악, 무용 등 다양한 잡지 종류가 있으므로 목표 관객이 되는 독자를 찾는 것이 쉽다.
② 신문의 기사 수명이 하루인데 비해 잡지의 기사 수명은 발행주기 만큼 길어지므로 보다 장기적 효과를 기대할 수 있다.
③ 수명이 길어 독자들의 열독률과 구독률이 높고 여유를 갖고 읽을 수 있다.
④ 홍보 기사와 함께 광고도 실을 수 있어 공연, 전시에 대한 도달률, 인지도를 높일 수 있다.
⑤ 좋은 지질을 이용해 훌륭한 컬러 인쇄가 가능하다.
⑥ 목표 관객을 겨냥한 잡지이므로 홍보의 낭비 요인이 줄어든다.
⑦ 정기구독자가 많으므로 구독 잡지에 대한 충성도가 높고 게재되는 공연, 전시정보에도 신뢰도가 높아 효율적이다.
⑧ 배포 범위가 비교적 넓다.
⑨ 신문보다 긴 글이 가능하므로 자세한 내용을 알릴 수 있다.

이 같은 장점이 있는 반면 홍보담당자는 다음과 같은 단점도 주의할 필요가 있다(임연철, 2007, p.128).

① 적시성이 부족해 홍보 효과가 바로 일어나지 않는다.
② 배포 범위가 다른 매체(신문, 방송)보다 협소하여 고르게 홍보가 안 된다.
③ 국내 잡지시장의 경쟁 격화로 부침이 잦다.

잡지를 통한 홍보방법으로는 홍보담당자와 잡지 편집자와의 직접적인 접촉과 보도자료 배포 방식이 있다. 한편 순수예술 홍보를 위해 최근 두드러진 잡지 홍보방안으로 고소득층을 위한 PR 전용 잡지가 활발하게 이용되고 있는 점은 주목할 만하다. 이들 PR잡지들은 대부분 무가인 점이 특징이고 우송용 봉투에서부터 판형까지 최고급을 지향하는 점에서 국내 전문 공연기획사나 전시 기획사는 고소득 관객의 유치를 위해 중요한 홍보 매체로 선호하고 있다. 그러나 이런 PR잡지들은 종합지 성격이지만 지나치게 여성 명품 위주로 편집되어 있기 때문에 문화예술 뉴스가 예외적으로 취급되어서 클래식 애호가들의 눈길을 끌지 못하는 단점이 있다. 공연예술 전문잡지는 기획사 측의 전단지를 편집하는 형식이어서 공신력 확보 차원에서 보면 홍보라기보다는 광고적 성격이 강하다(임연철, 2007, pp.128-129).

(3) 사보

기업체나 공공단체가 경영자와 종업원과의 관계를 강화하고 고객이나 여론 주도층에게 정보를 전달할 목적으로 발행되는 인쇄물이 사보이다. 사보는 회사 내의 의사소통 수단인 사내보와 회사의 대외 PR을 위한 사외보를 포괄하는 개념이며 현대기업에 있어서 그 역할이 커지고 있다. 또한 소속기업내의 정보나 뉴스를 같은 구성원에게 제공하여 영리를 추구하는 경제적 목적과 아울러 문화적 동질감을 갖도록 이차적 목적을 추구하는 수단으로 사보의 중요성은 날로 증대되고 있다. 문화예술 분야의 홍보에서 사보를 이용하는 방법은 사내보보다 좀 더 광범위한 계층에 배포되는 사외보가 훨씬 유용한 도구가 된다(임연철, 2007, p.129).

(4) 리플릿

대중성이 확보 안 된 이른바 '순수예술' 단체의 자의적인 광고 수단으로는 포스터, 리플릿, 길거리 현수막 (육교현판) 등이 중요한데 그 중에서도 리플릿은 효과가 높고 배포수단이 편리하다는 점에서 가장 널리 애용되는 방법이다. 포스터는 공식적인 지정 장소에만 부착해야 하고 길거리 현수막이나 육교현판 역시 구청 또는 시청의 허가를 받아야 한다. 이처럼 현수막이나 현판을 통한 광고가 제약이 따르는 현실에서 리플릿을 통한 광고는 사실상 홍보에 가까울 만큼 편리하고 저렴한 까닭에 대부분의 예술단체가 선호하는 방법이다(임연철, 2007, p.132).

(5) 포스터

리플릿이 주요 공연장과 전시장 게시대에 놓여 있는 것이라면 포스터는 주요 길목이나 지하철, 버스, 택시에 부착돼 관객을 유인하는 적극적인 홍보 수단이다. 그러나 포스터는 앞면만 있고 뒷면이 없는 관계로 리플릿보다 설명할 수 있는 공간이 적고 수집하거나, 휴대할 수 없다는 단점도 있다. 포스터의 장단점은 다음과 같다(임연철, 2007, pp.137-138).

먼저 장점으로는 높은 도달률과 노출 빈도, 특정지역화로 낭비의 최소화, 즉각적인 부착가능, 유연성 있는 스케줄을 들 수 있다. 반면에 단점으로는 메시지의 깊이가 없고 광범위하게 부착하기 위해서는 비용이 많이 들며 좋은 부착위치는 선점 경쟁이 치열하다는 점이다. 이와 함께 관객의 매체 선호성이 없고 특정지역은 커버가 안 되며 최소 1개월 이상 부착장소 구입이 필요한 것도 단점이다(임연철, 2007, p.138).

2) 방송매체

방송은 신문보다는 역사가 짧지만 20세기에 가장 발전한 매체로 인쇄매체를 능가하는 속보성과 영향력으로 여러 매체 중에서도 중요한 위치를 차지하고 있다. 라디오와 TV가 전파를 이용하는 대표적인 방송 매체이지만 20세기 말부터 광통신의 발전으로 케이블 TV와 위성방송, DMB 등 새로운 방송 형태로 꾸준히 발전하고 있다(임연철, 2007, p.139).

(1) TV

TV의 장점으로는 시청각 양면으로 동적인 움직임을 보여줘 현실감, 친밀감이 뛰어나며 높은 영향력, 관객의 매체 선호성 양호, 빠른 인지 속도, 협찬자 선정의 용이성 등을 들 수 있다. 이에 비해 단점으로는 메시지의 생명력이 순간적이며 시청자를 화면에 고정시켜 프로그램을 좋아하도록 창조해야 한다는 것이다. 이밖에 높은 제작비, 방송 사각지대의 발생 등도 단점이다. 그러나 몇 가지 단점이 있더라고 텔레비전은 시청각성, 대량전달, 속보성 측면에서 강력한 소구력을 갖고 있어 어느 매체보다 영향력을 발휘한다. 특히 HDTV(고화질TV)의 출현으로 영화 영상 못지않은 화면을 보여줘 꾸준히 대중 매체의 총아로서 지위를 굳건히 하고 있다(임연철, 2007, pp.139-140).

한편 케이블 TV는 지상파TV와는 다르게 협송 채널(수용자가 채널을 선택한 경우에만 방송을 하는 경우)로 불특정 다수를 대상으로 하는 것이 아니라 지역적 또는 전문 영역별로 세분화된 특성의 시청자를 대상으로 한다(김주환, 2010, p.199). 최근 케이블TV의 대중화와 특정 장르를 취급하는 채널과, 전문화된 프로그램 채널의 인기를 봤을 때, 문화예술 홍보경로로 케이블TV를 고려할 수 있다(임연철, 2007, pp.140-142).

(2) 라디오

TV방송이 급성장하면서 라디오의 위상이 이전보다 많이 위축된 것은 사실이나 라디오 방송에 대한 새로운 수요도 크다는 점에서 방송기술의 발전과 함께 예술 홍보 매체로서의 활용도는 계속될 것이라는 점을 주목할 필요가 있다. 사회가 다원화되면서 지역정보, 교통정보, 종교, 기상, 경제, 교육, 스포츠, 문화 등 특정 목적의 수요는 증대하고 있기 때문이다(임연철, 2007, p.143).

홍보도구로서 라디오의 장점은 문화예술 관객의 매체선호도가 좋고, 대상지역 선정이 가능하며, 고정된 청취자 층과 접촉이 가능하다는 점을 들 수 있다. 또한 적시성과 속보성이 강하고, 청취자에게 친밀감을 주는 것도 장점으로 꼽힌다. 예를 들어 KBS 1FM은 클래식 애호가들이 즐겨 청취하는 프로그램이 많아 클래식 팬을 대상으로 한 홍보에 유리하다. 아울러 갑작스럽게 계획된 공연이나 전시를 홍보해야 할 경우에도 적시성과 속보성이 강해 유리하다. 이밖에 청취층이 비슷한 세대에게 여론을 한 방향으로 이끌 수 있는 것도 장점이다(임연철, 2007, p.144).

그러나 라디오 방송은 청취자를 인상 깊게 파고드는 영향력이 약하고 청취층의 규모가 TV보다 양적으로 적으며 시각적으로 영향을 미치지 못하는 단점이 있다. 더욱이 청취자의 유동성이 높고 수명이 순간적이라는 단점도 있다(임연철, 2007, pp.144-145).

2.3 신매체에 대한 이해

현재 다양하게 활용되고 있는 인터넷은 공간적, 시간적 제약을 받지 않는 유일한 홍보 매체로 기업이나 국가 또는 개인의 홍보수단으로 활용되고 있다. 국내 공연 전시 기관이나 단체의 대부분이 인터넷을 이용하고 있어 기존 매체 못지 않게 활용도가 높아지고 있다. 일반적으로 웹 사이트를 홍보에 이용할 때 다음과 같은 특징이자 장점이 있다(임연철, 2007, p.152-154).

첫째, 수용자가 참여하는 관여도가 높다는 점이다. 신문, 방송 등의 전통적인 미디어의 경우 메시지가 일방적으로 전달되고 있지만, 인터넷은 사용자들이 능동적으로 원하는 사이트를 찾아 접속하기 때문에 커뮤니케이션의 과정에서도 인터넷 이용자들은 좀 더 적극적이며 능동적으로 관여한다. 이것은 원하는 사이트를 찾아가는 과정에서 나타나는 정보들을 스스로 판단하여 적절한 것을 선택해야 하기 때문이다.

둘째, 인터넷은 정보의 함유능력이 높다. 홈페이지에 담을 수 있는 정보의 양은 제한이 없고, 단계적으로 제공하는 것도 가능하다. 즉, 최초의 홈페이지에서 만족하지 않는 방문객은 다음 단계의 페이지를 방문하여 더욱 자세한 정보를 얻을 수 있다. 또한, 다른 웹사이트를 방문하여 정보를 비교할 수도 있다. 뿐만 아니라 멀티미디어의 특성에 따라 문자, 그림, 동영상 등 다양한 형태로 깊이 있는 정보를 제공할 수 있다.

셋째, 상호작용성이 가능하다. 다른 미디어와 특히 구별되는 특징으로 이용자들과 즉각적이거나 짧은 시간 내에 상호 반응할 수 있다. 즉, 조회건수나 이용시간 등을 확인하여 공중의 반응에 즉각적으로 대응할 수 있게 된다. 또한, 이용자들의 자발적인 참여를 유도할 수 있다.

넷째, 인터넷에서의 홍보는 제작에 있어서 편리성은 물론, 홍보대상을 차별화하고 세분화 할 수 있으며, 시간적 제약을 받지 않아 24시간 동안 이용자들에게 노출될 수 있으므로 홍보의 지속성을 유지할 수 있다.

다섯째, 지금까지 홍보는 그 효과를 측정하는 면에서 매우 큰 어려움을 겪었고, 이에 따라 과학적인 홍보 진행에 많은 어려움이 있었다. 하지만 인터넷을 통한 홍보를 했을 때 그 효과는 즉각적이며, 수치화한 측정이 가능해 체계적인 관리가 이루어지게 되었다.

여섯째, 인터넷은 공간적인 제약을 받지 않기 때문에 인터넷을 통해 국제적인 네트워크를 구축한다면 국내뿐만 아니라 해외에서도 적극적인 홍보활동을 할 수 있다. 또한, 기존 매체인 TV, 신문과 다르게 광고와 홍보의 진입장벽을 낮추어 적은 비용으로 전통적인 광고와 똑같은 효과를 얻을 수 있다.

하지만, 인터넷이 갖는 매체의 특성과 더불어 그에 따른 부작용과 문제점이 나오는 것도 현실이다. 개인의 프라이버시 침해로 인한 인권의 유린과 개인정보의 유출, 불건전한 정보의 유통도 심각한 수준에 이르렀다. 또한 불법해킹, 국가 간, 조직 간의 분쟁의 시점이 되기도 한다. 홍보 전략으로 기업들이 운영하고 있는 사이트에서 불필요한 정보가 많아 이용자들에게 혼란을 겪게 하거나 지나치게 홍보위주의 콘텐츠를 구성하여 이용자들이 외면하는 사례들도 있으며, 지속적으로 관리가 되지 않아 오히려 기업의 이미지를 망치는 경우도 있다(임연철, 2007, p.154).

인터넷 홍보의 단점을 정리하면, 첫째, 세계에서 물리적인 벽은 허물었지만, 언어의 장벽은 여전히 남아있다. 둘째, 부정적 메시지의 확산효과는 엄청나다. 메시지를 손쉽게 복사하여 옮길 수 있기 때문에 홈페이지의 관리는 매우 중요하며, 부정적인 메시지나 홈페이지의 성격과 맞지 않는 글이 게시판에 올라오게 되면 즉각적인 대응조치가 있어야 한다. 셋째, 정보의 공해는 홍보의 공해도 될 수 있으며 불건전한 정보의 유통, 정보의 보안성, 서비스의 안정성, 시스템의 부하, 사생활 침해, 정보의 질과 관련하여 사회문제를 일으킬 가능성과 같은 극복해야 할 어려움들을 가지고 있다(임연철, 2007, p.154).

최근에는 인터넷에서 자신의 생각과 의견을 자유롭게 공유하는 소셜미디어와 스마트폰 운영체제(Operating System)을 탑재하여 소비자가 인터넷을 통해 다양한 애플리케이션을 다운로드 받아 활용할 수 있게 하는 신개념 미디어인 스마트 미디어가 주목받고 있다(이경렬 · 이수범 외, 2012, p.253).

1) 전통적인 인터넷 매체

(1) 포털 사이트

현재 많은 인터넷 이용자가 포털 사이트를 통해 뉴스를 접하고 있다. 이는 기존의 인터넷 신문이 콘텐츠 마케팅과 서비스 전략이 부족했고 이와 상반되게 포털 사이트는 뉴스 서비스 향상을 위해 적극적이고 전략적인 노력을 펼친 덕분에 급성장 할 수 있었다. 현재 대부분의 포털 사이트는 뉴스, 메일, 커뮤니티, 검색, 쇼핑 등 총체적인 정보서비스를 제공하면서 미디어 시장의 구도변화에 핵심적인 위치를 선점하고 있다(임연철, 2007, p.149).

국내 포털 사이트는 2004년 동영상 뉴스 서비스를 보인 이후 공중파 TV 뉴스까지 전면적으로 제공하고 있다. 이는 동영상 뉴스를 서비스함으로써 TV

포털이나 IPTV 등 새로운 뉴미디어 시장을 선점하고자 하는 것으로 풀이된다. 이를 위해 포털사이트는 이미 뉴스 콘텐츠는 물론이고 드라마, 영화, 애니메이션 등 다양한 콘텐츠 확보를 위해 총력을 기울이고 있다(임연철, 2007, pp.149-150).

(2) 이메일

1997년 다음이 우리나라 최초의 무료 이메일 계정인 한메일(hanmail.net)을 선보인 이래, 이메일 서비스는 가장 보편적인 인터넷 커뮤니케이션 서비스로 자리매김하고 있다. 현재는 인스턴트 메신저의 등장과 함께 이메일 서비스의 성장세가 다소 둔화된 점도 있으나 여전히 중요한 인터넷 커뮤니케이션 수단으로 자리잡고 있다(한국인터넷진흥원, 2006, p.257: 임연철, 2007 재인용, p.151).

이메일의 장점은 첫째, 사용이 간단하다. 둘째, 비용이 거의 들지 않는다. 종이 값, 인쇄비, 우표 값, 포장비, 전화비 등이 들지 않기 때문이다. 셋째, 기록을 남길 수 있다. 넷째, 시간의 제약을 받지 않는다. 다섯째, 답장과 관리, 보관이 편리하다. 여섯째, 편지글이라는 특성 때문에 여러 상황을 생각해서 메시지를 작성할 수 있다. 일곱째, 동시에 많은 사람들에게 보낼 수 있고, 장거리라도 순식간에 도달할 수 있다.

(3) 게시판

인터넷에서 사람들에게 알리기 위한 수단 중의 하나는 게시판을 이용하는 것이다. 게시판에서는 적절한 메시지의 작성과 적합한 게시판을 찾아내는 것이 가장 중요하다. 메시지 작성에 있어서도 첫째, 좋은 제목으로 간단하고 요점이 명확하게 나타나야 한다. 둘째, 내용에 유용한 정보가 있어야 한다. 셋째, 길면 안 된다. 넷째, 읽는 재미를 제공해야 한다. 일단 게시물을 올린 다음에는 당분간 그 반응을 살핀 후 반응에 적절히 대응해야 한다(임연철, 2007, p.151).

2) 소셜미디어

소셜미디어(Social Media)는 공중이 자신의 생각과 의견, 경험, 관점 등을 서로 공유하고 참여하기 위해 사용하는 개방화된 온라인 툴과 미디어 플랫폼이다. 소셜미디어는 그 자체가 일종의 유기체처럼 성장하기 때문에 소비와 생산의 일반적인 과정보다 양방향성을 활용하여 사람들이 참여하고 정보를 공유하며 사용자들이 만들어 나가는 미디어를 말한다. 소셜미디어는 접근이 용이하고 확장

가능한 출판기법을 사용하여, 사회적 상호작용을 통하여 배포될 수 있도록 설계된 미디어이다. 일반 미디어의 일방적 독백을 사회적 미디어의 대화로 변환시키는 웹 기반의 기술을 이용한다(김주환, 2010, p.199).

소셜미디어는 공연이나 전시에 대한 호감과 비호감의 공감대를 형성하여 문화예술 분야의 중요한 마케팅과 홍보의 수단이 되고 있다. 실제로 가수 싸이의 '강남스타일'은 유튜브 등의 사이트와 트위터, 페이스북 등을 통해 동영상이 확산되면서 미국 빌보드차트 2위에 올라 드라마와 영화로 불었던 제1 한류열풍이 제2의 케이팝 한류열풍으로 이어지게 하고 있다. 이와 같은 대중예술의 사례를 볼 때 클래식 공연이나 전시에서도 소셜미디어를 활용한 마케팅 홍보 전략은 단순한 인터넷 홍보 개념을 넘어 새로운 경향으로 수용되고 있다(임연철 · 박정배, 2013, p.71).

(1) 블로그

블로그는 이용자 자신의 관심사에 따라 자유롭게 글을 올릴 수 있는 웹 사이트로 웹(web) 로그(log)의 줄임말로서 자신의 관심사에 따라 일기, 칼럼, 기사 등을 자유롭게 올릴 수 있을 뿐만 아니라, 개인출판, 개인방송, 커뮤니티까지 다양한 형태를 취하는 일종의 1인 미디어이다. 웹 게시판, 개인 홈페이지, 컴퓨터 기능이 혼합되어 있고, 소프트웨어를 무료 또는 싼 가격에 구입할 수 있으며, 인터넷 홈페이지 제작과 관련된 지식이 없어도 자신의 공간을 만들 수 있다는 장점이 있다. 즉, 블로그 페이지만 있으면 누구나 텍스트 또는 그래픽 방식을 이용해 자신의 의견이나 이야기를 올릴 수 있고 사진 및 동영상 자료를 올릴 수 있다(김주환, 2010, pp.200-201).

(2) 트위터

트위터란 '지저귀다'라는 뜻으로, 재잘거리듯이 하고 싶은 말을 짧게 올릴 수 있는 공간이다. 한 번에 쓸 수 있는 글자수도 최대 140자로 제한되어 있다. 언제 어디서나 정보를 실시간으로 교류하는 '빠른 소통'이 가장 큰 특징으로서 세계적 뉴스채널로 속보를 장점으로 하는 CNN을 앞지를 정도로 신속한 '정보 유통망'으로 주목받고 있다. 미국의 첫 흑인 대통령이 된 버락 오바마가 대통령 선거에서 승리하는 데 트위터를 이용한 홍보 효과를 톡톡히 본 것으로 알려져 있으며, 기업들도 PR 홍보나 고객불만 접수 등 다양한 방법으로 활용하고 있다(김주환, 2010, p.201).

(3) 유튜브

유튜브(YouTube)는 무료 동영상 공유사이트로 사용자가 영상클립을 업로드하거나 시청 또는 공유하는 것을 말한다. 사이트 콘텐츠의 대부분은 영화나 TV 클립, 뮤직비디오이고 아마추어들이 만드는 것이 대부분이다. 유튜브는 컴퓨터를 사용하는 누구나 동영상을 올릴 수 있도록 해 몇 분 안에 수백만 명이 볼 수 있도록 하였고, 유튜브에서 다루는 주제는 매우 다양한 비디오를 공유함으로써 소셜미디어의 새로운 부분으로 자리 잡았다(김주환, 2010, p.201).

(4) 페이스북

페이스북(Facebook)은 사람들이 친구들과 대화하고 정보를 교환할 수 있도록 도와주는 소셜네트워크 웹사이트이다. 페이스북의 핵심은 개방으로 모든 것을 오픈하여 좀 더 많은 사람들이 쉽게 자발적으로 참여하는 시스템이다. 개인의 일상이나 사진, 음악 등을 서로 공유할 수 있게끔 구성되어 있다.

(5) 인스타그램

최근 인맥 중심의 관계와 포괄적인 커뮤니케이션을 이어나가는 기존의 SNS에서 점차 관심사나 취미 등 특정한 주제를 중심으로 공유하는 사용자 맞춤형 서비스가 확대되고 있다(남민지 · 이은지 · 신주현, 2015). 이러한 '관심사 중심' SNS 중 대표적인 예가 인스타그램(Instagram)이다. 인스타그램은 사진을 공유하고 해시태그를 통해 사람들과 관심사를 공유하는 형태의 SNS이다. 최근 인스타그램은 홍보담당자들을 대상으로 한 설문조사에서 가장 주목 받는 SNS로 선정되기도 하였다(조성미, 2015. 12. 01). 이와 같이 인스타그램을 활용한 홍보의 중요성은 날로 커져가고 있으므로 문화예술 분야에서 새로운 홍보 매체로 인스타그램을 적극적으로 활용할 필요가 있다.

3) 스마트 미디어 광고

스마트 미디어의 개념은 다양한 표현으로 설명되고 있으나 '온라인 네트워크 기반의 스마트기기를 통하여 서비스 사업자와 이용자 간 또는 이용자들 간 상호작용이 가능하며 서비스 이용에 시 · 공간적제약이 없는 융합형 서비스를 가능하게 하는 똑똑한 미디어'라는 포괄적 개념으로 정의할 수 있으며, 주요한 특징은 ① 언제, 어디서나 장소에 구애 없이 서비스를 이용할 수 있는 이동성(mobility), ② 정보의 발생 시점에 곧바로 이용할 수 있는 실시간성(real-time),

그리고 ③ 정보의 공급자와 수요자 사이에 시간과 공간의 격차 없이 동등하게 정보를 공유할 수 있는 양방향성(interactivity)이라 할 수 있다. 특히 스마트 미디어의 양방향성은 특정 콘텐츠 전달시 콘텐츠의 수용 및 반응을 실시간으로 확인을 가능하게 하고, 이를 통하여 더욱 다양한 정보를 이끌어 낼 수 있기 때문에 앞으로의 문화예술 홍보활동에서 중요한 부분이 될 것이다(조철희 · 정일구 · 류원, 2015).

스마트 시대는 기존의 미디어에 다른 기능을 추가한 새로운 미디어의 등장과 이용 증가에서 기인하는데, 그 대표적인 미디어가 스마트폰이다(이경렬 · 이수범 외, 2012, p.51). 2009년 스마트폰이 본격적으로 도입된 이래 스마트폰 이용률은 지속적으로 증가하고 있다. 그러나 스마트폰이 소형화면 등의 한계가 있다는 반면에, 태블릿PC는 보다 큰 화면과 휴대성, PC의 장점을 더해 스마트 미디어 시대의 진입을 가속화시켰다(양홍석, 2011). 현재 스마트 미디어는 스마트 TV로까지 확대되어 점차 방송매체와 통신매체의 경계를 허물고 새로운 형태의 융합매체로 성장하고 있다(이수범 외, 2007: 이경렬 · 이수범 외, 2012 재인용, pp.53-54).

스마트 미디어 시대의 도래와 함께 광고 패러다임 또한 변화하였다(이경렬 · 이수범 외, 2012, pp.53-54). 스마트 미디어를 활용한 광고를 스마트 광고라고 하는데, 광고 주체와 수용자 간의 상호작용성과 수용자 개개인에 따른 맞춤형 광고를 제공할 수 있다는 점에서 가장 큰 장점을 가진다(조철희 외, 2015).

(1) 맞춤형 광고

기업이 가지고 있던 고객의 데이터베이스를 바탕으로 각 고객별로 관심 분야에 맞는 정보를 전달하는 광고로서 개인별로 광고를 노출시키거나 제공하는 모든 광고가 맞춤형 광고이다(조철희 외, 2015).

(2) 디지털 사이니지 광고

디지털 사이니지는 포스터, 안내 표시, 간판 등 기존의 아날로그 광고판을 디지털 디스플레이어를 활용해 각종 정보와 광고를 제공하는 디지털 게시판을 이르는 말로 디지털 사이니지 광고는 옥내외에 설치된 디지털 사이니지 주변에 있는 카메라 센서가 주변 사람의 나이와 성별을 인식하여 그 정보에 따라 적합한 광고를 양방향 · 맞춤형으로 제공하는 유형이다. 대표적인 적용 사례로 YG엔터테인먼트는 가수의 음반을 홍보하기 위해 유동인구가 많은 지하철역 이동통로에 설치하여 다양한 정보를 제공하고 있다(조철희 외, 2015).

(3) 입체 광고

스마트기기의 카메라로 신문 지면의 입체광고 코드를 스캔하면 스마트기기 화면에 관련 제품이 실감 영상으로 나타나는 유형의 광고이다. 현재는 QR 코드나 NFC 등을 이용한 AR(Augmented Reality) 또는 VR(Virtual Reality) 형태로 광고 영상을 노출하는 수준이다(조철희 외, 2015).

(4) 위치기반 광고

소비자가 광고를 접촉하는 장소에 기반하여 제한된 지역에 전달되는 광고주의 홍보 메시지를 의미한다. 스마트 기기의 카메라 또는 GPS 센서를 통해 이용자 위치와 주변 거리를 인식한 뒤 주위 공연장이나 문화예술 관련 공연 쿠폰과 소식을 전달할 수 있어 적극적인 방문을 유도하기도 한다(조철희 외, 2015).

(5) 보상형 광고

스마트 기기의 앱을 이용하여 광고를 본 뒤 게임 등 이벤트에 참여하면 포인트나 상품을 획득하는 형식의 광고로 스마트 기기를 이용하여 게임 등에 참여하여 순위에 맞는 상품을 획득하거나 서비스 포인트를 적립시켜 주는 유형의 광고이다. 대표적 유형으로는 스마트폰 대기 화면을 이용한 '캐시슬라이드'가 있다(조철희 외, 2015).

참고문헌

김정현 (2015). 〈설득 커뮤니케이션의 이해와 활용〉. 서울: 커뮤니케이션북스.

김주환 (2010). 〈PR의 이론과 실제〉. 파주: 학현사.

김진영 외 (2013). 〈플랫폼을 말하다〉. 서울: 클라우드북스.

남민지, 이은지, 신주현 (2015). 인스타그램 해시태그를 이용한 사용자 감정 분류 방법. 〈멀티미디어학회 논문지〉, 18권 11호, 1391-1399.

백영미 (2012, 01, 01). "2012년 문화와 예술, 이렇게 흘러간다". 〈뉴시스〉. URL: http://entertain.naver.com/read?oid=003&aid=0004270902

양홍석 (2011). 국내 방송사업자 모바일 동영상 애플리케이션 서비스 현황. 〈방송통신전파저널〉 통권 41호, 16-35.

이경렬 · 이수범 · 강형구 · 이희복 · 변상규 · 김유경 (2012). 〈스마트 시대의 광고 미디어〉. 파주: 한울.

이명천 · 김요한 (2011). 〈PR입문〉. 서울: 커뮤니케이션북스.

이수범 · 강재원 · 임정수 · 심성욱 · 이경렬 (2007). 〈디지털미디어와 광고〉. 파주: 한울.

임연철 (2007). 〈문화 예술 홍보론〉. 서울: 커뮤니케이션북스.

임연철 · 박정배 (2013). 〈예술경영〉. 서울: 커뮤니케이션북스.

조성미 (2015, 12, 01). 2016 디지털 마케팅 체크포인트 5. 〈더피알〉 URL: http://www.the-pr.co.kr/news/articleView.html?idxno=13908

조철희 · 정일구 · 류원 (2015). 스마트미디어 광고 서비스 및 관련 기술동향. 〈전자통신동향분석〉, 3권 3호, 52-63.

한국인터넷진흥원 (2006). 〈2006한국인터넷백서〉. 한국인터넷진흥원.

정리	
소주제 1.	매체란, 둘 이상의 사이에서 중개 역할을 하는 것으로 송신자의 메시지나 정보를 수용자에게 전달하는 수단으로 정의할 수 있다. 수용자를 효과적으로 설득하기 위해서는 매체의 특성을 잘 파악해야한다. 대체로 매체라고 하면 메시지 용기로서의 매체, 즉 인쇄매체, 방송매체, 인터넷 매체 등을 포함하며 최근에는 스마트 미디어도 각 매체의 특징을 아우르는 융합 매체로서 각광받고 있다.
소주제 2.	구매체의 대표적 유형으로는 인쇄매체와 방송매체가 있다. 인쇄매체는 시간적 제약으로부터 자유로우며 기록의 영속성이 강해 지적, 문화적 결과를 오랫동안 보존하는 역할을 하고 있다. 방송매체는 인쇄매체에 비해 속보성과 현장성 면에서 우위에 있으며 대표적인 유형으로는 라디오와 TV 등이 있다.
소주제 3.	신매체의 대표적 유형으로는 인터넷 매체와 스마트 미디어가 있다. 신매체는 구매체가 가진 한계를 극복하여 양방향 커뮤니케이션이 가능하고 매체 간 융합이라는 멀티미디어적인 특성을 갖추고 있다. 또한 정보량이 기존의 구매체에 비해 제한이 없으며, 시간과 공간의 제약을 받지 않는다는 장점이 있다.

CHAPTER 03

CULTURAL ARTS PUBLIC RELATIONS STRATEGIES

미디어 시스템 이해와 접근법

개요

1.1. 각 매체는 각각의 고유한 제작시스템을 갖추고 있다. 따라서 효과적인 보도자료 전달은 이러한 매체별 제작시스템을 이해하는 것으로부터 출발한다. 특히 인쇄매체의 대표적인 홍보수단인 신문의 제작시스템은 기사 유형별로 보도요일이 각각 다르다는 특징이 있다. 신문매체의 제작시스템과 효과적인 보도자료 전달을 위한 기사 유형에 대해 논의한다.

1.2. 방송매체는 신문과는 영상이 중심이 되는 보도자료가 필요하다. 또한 뉴스나 프로그램 제작환경이 각각 다르기 때문에 차별적인 전략이 필요하다. 방송매체의 제작시스템과 효과적인 보도자료 전달을 위한 방법에 대해 알아본다.

1.3. 매체의 유형을 막론하고 효과적인 보도자료를 전달하기 위해 홍보담당자는 어떻게 행동해야 하는가? 효과적인 보도자료 전달을 위해 홍보담당자가 유의해야 할 점에 대해 학습한다.

오늘의 이슈

불과 50년 전까지 신문은 '납 활자판'에 의존해서 만들어졌다. 지금은 컴퓨터 조판 시스템을 통해 신문을 제작하지만 이러한 환경이 조성된 것도 불과 20년 전의 일이다. 그러나 신문 제작은 또 한 번 큰 변화를 기다리고 있다. 로봇이 직접 기사를 작성하는 시스템이 몇몇의 선진국에서 시작되고 있기 때문이다. 그렇다면 홍보담당자는 수많은 행사의 보도자료를 로봇에게 전송해야 할까?

로봇이 인간을 대신하여 기사를 쓰고 신문을 제작한다고 해도 기자들을 완벽하게 대처할 수 없을 것이다. 신문의 제작은 단순히 기사를 배열하는 것으로 끝나지 않는다. 신문의 제작 과정 중 대부분은 수많은 보도자료나 취재내용을 검토하여 어떠한 기사를 보도할지 검토하는 작업들이다. 이러한 작업은 기자들의 오랜 경험과 노하우가 필요한 부분이기 때문에 매번 새로운 알고리즘을 적용할 수 없는 로봇은 기자들을 완벽하게 대체할 수 없다. 방송 환경도 마찬가지다. 촬영 영상의 각도, 편집, 송출 등의 전반적인 과정은 반드시 사람의 손을 거쳐야한다.

아무리 새로운 기술이 개발된다고 해도 현재까지 이용하고 있는 매체는 당분간 지속될 것으로 보인다. 그렇기 때문에 홍보담당자는 기본적으로 각 매체의 제작 환경에 대해 충분한 이해를 바탕으로 각각 다른 접근법을 취해야 한다.

본 장에서는 신문과 방송을 중심으로 각 매체별 제작 시스템을 살펴보고 이들 매체에 효과적으로 보도자료를 전달하는 방법에 대해 탐구해보고자 한다.

3.1 신문제작 시스템 이해

1) 일간지 문화면 기사 취재 · 작성 · 출고 시스템

신문사 편집국 조직은 크게 스트레이트(빠른 소식) 부서와 간지(間紙)부서로 나뉜다. 스트레이트 부서는 정치부, 경제부, 사회부, 국제부 등 그날그날 쏟아지는 뉴스를 주로 다루는 반면 간지 부서는 문화, 레저, 주말판 등 일주일 단위로 지면이 미리 정해져 있어서 주기적으로 관련 기사를 소화한다(정재왈 외, 2007, p.122).

문화면은 학술 · 종교 · 출판 · 문화재 · 미술 · 문화 · 영화 · 공연 · 방송 등 모든 문화계 관련 소식을 다루는데, 각 장르별로 기사가 실리는 요일이 정해져 있는 것이 일반적이다. 예컨대 월요일자에는 학술, 화요일자에는 공연, 수요일자에는 미술, 목요일자에는 종교, 금요일자에는 영화기사가 집중적으로 실리는 방식이다. 따라서 신문사별로 어느 요일에 어느 장르의 기사가 실리는지를 미리 파악해 두는 것이 중요하다.

스트레이트 부서는 보통 취재와 기사작성, 출고가 당일에 이뤄지는 경우가 대부분이지만 간지부서는 취재에서 지면에 실리기까지 짧게는 2~3일, 길게는 일주일의 기간이 소요된다. 스트레이트 기사는 당일 오후 5시를 전후해 마감하고, 간지부서는 당일 오전이나 하루 전에 마감하는 사전 제작 시스템이 일반적이다. 다만 신문사별 차이가 있기 때문에 마감시간을 확인하는 것이 필요하다.

2) 공연 관련 기사의 제작 · 출고

담당 기자의 책상에는 매일 새로운 보도자료가 쌓인다. 기자는 1차적으로 보도자료에서 기사 아이템을 찾기 때문에 모든 보도자료를 꼼꼼히 살핀다. 보도자료에서 흥미 있는 기사거리를 찾으면 홍보담당자를 통해 취재 의뢰를 한다. 취재를 마친 뒤에는 어느 정도의 기사 가치가 있는 지를 판단하고, 데스크(부장, 차장)와 지면 구성에 대해 논의한다. 이때 담당 기자와 데스크의 의견이 엇갈리면 기사가 축소되거나 아예 지면에 실리지 못할 수도 있다(정재왈 외, 2007, p.122).

담당 기자가 작성한 기사는 데스크의 퇴고를 거쳐 편집 기자에게 전달된다. 이 때 사진과 표, 그래픽 등 관련 자료를 함께 넘긴다. 편집 기자는 기사의 헤드

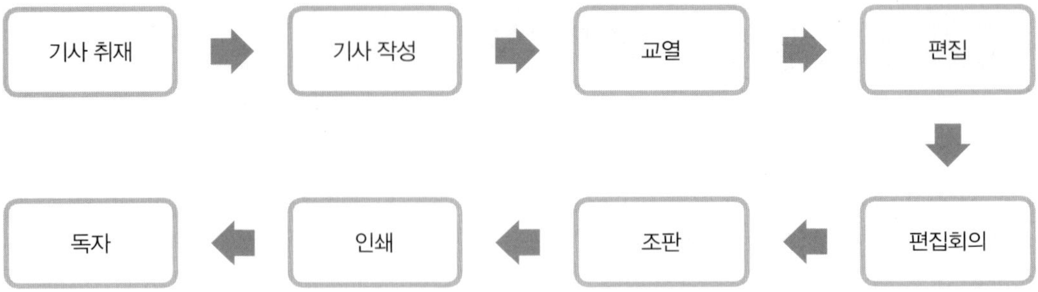

그림 3-1 ■ 공연 관련 기사의 제작 및 출고 과정

라인과 소제목을 달고, 사진 등 비주얼 자료를 활용해 독자의 눈길을 끌 수 있는 최상의 지면을 제작한다. 기사 작성은 취재 기자의 몫이지만 헤드라인과 사진 선택은 편집 기자의 고유 영역이다. 편집 기자가 구성한 지면은 인쇄에 앞서 대장(신문 지면과 같은 크기의 편집본)형태로 취재부서에 전달된다. 담당기자가 대장에서 오탈자는 없는지, 사진은 제대로 들어갔는지 등을 꼼꼼히 점검한 뒤 'OK사인'을 내리면 최종적으로 인쇄에 들어간다(정재왈 외, 2007, pp.122-123).

3) 공연 기사 유형

공연 전에 쓰는 프리뷰 기사와 공연 관계자 인터뷰 기사, 그리고 공연을 보고나서 쓰는 리뷰 기사 등 크게 세 가지로 나눌 수 있다. 프리뷰 기사는 연습 현장을 방문해 전반적인 작품의 분위기를 파악하고, 연출자의 설명과 출연자 인터뷰를 통해 사전에 공연을 소개하는 형식의 글이다. 초연일 경우나 보도자료만으로 작품 내용을 파악하기 힘든 경우, 기사에 현장감을 주고 싶을 때 사용된다. 인터뷰 기사는 연주자나 주연 배우, 연출자 등 그 작품에서 가장 주목받는 인물을 택해 이뤄진다. 인터뷰 기사는 인물 자체에 초점이 맞춰지기 때문에 간혹 공연 이외의 개인적인 이야기에 치중될 수도 있다(정재왈 외, 2007, p.124).

프리뷰 기사와 인터뷰 기사가 사전에 관객들의 호기심을 자극하고, 사전 정보를 제공하는데 주목적이 있는 반면 리뷰기사는 실제로 관객들이 그 작품을 볼 것인가 말 것인가를 결정짓는 잣대를 제공한다는 점에서 매우 중요하다. 클래식 음악이나 무용처럼 공연기간이 짧은 경우 공연이 끝난 뒤에 리뷰가 실리는 경우도 있지만 추후 같은 아티스트의 다른 공연을 선택할 때 영향을 미칠 수 있기 때문에 소홀히 해선 안 된다(정재왈 외, 2007, p.124).

3.2 방송제작 시스템 이해

1) 고정란 부재

신문은 공연 기사를 다루는 지면이 고정돼 있지만 방송은 일정하지 않다. 사회 · 문화적으로 의미 있는 공연이거나 화제성이 있는 경우 부정기적으로 뉴스시간에 소개된다. 그렇더라도 저녁 메인 뉴스시간대에 공연 기사가 소개되는 경우는 그리 많지 않다. 평일 뉴스보다는 주말에 치중되는 경우가 대부분이므로 타이밍이 중요하다. 방송사별 특성도 미리 파악해 둘 필요가 있다. 이를테면 MBC는 아침 뉴스시간에 고정적으로 문화뉴스를 소개하는 코너가 배정돼 있고, SBS는 토요일 아침뉴스에 문화뉴스를 내보낸다. YTN은 수시로 자막형태(스크롤바)로 문화계 소식을 전하므로 이를 잘 활용하면 홍보 효과를 배가시킬 수 있다(정재왈 외, 2007, p.124).

2) 영상의 필요성

아무리 좋은 공연이라도 영상이 없으면 방송에서 다뤄지기 힘들다. 한마디로 영상은 방송의 알파이자 오메가이다. 신문은 보도자료와 사진자료로 충분하지만 방송은 반드시 비디오 자료를 첨부해야 한다. 따라서 방송 취재를 요청할 경우 카메라 기자가 충분한 화면을 찍을 수 있는 여건이 갖춰졌는지를 반드시 확인해야 한다. 그리고 의상이나, 무대 등 가능하면 실연과 근접한 형태의 화면일수록 좋다. 이런 측면에서 프레스 리허설은 신문기자에겐 큰 의미가 없지만 방송기자에겐 매우 중요한 취재 기회이다. 이때 미리 공연 관계자와 카메라 촬영에 대해 세부적으로 의견 조율을 거쳐야 현장에서 불필요한 마찰을 줄일 수 있다(정재왈 외, 2007, pp.124-125).

방송 취재 요청이 여의치 않은 소극장 연극일 경우에는 자체 제작한 비디오 화면이라도 꼭 제공하는 것이 좋다. 해외 유명 연주자나 단체의 내한 공연일 경우에도 마찬가지다. 굳이 해당 작품이 아니더라도 이전에 했던 다른 작품이나 DVD 자료를 충분히 제공해야 한다(정재왈 외, 2007, p.125). 그래서 공연 관련 뉴스에는 자료영상이 제공된다.

3) 뉴스 이외의 홍보 채널

방송에 뉴스만 있는 것은 아니다. 문화 프로그램이나 라디오 교양 프로그램 등 가능한 모든 홍보 채널을 적극적으로 공략하는 것이 필요하다. 이때는 PD와 작가 등을 직접 발로 뛰어서 만나야 한다. 보도국 담당 기자와 친분이 있으면 인간적으로 도움을 받기에 유리한 측면이 있다. 라디오의 경우공연 티켓을 청취자용 선물로 제공하는 것도 한 방법이다(정재왈 외, 2007, p.125). 최근에는 간접광고를 통해 직접적인 공연 소개는 물론 공연의 존재를 알리는데 활용하고 있다.

4) 이슈화할 기획성 홍보 아이템 개발

신문은 하나의 공연만으로도 충분히 기사화될 수 있는 반면 방송에선 단일 공연이 뉴스 아이템으로 채택되는 경우는 드물다. 따라서 이슈가 될 수 있는 아이템을 여러 개로 묶어 기획성 홍보자료로 만드는 노하우가 필요하다. 이를테면 '배우들의 오디션 열기가 뜨겁다'거나 '춤이 부각되는 뮤지컬이 뜨고 있다', '나이를 잊은 배우들의 열연'처럼 동시에 진행되고 있는 2~3개 공연을 엮으면 훌륭한 방송 뉴스가 될 수 있다. 이때 중요한 것은 내 공연만 홍보되길 바라는 욕심을 버리고 대승적 차원에서 가능한 많은 정보를 제공해 풍부한 기사가 나오도록 노력해야 한다는 것이다(정재왈 외, 2007, p.126).

3.3 효과적인 보도자료 전달법

1) 담당 기자 파악

홍보의 기본이지만 의외로 소홀히 하는 경우를 종종 볼 수 있다. 담당 기자가 바뀌었는데도 예전 담당자의 이름으로 보내거나 틀린 이름을 적어 보내는 실수는 보도자료 봉투를 뜯기도 전에 해당 공연에 대한 이미지를 실추 시킬 수 있다. 자주 공연을 올리는 기획사는 그럴 가능성이 상대적으로 적지만 공연 제작 기간이 긴 기획사는 미리 담당 기자의 이름을 확인하는 것이 좋다(정재왈 외, 2007, p.126).

보도자료 내용에 따라 담당 기자가 달라지는 경우도 있다. 일례로 서울문화재단에서 하는 사업은 때에 따라 공연담당 기자보다는 서울시청 출입기자가 더 관심을 보일 수도 있다. 또한 공연에 고위 정치인이나 유명 연예인이 관람할 경우에는 정치부나 방송담당 기자가 더 적당할 수도 있다. 이때는 양쪽 모두에게 보도자료를 보낸 뒤 어느 분야에서 다룰 수 있는지 의논하는 절차가 필요하다. 홍보담당자의 자의적인 판단으로 한쪽에만 보도자료를 보내는 것은 피해야 한다(정재왈 외, 2007, p.126).

2) 마감시간 확인

언론사의 마감시간은 총성 없는 전쟁과도 같다. 어느 기자든 마감시간을 앞두고는 신경이 예민해진다. 운 나쁘게 이 시간에 보도자료를 보내면 본의 아니게 냉대를 받을 수 있다. 따라서 보도자료를 전달 할 때 마감시간은 가급적 피하는 것이 좋다. 앞서 언급했듯 신문사마다 공연 면 마감시간은 요일별, 시간대별로 제각각이므로 미리 확인해 두어야 한다. 사전에 담당 기자에게 보도자료를 이메일로 보내고 전화로 메일을 잘 받았는지 확인하는 것도 좋은 방법이다.

3) 보도자료 동시제공

간혹 홍보담당자의 욕심에 따라 일부 언론사에 보도자료를 미리 보내는 경우를 볼 수 있다. 보도자료는 1차적인 홍보물이다. 같은 보도자료라도 어떻게 가공하고, 취재하는지에 따라 기사의 질이 좌우된다. 기본적인 자료 접근조차 차별 대우하겠다는 생각은 소탐대실의 우를 범할 수 있다. 의도적이지는 않더라도 홍보담당자가 직접 언론사를 방문해 보도자료를 돌릴 경우 하루에 다 소화하지 못하는 사정이 생길 수 있는데 이때도 가급적 시차 없이 자료가 전달되도록 해야 한다. 사소한 오해가 신뢰를 깨뜨릴 수도 있다(정재왈 외, 2007, p.127).

4) 오프라인과 온라인 자료는 상호보완 관계

요즘은 이메일이나 웹하드를 활용해 보도자료를 보내는 사례가 흔하다. 일일이 봉투를 뜯어보지 않아도 무슨 내용인지를 쉽게 알 수 있고, 많은 양의 사진 자료를 받을 수 있다는 점이 장점이 다. 하지만 온라인 자료만으로는 불편한 경우가 많다. 어차피 문서 파일을 다시 프린트해서 활용해야하기 때문이다. 기자의 취향에 따라 온라인 자료를 편하게 여기는 이들도 있고, 종이 자료를 선호하는 사람들도 있다. 메일로 자료를 보냈더라도 상호보완 차원에서 종이자료를 보내는 것이 번거롭더라도 여러모로 효과적이다. 사진 자료를 CD나 USB 등으로 보낼 경우에는 어떤 종류의 사진들이 들어있는지를 한눈에 알아볼 수 있도록 A4용지 한 장에 일목요연하게 정리해서 보낸다면 더욱 효과적일 것이다. 사진을 현상해서 보낼 때는 사진 뒷면에 꼭 설명을 붙이는 것이 좋다(정재왈 외, 2007, p.127).

5) 취재 현장에서 유의할 점들

(1) 홍보 담당자는 기자와 공연관계자의 중개자

연습실이나 리허설 취재를 할 경우 홍보담당자가 현장에서 진행상황을 매끄럽게 유도해 주어야 한다. 특히 방송은 영상취재가 함께 이뤄지기 때문에 사전에 공연관계자들과 세말한 협의가 필수적이다. 인터뷰를 연습 전에 할 것인지, 연습 중간에 할 것인지, 그리고 연습 장면을 어느 위치에서 촬영할 것인지 등에 관해 미리 약속이 되어 있어야 불필요한 시간 낭비와 에너지 소모를 막을 수 있다. 현장에서 갑자기 스케줄이 바뀐다거나 사전에 의견조율이 어려울 경우 무작정 연습이 끝나기를 기다리는 상황은 피하도록 해야 한다(정재왈 외, 2007, p.127).

(2) 기자에게 좋은 좌석 제공

기자가 공연을 관람하는 것은 즐기기 위한 것이 아니라 취재의 한 부분이다. 공연 기획자나 홍보담당자는 최적의 상황에서 자신들의 공연이 보여지도록 노력할 의무와 책임이 있다. 일부 공연의 경우 티켓 판매에 급급해 기자들에게 사석에 가까운 자리를 배정하는 무성의함을 볼 수 있는데 이는 언론의 정확한 공연 평가에 장애물이 될 수 있다. 공들여 준비한 공연을 제대로 평가받지 못한다면 억울할 것이다(정재왈 외, 2007, pp.127-128).

6) 절대 금기해야 할 것들

(1) 부정확한 보도자료

보도자료의 기본은 정확성이다. '최고', '최상' 등의 과장된 표현은 어느 정도 용인된다 하더라도 틀린 정보를 제공해서는 안 된다. 특히 인명이나 연도, 숫자 표기는 세심한 주의가 필요하다. 잘못된 정보가 곧 오보로 이어질 우려가 있다는 점을 명심하고 완벽한 보도자료를 작성하기 위해서 최선을 다해야 한다.

(2) 담당 기자와의 불화

홍보 창구는 담당 기자로 일원화해야 한다. 언론사 고위 간부나 데스크를 개인적으로 잘 안다고 해서 이들을 통해 기사를 청탁하는 것은 금물이다. 이는 기자와 홍보 담당자간의 인간적인 신뢰를 깨는 행위로 문제가 될 수 있다. 담당 기자와의 커뮤니케이션이 무엇보다 중요하며 좋은 관계를 유지하도록 노력해야 한다.

(3) 기사 게재 확인

보도자료를 전달하면서 언제 기사가 게재되는지를 직접적으로 묻는 것은 피해야 한다. 홍보담당자는 기사가 게재되도록 최대한 노력해야 하지만 판단은 전적으로 기자에게 맡겨야 한다. 귀찮을 정도로 전화나 문자를 통해 기사를 부탁하는 것도 바람직한 태도는 아니다. 기사가 이미 나갔는데도 언제 실리냐며 연락하는 무감각한 홍보담당자는 최악의 경우라고 할 수 있다. 기사가 게재되기 전에 미리 보여 달라고 하는 것도 금물이다. 따라서 기사가 게재되었는지 여부는 본인이 한다.

(4) 언론사 차별

언론사의 영향력에 따라 눈에 띄게 차별대우를 해서는 안 된다. 특히 해외 유명 아티스트의 이메일 인터뷰나 전화 인터뷰 시 특정 언론사에만 취재 편의를 제공하는 경우를 종종 볼 수 있는데 이는 형평성의 원칙에 어긋나는 것이다. 모든 정보를 공평하게 제공하되 아티스트의 사정에 따라 다수의 언론사와 인터뷰가 불가능할 때는 기자들에게 이 같은 사정을 알리고 미리 양해를 구하는 것이 바람직하다(정재왈 외, 2007, p.128).

7) 오보와 정정

(1) 오보의 유형

오보는 크게 두 가지로 나눌 수 있다. 첫째는 인명, 지명, 숫자 등 단순한 교정상의 실수이고, 둘째는 사실과 다른 내용을 기사화했을 때의 명백한 오보이다. 기사 내용 중 사실 관계에 있어서 홍보담당자와 기자의 입장이 다를 경우는 먼저 어느 쪽이 사실인지를 따지는 절차가 필요하다. 이 과정에서 홍보담당자는 절대 거짓말을 하거나 자신에게 유리한 방향으로만 답변을 해서는 안 된다. 기사의 톤이 마음에 안 든다거나 제목이 불리하게 뽑혔다는 식의 주관적인 판단은 오보의 유형에서 제외된다(정재왈 외, 2007, p.129).

(2) 정정 과정

단순 실수의 경우 발견 즉시 정정을 요청하면 바로잡을 수 있다. 가판(저녁에 발행되는 초판신문)에서 실수를 발견하면 다음 판부터 올바른 정보를 실을 수 있다. 아침 신문까지 잘못된 정보가 나갔다면 이튿날 지면에 '바로 잡습니다' 등의 형태로 정정이 가능하다. 기사의 내용이 명백하게 오보인 경우 담당 기자에게 정정 기사를 요구하거나 정정 보도문을 요구할 수 있다. 언론사와 원만하게 해결이 되지 않을 경우는 언론중재위원회(www.pac.or.kr)에 중재를 요청하거나 최종적으로 법적인 수단에 호소할 수 있다(정재왈 외, 2007, p.130).

8) 언론홍보 윤리

문화예술은 인간의 영혼을 다룬다는 점에서 상업적 목적에 따라 좌지우지 되어서는 안 된다. 이것은 자본주의 사회에서 필연적으로 발생하는 문화예술의 상품화 과정에 따라 팔리는 문화예술과 안 팔리는 문화예술의 경계를 넘어서는 윤리적 실천의 영역이다. 따라서 의미 있는 문화 생산의 최첨단에 서 있는 문화예술 분야의 언론홍보 전략은 제3자의 입장에 서서 생산자와 수용자를 매개하는 위치 이상의, 적극적이고 주체적인 마인드를 전제해야 한다. 오늘날 자본주의 사회에서 문화예술과 산업화는 상생의 관계를 맺기도 하지만, 때에 따라서는 상호 간의 형식과 내용에 위배되는 불협화음을 내기도 한다. 우리의 현재 삶을 진솔하게 읽어내는 콘텐츠일 수도 있지만, 그것에 저항하며 다른 방식의 삶의 태도와 지향을 담은 내용으로 경직된 시스템을 견제하는 기능을 가지고 있기 때문이다(정재왈 외, 2007, p.130).

(1) 자본의 논리로부터 자유로운 문화예술

자본주의 사회의 전 영역은 상품적 가치로 치환된다. 따라서 문화예술 분야도 상품으로서의 유통 과정에 편입될 수밖에 없다. 그러나 그것은 물질적 재화나 용역과는 다른 인간의 영혼을 다루는 문제라는 점에서 윤리적 소명의식이 요청된다. 팔리는 문화상품을 만들기 위해 과도하게 감성을 자극하거나 건강한 비판의식을 저해하는 아이템을 자본의 논리로 포장해서 유포해서는 안 된다. 특히 지면을 사고 파는 행위는 지양되어야 할 것이다. 일부에서 아직도 행해지고 있는 기사를 거래하는 홍보 관행은 우리 사회의 투명성 제고에 역행하는 악습이다(정재왈 외, 2007, p.130).

(2) 엘리티즘과 포퓰리즘의 경계

문화예술은 문화와 예술이라는 두 개념이 상징적으로 대변하듯이 대중적인 소통의 영역이기도 하지만 전문적인 취향의 영역이기도 하다. 따라서 대중의 기호와 취미에 부합하는 포퓰리즘(대중주의)과 더불어 특정 계층이나 부류의 취향을 투영한 엘리티즘 역시 경계해야 할 부분이다. 문화예술이란 기본적으로 취향의 문제를 전제로 하고 있지만 이것은 동시에 우리 사회를 구성하고 변모시켜 나가는 감성영역의 중추적인 영역이므로 극단적인 편향을 경계해야 한다는 것이다(정재왈 외, 2007, p.131).

(3) 문화예술의 공공성에 주목

문화예술은 지극히 사적인 코드의 정신적 활동에 기반을 둔다. 예술생산자의 개인적 체험이 작품이라는 틀을 통해서 수용자와 감성적 공유 과정을 거치기 때문이다. 그러나 생산과 수용의 차원을 벗어나서 문화예술 콘텐츠가 만들어내는 효과, 즉 문화적 의미 생산의 영역으로 넘어가면 그것은 결코 개인적 차원의 문제가 아니다. 예술 생산자와 수용자는 공히 이 시대의 문화와 예술을 생산해 나가는 주체이며 그 양자를 매개하는 중요한 매체가 언론이라는 공공적 기재이다. 따라서 문화예술이 이 시대의 시대정신을 형성해 나가는 힘이라는 인식을 홍보 윤리의 토대로 삼아야 할 것이다(정재왈 외, 2007, p.131).

(4) 문화예술 관련 지면을 홍보 이상의 것으로 생각

문화예술 관련 지면은 훌륭한 홍보 수단이다. 여타의 홍보 전략에 비해 언론매체의 문화예술 지면을 통해서 세상에 알려지는 것이 가장 효율적이고 중대한 영향을 주기 때문이다. 대중매체의 속성상 그럴 수밖에 없다. 그러나 이러한 속성 때문에 단기적인 시각의 홍보 전략이 만연함으로써, 시간이 지나고 나면 의미 없는 문화예술 행사들로 소중한 지면을 낭비한 경우가 더러 있다. 모든 홍보 결과는 텍스트로 남는다. 긴 안목으로 보면 바르지 못한 단기적인 홍보 전략은 역효과를 유발할 수도 있으므로 언론매체의 문화 · 예술면을 홍보 이상의 것으로 생각하는 장기적인 발상이 필요하다(정재왈 외, 2007, p.131).

참고문헌

정재왈 외 (2007). 현장 문화예술 홍보. 서울: 커뮤니케이션북스.

<table>
<tr><th colspan="2">정리</th></tr>
<tr><td>소주제 1.</td><td>〈신문제작 시스템〉
• 문화예술 장르에 따라 기사가 실리는 요일이 다르다.
• 일반적으로 기사는 취재 → 기사작성 → 교열 → 편집 → 편집회의 → 조판 → 인쇄의 과정을 거친다.
• 공연 기사는 프리뷰 기사, 공연 관계자 인터뷰 기사, 리뷰 기사 등으로 구분할 수 있다.</td></tr>
<tr><td>소주제 2.</td><td>〈방송제작 시스템〉
• 신문과는 다르게 공연 기사를 다루는 일정하게 다루는 경우가 드물다.
• 평일 뉴스보다 주말 뉴스에 치중되는 경향이 있다.
• 방송사별로 특성을 파악하여 홍보 전략을 다르게 구사할 필요가 있다.
• 사진 자료보다 영상 자료를 주로 다루기 때문에 카메라 기자에게 충분히 화면을 찍을 수 있는 여건을 보장해야 한다.
• 뉴스 이외의 문화 프로그램이나 라디오 교양 프로그램 등을 적극 활용할 필요가 있다.
• 단일 아이템보다 이슈가 될 수 있는 여러 개의 아이템을 묶어 기획성 홍보자료로 활용할 필요가 있다.</td></tr>
<tr><td>소주제 3.</td><td>1. 효과적인 보도자료 전달법
• 담당 기자를 정확히 파악한다.
• 마감시간은 피한다.
• 보도자료는 동시에 제공한다.
• 오프라인과 온라인 자료를 상호보완적으로 사용한다.
2. 취재 현장에서 유의할 점
• 홍보담당자는 현장에서 진행을 매끄럽게 유도하여야 한다.
• 취재 기자에게 좋은 좌석을 우선적으로 제공해야 한다.
3. 홍보담당자가 홍보업무 시 유의할 점
• 부정확한 보도자료 지양
• 담당기자와의 우호적인 관계 유지
• 보도기사를 상시적으로 확인
• 언론사 간 차별이 없는 공평한 대우
4. 언론홍보 윤리
• 자본의 논리로부터 독립적인 태도(금전적 거래를 통해 기사 전달 금지)
• 특정 계층이나 부류의 취향을 투영한 엘리티즘이나 대중의 기호와 취미에만 부합한 포퓰리즘의 경계
• 문화예술의 공공성에 주목
• 문화예술 관련 지면과 매체의 영향력을 고려하여 장기적 관점의 홍보전략 필요</td></tr>
</table>

CHAPTER

CULTURAL ARTS PUBLIC RELATIONS STRATEGIES

04 언론홍보

개요

1.1. 최근 언론홍보에 대한 중요성이 높아지면서 언론홍보에 대한 관심도 높아지고 있다. 언론홍보란 무엇이며, 어떠한 과정을 통해 실시되는지에 대해 논의함으로써 언론홍보의 기본 개념과 프로세스를 이해한다. 이와 더불어 언론홍보를 통해 기대할 수 있는 효과란 무엇인지 살펴본다.

1.2. 홍보업무의 높아진 위상과 더불어 홍보담당자의 직급과 위상도 높아지고 있다. 올바른 언론홍보를 담당하기 위해 홍보담당자가 갖추어야 할 역할과 덕목을 학습한다.

1.3. 조직의 규모가 커질수록 홍보담당자의 역할이 더욱 커지게 된다. 따라서 홍보담당자 개인의 역할 이외에도 홍보부서의 공동의 역할도 매우 중요하다. 홍보담당 부서의 역할을 논의하고 중요 업무 분야에 대해 탐구한다.

오늘의 이슈

흔히 극장가에 관객이 몰리는 6~8월, 12~2월은 영화 홍보담당자에게 ‘영화 성수기’로 가장 바쁜 시기라고 한다. 그 이유는 같은 시기에 개봉하는 수많은 영화와 홍보 전쟁을 해야 하기 때문이다. 보통 영화 홍보는 개봉 2주 전 시기에 집중되며, 언론시사회를 시작으로 가능한 많은 매체의 인터뷰 일정을 소화하게 된다. 홍보담당자는 많은 매체와 기자를 상대해야 하고 그 매체의 특성에 맞춰 많은 양의 보도자료를 작성해야 한다.

홍보담당자는 자신이 속한 조직의 얼굴이라고 한다. 그만큼 조직의 우호적인 이미지 형성에 지대한 영향을 미칠 수 있다는 의미이기도 하다. 문화예술 분야에서 홍보의 중요성이 강조되는 이유가 여기에 있다. 홍보담당자의 역할로 인해 긍정적인 기사가 보도되면, 관객의 관심을 유도하여 흥행과 직결되는 성과를 낼 수 있기 때문이다.

본 장에서는 언론홍보란 무엇이며, 이를 담당하는 홍보담당자의 역할과 덕목, 조직 내 홍보부서의 역할을 연구해보고자 한다.

4.1 언론홍보에 대한 이해

1) 언론홍보의 정의

언론홍보는 매체를 통해 개인이나 조직의 메시지를 널리 알리는 것으로 '외부 정보원(개인 또는 조직)으로부터의 정보가 뉴스 가치로 인해 언론매체에 실리게 되는 것'을 말한다. 기업의 입장에서 보면, '기업의 PR 목표나 마케팅 목표 달성을 위해 공중이 접하는 언론매체에 일정한 요금을 지불하지 않고 뉴스의 시간 또는 공간을 획득하는 일'이라고 할 수 있다. 즉, 기업 자신이나 제품에 대한 홍보를 매체를 통해 실시하는 것이 언론홍보라고 할 수 있다.

기업들은 표적 공중들, 특히 소비자들에게 메시지를 전달하는 수단으로 언론매체를 가장 자주 사용한다. 반면, 언론매체 입장에서는 기업과 제품에 관한 뉴스 가치가 있는 정보의 취재라고 할 수 있다. 이와 더불어 언론은 기자들이 굳이 외부로 나가지 않더라도 독자나 시청자들이 찾아서 읽고 볼 만한 기사나 뉴스거리를 큰 수고를 들이지 않고 취재하는 활동이기도 하다. 다시 말해 언론홍보는 기업과 언론이 서로 상생하는 수단이라고 할 수 있다(이명천 · 김요한, 2011, p.139).

언론홍보는 현대 사회에서 대중매체를 통한 몇 가지 기능을 수행하고 있다(김주환, 2010, pp.178-180).

첫째, 언론홍보는 대중매체가 추구하는 뉴스성을 가지고 있다는 점에서 대중매체의 중요한 정보원이 된다.

둘째, 언론홍보는 기업PR광고, 사보, 홍보영상물 등과 더불어 PR 커뮤니케이션 수단이 될 수 있다. 이 가운데 언론홍보는 뉴스성과 광고성을 동시에 담고 있으며 매체의 검열 과정을 통해 공공적인 객관성을 인정받아 공중으로부터 더욱 효과적인 반응을 얻을 수 있다. 특히, 기업이나 공공단체는 언론홍보를 통하여 광고와의 일관성 있는 커뮤니케이션 활동을 수행할 수 있어 PR주체의 호의적인 이미지를 유지 또는 강화할 수 있다.

셋째, 언론홍보는 광고에 비해 공공성을 가짐으로써 공중으로부터 더 큰 공신력을 유발하고 이로부터 마케팅 촉진을 지원한다. 그러나 언론홍보가 PR 주체의 이익만을 반영하기 위하여 진실한 내용을 왜곡하는 경우, 이것은 공중을 우롱하는 처사이므로 공중의 강한 반발을 불러일으키며 불신의 토대가 됨으로써 그 뒤의 모든 홍보나 PR활동에 악영향을 미칠 수 있다.

2) 언론홍보의 과정

홍보담당자가 가장 많이 수행하는 업무가 언론 관계이고, 그 중에서도 홍보담당자가 속한 조직에 유리한 기사가 나가도록 보도자료를 배포하는 것이 기본적이면서도 중요한 일이다. 물론 인터뷰나 기자회견을 통해서도 언론홍보를 할 수 있으나 가장 기본적이면서 자주 사용되는 수단은 이메일을 통해 기자들에게 보도자료를 배포하는 것이다.

보도자료는 한마디로 자료라고 하지만 거의 완성된 기사 형태로 작성하여 배포하는 것이 특징이다. 그리고 기업이 보낸 자료가 기사로 선택되게 하려면 뉴스 가치가 있어야 한다. 아무리 기자들에게 보도자료를 보내더라도 그 내용이 보도할 만한 가치가 없다면 기사화되지 않는다. 이 경우 보도자료는 배포됐으나, 실제로 언론홍보는 성사되지 않은 것이다(이명천 · 김요한, 2011, p.140).

일반적으로 뉴스 가치가 있는 보도자료는 시의성, 중요성, 독특성이 있어야 한다. 이러한 요소 중 하나 또는 그 이상을 갖추어야 언론매체가 보도자료를 채택하여 뉴스나 기사가 된다. 반면 기업이 배포한 보도자료가 세 가지 조건 중 하나도 갖추지 못한다면 뉴스나 기사로 보도되지 않는다.

시의성은 새로운 이야기나 현시점에 필요한 이야기 등을 의미한다. 가령 제약회사의 새로 나온 약품에 관한 이야기나, 병원 의사들의 환절기 감기 예방과 관련된 이야기는 시의성이 높기 때문에 언론에서 자주 다루는 기삿거리다. 기업들의 경우 신제품, 수상이나 실적, 사회봉사 활동, 계약 체결 등의 사안을 보도자료로 배포할 경우 언론홍보가 성사될 가능성이 높은데 이는 시의성 때문이다(이명천 · 김요한, 2011, p.141).

언론은 중요한 인물들의 이야기나 중요한 사건들을 좋아한다. 예를 들어 신문에서 특정 기업의 CEO 동정이나 임원 인사 발령 내용이 보도되는 것은 그들의 저명성 때문이다. 또한 중요한 인물이나 사건은 아니지만 사람들은 자기와 관련된 이야기에 관심을 갖는다. 이를 근접성이라 할 수 있는데, 예컨대 경인지역에 사는 사람들은 수도권 뉴스에 더 관심을 갖는다. 지리적 위치만이 아니라 심리적 근접성도 사람들을 주목하게 한다. 비록 멀리 떨어져 있어도 자신의 모교 이야기가 보도되면 사람들은 주목하게 된다. 그리고 자신에게 영향을 미치는 정보도 사람들에게는 중요한 뉴스라 인식된다(이명천 · 김요한, 2011,

pp.141-142).

독특성은 관습적, 혹은 뻔한 이야기가 아닌 파격적이고 재미있는 이야기를 의미한다. 언론은 누구나 예측할 수 있는 그런 뻔한 스토리를 좋아하지 않는다. 당연히 파격적인 이야기를 좋아한다. '개가 사람을 물면 뉴스가 되지 않지만, 사람이 개를 물면 뉴스가 된다.'라는 말이 바로 독특한 뉴스거리를 좋아하는 언론의 속성을 잘 설명하는 예다(이명천 · 김요한, 2011, p.142).

3) 언론홍보를 통해 얻을 수 있는 효과

언론홍보를 통해 크게 네 가지의 효과를 기대할 수 있다(이명천 · 김요한, 2011, pp.143-144).

첫째, 마케팅 효과이다. 언론홍보를 많이 하는 기업일수록 소비자들 사이에서 인지도가 높아지기 때문에 그 기업의 제품이나 서비스가 판매될 가능성이 높아진다.

둘째, 재무 효과이다. 일반적으로 투자자들은 처음 보는 기업보다는 인지도가 높은 기업에 투자하는 성향이 있다. 따라서 언론을 통해 널리 알려진 기업일수록 투자를 유치하는 것이 더 용이하다.

셋째, 리크루팅(recruiting) 효과이다. 언론홍보를 통해 높은 인지도와 호감을 얻은 기업이 좋은 인재를 채용할 수 있다. 많은 구직자들은 채용 공고가 나왔을 때 그 기업이 얼마나 알려진 기업인지를 판단한다. 그러므로 언론홍보를 많이 할수록 기업의 인재 채용이 더 수월해진다.

넷째, 직원의 사기 고취 효과이다. 자신이 한 기업 또는 조직이 언론을 통해 많이 알려질수록 직원들은 자긍심을 갖게 된다. 그리고 이러한 자긍심은 생산성 향상에도 도움이 된다.

4.2 홍보담당자의 역할과 덕목

1) 홍보담당자의 역할

홍보담당자는 회사의 얼굴이다. 홍보담당자는 본인이 소속된 기관이나 단체를 대표해서 공식적인 입장을 대변하기 때문이다. 중요한 사건의 경우에는 최고책임자가 직접 나서 공식 입장을 발표하겠지만 그 외에는 대개 홍보담당자가 그런 역할을 대신한다. 언론사 기자의 문의에 즉각적으로 답을 해야 할 때 홍보담당자에게 정확한 지침과 기준이 주어지는 것이 아니다. 그래서 홍보담당자의 순발력과 판단력이 중요한 것이며 확인되지 않은 사항은 섣불리 말하지 않는 것이 좋다. 시간이 걸리더라도 정확하게 상황을 파악하는 것이 우선순위다. 한 번 잘못 전해진 것을 바로 고치려면 너무나 많은 수고와 노력이 뒤따르기 때문이다(정재왈 외, 2007, p.2).

홍보담당자는 회사에서 주관하고 있는 행사에 대해 가장 정확하고 객관적인 정보를 가지고 있어야 한다. 소속 기관이나 단체의 성격, 운영목표, 역사, 중장기 계획 같은 공식적인 것뿐만 아니라 비공식적으로 알려지지 않은 내용까지 꿰뚫고 있어야 한다. 또 다른 경쟁사와의 장 · 단점을 비교할 수 있어야 한다. 남들에게 자신이 주장하는 바를 자신감 있게 설득하고 관철시키기 위해서는 평소 관련 지식들을 꾸준히 쌓아 놓는 것이 중요하다. 다양한 분야의 전문가들과 인적 네트워크를 통해 정보를 교환하는 것도 안목을 키울 수 있는 필수 과정이다(정재왈 외, 2007, p.2).

홍보담당자와 기자는 공생관계다. 하지만 기대치는 서로 상충된다. 홍보담당자에게 언론은 최상의 홍보매체이며, 기자에게 홍보담당자는 정보를 얻는 최전선이다. 기자의 임무는 정확하고 의미 있는 기사를 작성하는 것이고 이를 위해 홍보담당자들이 적절한 정보를 적시에 제공해 주기를 바란다. 반면 홍보담당자는 자신의 홍보 스케줄과 전략에 따라 기사화하길 원한다.

홍보담당자가 소속 기관이나 단체의 이익을 위해 일한다면 기자는 공익적인 목적을 위해 기사를 쓴다. 홍보담당자의 일차적 관심사는 보도자료의 기사화 여부다. 하지만 기자는 보도자료를 단지 뉴스가치로서 판단할 뿐이다. 기사화 여부는 홍보담당자가 아니라 전적으로 기자의 몫이다. 따라서 홍보담당자는 다음과 같은 주의사항을 명심해야 한다(정재왈 외, 2007, pp.2-3).

- 기자에게 기사화를 강요하지 않아야 한다. 논리적인 설득이 우선이다. 논리적인 근거가 충분하면 기사화가 안 될 일이 없다.
- 민원이나 청탁은 금물이다. 담당 기자 외에 윗선, 혹은 다른 기자를 동원하는 일은 절대로 피해야 한다. 이런 행태는 담당 기자의 권위를 농락하는 일이다.
- 특정 언론사를 우대하거나 편애해서는 안 된다. 홍보담당자들은 매체의

영향력에 가끔 현혹될 때가 있다. 하지만 노골적인 경향을 드러내는 것은 옳은 태도가 아니다.

- 낙종(특종 기사를 다른 언론사에 뺏기는 것) 언론사가 생기지 않도록 주의해야 한다. 특정 언론사가 출고일과 지면 사정을 이유로 보도자료를 먼저 요구할 경우 수락 여부는 철저히 '전략적' 차원에서 접근해야 한다.
- 오보가 발생하지 않도록 사실 여부를 확인해야 한다.
- 엠바고(Embargo, 일정 시점까지 보도 금지)는 반드시 지켜야한다. 어느 기자가 일방적으로 엠바고를 깼을 경우 그에게 엄중히 경고해야 한다. 엠바고 파기로 인해 피해를 본 다른 언론사 기자들에게 자초지종을 충분히 설명하고 대책을 논의하는 게 좋다. 엠바고 파기의 전적인 책임은 홍보담당자에게 있는 것이 아니라 그 금지 약속을 깬 기자에게 있기 때문이다.

2) 홍보담당자가 갖춰야 할 덕목

(1) 뉴스 가치의 객관적 판단력

홍보담당자는 어느 한쪽에 치우치지 않고 공정하게 사실을 판단할 수 있어야 한다. 자기가 홍보하고 있는 행사를 객관화시켜 바라볼 수 있어야 한다는 뜻이다. 뉴스가치가 있는지, 시의성이 있는지, 그림이 되는지를 곰곰이 생각해보라. 그러기 위해서는 평소 어떤 아이템이 기사가 되고 뉴스가 되는지 유심히 관찰하는 것이 중요하다(정재왈 외, 2007, p.3).

(2) 문제 조정 능력

홍보담당자는 내부와 외부를 연결시키는 중개 역할이 기본적인 업무다. 홍보업무를 하다보면 이해가 상충되는 경우를 종종 만난다. 따라서 스스로 해결사임을 자처해야 한다. 문제가 발생했을 경우 반드시 현장에서 그 사실을 확인해야 해결책을 찾을 수 있다(정재왈 외, 2007, p.3).

(3) 문장력과 발표력

정확한 사실에 기초해 작성된 보도자료는 읽는 사람에게 신뢰감을 준다. 보도자료에는 전달하고자 하는 내용이나 주장하는 의견이 객관적인 사실에 근거하여 차분하게 설명돼야 한다. 어설픈 주장, 주관적인 감정의 강요, 논리의 비약 등은 자료의 가치를 떨어뜨린다. 매끄럽지 못한 문장은 간결하게 다듬어야 하

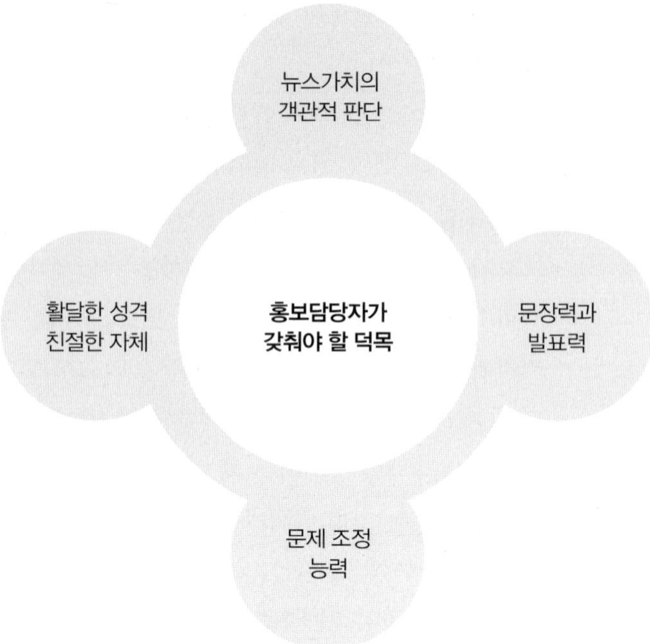

그림 4-1 ■ 홍보담당자가 갖춰야 할 덕목

며 철자법에도 주의해야 한다. 기자와 전화통화를 하거나 직접 만나서 말로 설명을 해야 할 때, 혹은 많은 사람이 참석한 행사에서 사회를 맡아 진행하거나 발표를 할 때도 많으므로 자신감 있는 의사소통 능력은 대단히 중요하다(정재왈 외, 2007, pp.3-4).

(4) 활달한 성격과 친절한 자세

기자와 좋은 인간관계를 유지할 수 있다면 더욱 효율적인 의사소통이 가능하다. 세심한 곳까지 신경을 써준다면 상대방을 감동시킬 수 있다. 겸손하면 더욱 좋다. 언론에 보도된 기사로 큰 도움을 받았을 때 고맙다는 인사를 절대 잊지 않아야 한다. 기자가 다른 부서로 옮기더라도 지속적인 관심을 가지는 것이 좋다(정재왈 외, 2007, p.4).

4.3 조직 내 홍보부서의 역할

일정한 규모의 조직에서 홍보는 최고 책임자의 직속으로 놓이는 경우가 많다. 가까운 거리에서 참모 역할을 수행하기 때문이다. 어느 회사는 신입직원을 포함한 홍보부서원 전원을 부장급 이상의 간부들이 참석하는 회의에 참석시켜 회사의 경영전반에 대한 정보를 공유하도록 배려하고 있다. 이런 이유로 홍보부서의 역할이나 위상이 높아지고 있다.

언론매체와 원활한 관계를 유지하는 것은 가장 중요한 홍보부서의 업무다. 대형 프로젝트의 경우 '홍보대행사'가 그 역할을 대신하기도 하는데 그렇다고 홍보업무의 중요성이 줄어드는 것은 아니다. 홍보대행사가 대행하는 이유는 고유의 중요업무에 더욱 집중하겠다는 의지가 내포되어 있다. 홍보는 광고와는 다른 업무다. 예컨대 광고는 일정한 비용만 지불하면 원하는 지면을 살 수 있지만 기사는 그렇지 않다. 이것이 바로 기사가 광고보다 신뢰성을 갖는 중요한 이유다.

1) 언론매체 리스트 관리

언론매체 리스트 관리는 가장 기본적인 업무다. 변동 사항이 많은 편이어서 지속적이며 세심한 관리가 필요하다. 신문사는 종합지 · 경제지 · 스포츠지 · 영자지 등으로 나눌 수 있다. 방송국은 보도국이 중심이고 주간지 · 월간지는 구독계층이 특화되어 있으므로 행사의 성격에 따라 적정 매체를 선별하여 집중하는 것이 좋다. 최근에는 온라인 매체와 스마트 미디어의 중요성이 커지고 있는 추세다.

2) 보도자료 작성 및 배포

보도자료를 통해 해당 행사의 특징과 의의 등이 정확히 드러나야 한다. 적절한 발송 시점도 놓치지 말아야 한다. 자료를 보내고 나서 기자와 반드시 직접 통화를 통해 수신 여부를 확인한다. 이메일로 확인하는 것보다 훨씬 효과가 크다. 보도자료 문장은 간결해야 하고 사진은 인상적이어야 한다(정재왈 외, 2007, p.8).

3) 취재섭외 및 협조

후속 취재가 이루어 질 수 있도록 관련 정보를 지속적으로 제공해야 한다. 자료를 발송하고 확인하지 않는 것은 의미가 없다. 만약 취재가 성사되었다면 즉각 후속 조치가 이루어져야 한다. 언제나 경쟁상대가 넘쳐나고 있다는 점에 유의하여 평소 참신한 기사감이 될 만한 소재를 발굴하는 데 힘써야 한다(정재왈 외, 2007, p.8).

4) 정보수집 · 분석 · 관리

일상적으로 발생하는 자료와 데이터를 가공하여 통계화 하고 수치화해야 한다. 이러한 기초 자료는 기획기사를 취재 중인 기자에게 좋은 기사감이다. 또한 자기가 속한 기관과 관련이 있는 신문기사는 평소에 스크랩하고, TV에 보도된 내용도 모니터한다.

5) 사진촬영 및 관리

디지털 카메라의 등장으로 사진자료를 촬영하고 관리하는 업무가 예전에 비해 편리해졌다. 주로 공연사진의 비중이 높으나 기자간담회, 제작발표회, 오디션, 개막식 등의 행사 사진, 극장 전경, 무대, 연습실 등의 공간 사진도 찍어 두어야 한다. 홍보담당자는 본인이 속한 기관이나 단체의 대표, 예술감독, 지휘자, 안무자 사진이 너무 오래된 사진은 아닌지, 본인이 싫어하는 사진은 아닌지, 새로운 사진으로 교체할 수 있는지 등도 점검해야 한다(정재왈 외, 2007, p.8).

6) 자사매체 관리

직접 발간하는 잡지가 있을 경우 단계별로 기획 기사나 관련 기사를 통해 사전 분위기를 조성하는 데 유용하게 활용할 수 있다. 최근 고정 구매층을 확산하기 위해 자사 매체가 관객개발 측면에서 더욱 적극적으로 활용되고 있다. 속보성의 측면에서 트위터나 페이스북과 같은 SNS와의 연계도 중요하다. 또한 카카오스토리를 이용하는 것도 좋은 방법이다.

7) 사내 커뮤니케이션

신문에 어떤 내용의 기사가 실렸고, 방송에 어떤 내용이 나갔는지 조직원들에게 알려야 한다. 이 방법이 사내 커뮤니케이션의 기본이자 소속사의 정체성을 확립하는 데 도움이 된다. 좋은 기사가 나가면 자긍심 고취에 긍정적인 효과가 있다. 만약 잘못 나간 기사가 있다면 서로 알려 대처하도록 도움을 주어야 한다.

8) 위기 관리

소속사의 이미지에 타격을 주는 부정적인 사건이 발생했다고 가정했을 때, 대외창구는 당연히 홍보부서로 일원화되어야 한다. 그래야 신속하고 책임 있게 대응할 수 있다. 평소 조직원들에게 언론매체에 대응하는 방법을 미리 교육시켜 위기가 닥쳤을 때 효율적으로 대처할 수 있도록 해야 한다. 위기 관리 매뉴얼을 통해 훈련하는 것이 가장 효과적인 방법이다.

9) 최고 경영자(CEO) 이미지 관리

예술기관의 최고 책임자나 예술감독은 '신년 기자간담회'나 '시즌오픈 기자간담

표 4-1 ■ 홍보관리 업무구분

업무구분		세부구분
대(對) 언론홍보 관리	제작 과정 참여 · 협의	기획스태프(내부 직원 중심)
		연출스태프(연출가, 안무가 등 외부인사 중심)
	보도자료 작성 및 배포	사전연구(도서, 영상물, 공연관람)
		보도자료 작성 및 배포
	홍보 후속조치	연습참관
		본 공연관람
	사후 홍보 결과물 관리	리뷰 유도
		신문기사 스크랩
		방송보도 모니터링
	기자간담회	언론사 반응 모니터링
		사업별 기자간담회
		기관장, 예술감독 기자간담회, 시즌발표간담회
언론사 유대 관리		일상적인 정보 및 자료제공
홍보매체 관리		온라인(인터넷, TV, 라디오, 케이블 등)
		오프라인(신문, 잡지 등)
견학 관리		공간안내(VIP 의전 등)
회사이미지 관리		홍보물 제작 및 배포(원고작성, 사진촬영, 디자인), CI관리

회'에 직접 나와 한 해 동안의 주요 프로그램과 정책을 발표하고 그 취지와 배경을 설명해야 한다. 공식적인 자리든 비공식적인 자리든 최고 책임자는 언론사 기자들과의 만남에서 적극적으로 응대하고 허심탄회하게 의견을 나누는 것이 좋다. 기자를 협력자로 만드는 것은 매우 중요한 일이기 때문이다. 최고 책임자의 언론관은 기관이나 단체의 운영에 절대적인 영향을 미친다. 최고 책임자의 저술 · 강연 · 회합 등은 모두 기관홍보 차원에서 관리되어야 한다(정재왈 외, 2007, p.9).

참고문헌

김주환 (2010). 〈PR의 이론과 실제〉. 파주: 학현사.

이명천 · 김요한 (2011). 〈PR입문〉. 서울: 커뮤니케이션북스.

정재왈 외 (2007). 〈현장 문화예술 홍보〉. 서울: 커뮤니케이션북스.

정리	
소주제 1.	언론홍보는 기업의 PR 목표나 마케팅 목표 달성을 위해 언론매체를 활용하는 것으로 기업과 언론이 상생하는 수단이라고 할 수 있다. 언론홍보를 통해 적절한 홍보 효과를 얻기 위해서는 시의성, 중요성, 독특성 등의 뉴스가치를 갖는 보도자료를 작성하는 것이 무엇보다 중요하다. 조직은 이러한 언론홍보를 통해 마케팅, 투자 유치, 리크루팅, 직원의 사기 고취의 효과를 기대할 수 있다.
소주제 2.	홍보담당자는 조직의 대변인 역할로서 대내외에 조직의 입장을 대신하여 전달하고 언론을 응대해야 한다. 또한 행사에 대한 객관적인 정보를 가지고 외부에 관련 소식을 전달하며 많은 정보를 체계적으로 정리할 수 있어야 한다. 그러나 홍보담당자는 언론매체와 공생의 관계에 있는 만큼 기자와 서로 이해관계가 상응하는 부분에 주목해야 하며, 무리한 기사화는 요구하지 않아야 한다.
소주제 3.	조직 내 홍보부서는 조직과 관련한 대 · 내외의 정보를 구체적으로 알고 있어야 하며, 때에 따라서는 적절한 문제 해결 능력도 갖춰야 한다. 또한 평소 언론매체와 원활한 관계를 유지함으로서 업무와 관련한 내용을 적절하게 보도자료로 작성하고 홍보 결과물에 대한 사후관리도 게을리 해서는 안 된다. 최고 경영자와 회사의 이미지도 주요 관리 업무에 포함되는 만큼 평소 이미지 관리도 중요하다.

CHAPTER | CULTURAL ARTS PUBLIC RELATIONS STRATEGIES

05 언론홍보의 범위

개요

1.1. 언론홍보를 위해 가장 기초적으로 수행해야 할 것은 어떠한 자료를 활용할 것인가를 선택하는 문제라고 할 수 있다. 언론홍보를 위해 활용할 수 있는 자료의 유형을 살펴보고 각 자료의 특징을 논의한다.

1.2. 인쇄매체와 방송매체는 홍보업무에서 가장 기본적이며 중요하게 다루어야 할 매체 유형이다. 각 매체 유형별로 어떠한 자료를 활용하여 홍보업무를 수행할 수 있을지 알아본다.

1.3. 인쇄매체와 방송매체를 활용한 홍보업무만큼 중요한 홍보업무가 바로 인터넷 매체를 활용한 홍보 전략을 수립하는 것이다. 또한 최근 스마트 미디어가 급증하고 있는 상황에서 새로운 유형의 홍보 전략이 등장하고 있다. 각 매체별로 홍보 업무에 적용 가능한 방법을 탐색한다.

오늘의 이슈

로봇이 기사를 쓸 수 있을까? 정답은 '가능하다'이다. 아직 완벽하다고 볼 수는 없지만, 속보성 기사는 충분히 로봇이 대체할 수 있다. 2014년 6월, AP통신은 이미 오토메이티드 인사이트와 제휴를 맺고 속보와 기업 실적 뉴스 보도에 자동화 기술을 적용하였다. 이러한 자동화 기술은 월 1,000건의 기사를 알고리즘으로 생산하고 있으며 올해에는 적용 범위를 스포츠 기사로까지 확장할 계획을 가지고 있다. 이 외에도 LA타임즈, 로이터, 포브스 같은 해외의 유수한 언론사에서 이미 로봇 저널리즘을 도입해 운영하고 있다(안선혜, 2015. 06. 29).

로봇 저널리즘이 도입되면 단순 보도자료는 로봇이 수행할 수 있기 때문에 홍보담당자의 역할에도 어느 정도 변화가 생길 수 있다. 그러나 완벽한 대체는 어려울 것이다. 이는 사람만이 할 수 있는 '응용'과 '크리에이티브'를 로봇에게 기대하기 어렵기 때문이다. 이처럼 홍보업무는 단순히 정보를 알린다는 측면보다 '무엇을 활용하여 어떻게 전달할 것인가'가 주된 고민이라고 할 수 있다. 그만큼 홍보담당자의 고민은 많을 수밖에 없다.

본 장에서는 홍보담당자가 활용할 수 있는 홍보자료의 종류를 살펴보고 구매체와 신매체 등을 활용한 홍보업무의 범위를 살펴보고자 한다.

5.1 홍보자료의 종류

홍보자료의 종류는 보도자료와 사진, 동영상 및 CD, 프로그램, 포스터 전단 등으로 나뉜다. 텍스트 중심의 보도자료는 홍보의 가장 기초적인 역할을 한다. 사진은 글로 설명하기 힘든 내용을 이미지화하여 보여주는 역할이기 때문에 글로 쓰여진 보도자료 못지않게 중요한 역할을 담당한다. 보도자료와 사진이 인쇄매체를 대상으로 한다면 동영상 자료와 CD는 TV나 라디오 같은 방송매체에 활용된다. 특히 국내에 소개되지 않은 외국공연이나, 이미 흥행되어 큰 반향을 일으킨 공연의 경우는 동영상 형태로 자료를 제작하여 홍보에 활용하는 것이 좋다. 이외에도 뮤지컬이나 콘서트의 경우 CD를 제작하기도 하며, 티셔츠나 가방 같은 기념품도 좋은 홍보자료가 될 수 있다(정재왈 외, 2007, p.12).

1) 보도자료

보도자료는 가장 손쉽게 이용되는 홍보도구이며, 보도자료의 작성과 배포는 홍보담당자의 가장 주된 업무가 된다. 보도자료는 보통 한 가지를 만들어 활용하지만 매체에 따라 다양한 보도자료를 만들 때도 있다. 이는 각 매체별로 혹은 담당 부서별로 다른 관점에서 그 내용에 관심을 갖고 접근하기 때문이다. 따라서 매체와 원하는 접근 방향에 따라 메시지의 방향과 주요 내용을 다르게 구성할 필요가 있다(용호성, 2010, p.545).

보도자료는 표지, 본문, 첨부로 나뉜다. 표지에는 행사명, 일시, 장소, 홍보담당자의 연락처가 들어간다. 본문에는 가장 기본적인 행사의 특징 내용이 들어간다. 첨부로 출연진의 프로필이나 줄거리 이외에 행사와 관련된 평가나 통계 등을 인용한다. 별도로 인쇄된 용지의 경우 보도자료를 인쇄하는 종이로 사용하거나 워드프로그램의 머리말이나 꼬리말 기능을 이용, 매 페이지마다 행사명을 넣어주는 것도 좋은 방법이다. 보도자료를 작성하기 위해서는 연주자, 배우, 가수의 지세한 프로필, 공연 레퍼토리, 관련기사, 리플릿, 음반, 비디오 테이프 등을 본인이나 에이전시로부터 받아야 한다. 콘서트의 경우 바이오그라피(Biography)는 각 아티스트 소속 음반사 사이트에 있으므로 이 자료를 사용해도 된다(정재왈 외, 2007, p.12).

2) 사진

사진은 보통 보도자료에 부가하여 배포한다. 사진자료는 부가 설명 없이도 독자의 관심을 끌 수 있고 일정 크기 이상의 지면을 차지하기 때문에 효과가 높은 편이다. 사진을 배포할 때는 사진의 캡션, 즉 사진에 등장한 인물이나 환경 등 사진 자체에 대한 설명 자료를 반드시 덧붙여야한다. 아울러 사진 저작권에 대한 사항도 명기해야 한다. 사진 배포시 유의할 점은, 일반적으로 잘 나온 사진과 신문 등 매체에서 선호하는 사진이 다르다는 점이다. 따라서 가급적 유사한 내용의 기사에 실린 사진을 참고하여 어떤 사진을 선호하는지 판단하여 사진을 선택해야 하며, 가능하면 여러 스타일의 사진을 함께 제공해 매체가 선택할 수 있도록 하는 것이 좋다(용호성, 2010, p.547).

사진은 프로필 사진, 리허설/프리뷰 사진, 리뷰 사진 등으로 나뉜다. 보도자료나 홍보인쇄물 제작을 위해 찍는 프로필 사진은 증명사진처럼 딱딱한 표정보다는 자연스러운 자세와 사진이 좋다. 의상은 밝은 것이 홍보효과를 주는데 유리하다. 또한 인터뷰 기사에 대비하기 위해 다양한 각도에서 촬영한 여러 종류의 사진을 준비해 두는 것이 좋다. 리허설/프리뷰 사진은 공연 시작 전 스튜디오나 무대에서 공연의 한 장면을 연출하여 찍는 사진으로 언론홍보용은 물론 포스터나 전단, 인터넷 홍보용으로 이용하기도 한다. 이 때 공연의 주제와 내용이 정확하게 드러날 수 있도록 찍는 것이 무엇보다 중요하다. 리뷰 사진은 공연 중 무대 위의 배우나 관객의 반응을 함께 담아낸다(정재왈 외, 2007, p.12).

3) 동영상

비디오테이프, 베타테이프, DVD 등이 있다. 기존의 공연을 편집하여 재구성한 것과 공연 실황 그대로를 담은 것이 있다. TV 방송이나 전광판용은 VHS보다는 디지털 데이터를 이용하는 것이 양질의 화면을 제공할 수 있어 좋다. 신문이나 잡지 기자에게는 영상 자료를 제공하여 공연 전 미리 공연 리뷰를 내도록 할 수도 있다. 동영상은 컬러TV방식이 국가마다 다르므로 NTSC 방식이 아니라면 반드시 변환 과정을 거쳐야 한다.

동영상의 종류

- VHS: 방송 보도용으로 사용하기에는 화질이 떨어지므로 적당하지 않다.
- 베타테이프: 값이 비싼 대신 화질이 좋아 TV 방송용으로 적당하다.

- DVD: 화질이 선명하여 가장 많이 사용한다.
- 6 mm: 가볍고 화질이 우수하다. 전문가가 아니어도 비교적 손쉽게 사용할 수 있다.
- 디지털 파일: 저장 용량의 제한이 없으며, 고화질의 음향과 영상의 저장이 가능하다.

컬러 TV 방식에 따라 구분

- PAL: 영국, 독일, 중국, 호주에서 채용하고 있는 방식
- NTSC: 한국, 미국, 일본, 캐나다 등에서 채용하고 있는 방식
- SECAM: 프랑스, 러시아, 폴란드 등에서 채용하고 있는 방식

4) CD, 기념품

행사의 특성에 맞는 기념품을 제작하거나 특색 있는 이벤트 물품 등을 기자들에게 미리 제공하는 것도 하나의 홍보 방법이다. 특히 수첩이나 펜 등의 기념품은 기자들이 항상 휴대하므로 유용하게 활용될 수 있다. 또한 USB를 기념품으로 제공하기도 한다. 최근에는 휴대용 충전기가 기념품으로 인기가 좋다.

5) 프로그램, 포스터, 전단

작품의 성격을 상징적으로 보여주는 것이 프로그램과 포스터, 전단 등이다. 공연 내용과 출연진 등을 담은 프로그램은 주로 판매용으로 제작되지만 미리 만들어서 매체 홍보용으로 전달하는 것도 유용하다. 포스터와 전단도 홍보자료로 적극 활용해야 한다.

5.2 구매체를 활용한 홍보업무의 범위

1) 인쇄매체

인쇄매체는 전통적인 언론매체인 일간지와 주간지, 월간지, 커뮤니티 페이퍼 등이 있다. 일간지는 아직까지 언론홍보의 가장 많은 부분을 차지하고 있는 기본적인 홍보 매체다. 홍보담당자는 각 사의 담당 기자가 수시로 바뀌므로 명단을 꾸준히 업데이트해야 한다. 아울러 기사 스크랩도 중요하다.

(1) 일간지

종합지, 스포츠지, 경제지, 영자지 등으로 나뉜다. 연합뉴스를 비롯한 통신사는 일간지로 함께 분류하기도 한다. 일간지 기자와는 보도자료 뿐 아니라 공연 전반에 걸쳐 다양한 정보나 새로운 기사 아이템들을 지속적으로 제공하여 원만한 관계를 유지하는 것이 중요하다. 장기 공연의 경우 신문마다 '주말의 문화생활' 형식이나 '가 볼 만한 공연, 전시행사' 등의 아이템에서 행사가 빠지지 않도록 하는 것도 중요하다(정재왈 외, 2007, p.14).

(2) 월간지

독자층이 세분화되어 있으므로 타깃으로 삼은 관객층에 적합한 매체를 개별적으로 접촉해야 한다. 비교적 충분한 지면을 배당받을 수 있어서 자세하게 내용을 소개하는 것이 가능하다. 선명한 사진을 게재할 수 있는 것도 큰 장점 중 하나다. 편집계획은 월 초, 원고마감은 중순경에 이뤄지므로 시점에 주의해야 한다(정재왈 외, 2007, p.14).

(3) 전문 월간지

관계자들이 주로 구독하는 잡지이므로 전문적이고 자세한 내용을 게재할 수 있다. 다만 일반 월간지에 비한다면 독자층은 한정되어 있는 편이다. 행사의 의의나 평가, 리뷰 등 행사의 결과를 기록화 한다는 측면에서도 소홀히 할 수 없다(정재왈 외, 2007, p.14).

(4) 일반 월간지

일반 잡지의 경우는 문화예술 관련 지면의 비중이 그리 큰 편은 아니다. 다만 전문 월간지에 비해 독자층이 다양하므로 유리한 점도 많다. 유명 인사가 출연하는 공연이라면 인터뷰 형식의 기사화가 가능하므로 기사 게재를 통해 공연에 대한 관심을 유도해 매표로 이어지게 할 수 있다. 가족물이나 어린이 대상 공연인 경우는 보통 입장권 구매를 주도하는 계층이 주로 여성이므로 이들이 즐겨보는 매체를 공략하는 것이 효과적이다(정재왈 외, 2007, p.15).

(5) 럭셔리 매거진

명품 중심의 화려한 디자인과 고급스러운 분위기로 편집, 제작되는 '럭셔리 매거진'(Luxury Magazine)이 점차 늘어가며 고유의 매체 영향력을 넓혀가고 있다. 구매력이 있는 계층이 독자층이므로 공연의 성격에 따라 의외의 좋은 결과를 얻을 수 있다(정재왈 외, 2007, p.15).

(6) 주간지

영화나 문화 중심의 주간지와 시사주간지가 있다. 주간지는 단발성 기사보다는 여러 공연을 묶어 기획기사로 엮는 경우가 많으므로 같은 시기에 공연되는 다른 공연과 함께 기사화되는 경우가 많다. 매주 수요일 혹은 목요일에 발간되므로 행사 2주 전 쯤 받아볼 수 있게 보도자료를 발송하는 것이 좋다(정재왈 외, 2007, p.15).

(7) 커뮤니티 페이퍼

소지역 단위 중심으로 발매되어 읽히는 신문, 잡지 등을 일컬으며, 최근 지방자치제가 지역마다 본격적으로 시행되어감에 따라 커뮤니티 페이퍼도 무시할 수 없는 존재이다.

2) 방송매체

(1) 뉴스

방송사 보도국에서 담당한다. 공연소식은 속보인 경우가 드물어 파장이 큰 소재가 아니고서는 메인뉴스에 보도되기는 힘든 것이 사실이다. 하지만 역설적으로 이야기하면 뉴스로 보도되었을 때는 상당한 영향력과 파급 효과를 얻을 수 있다는 의미가 된다. 홍보담당자는 방송매체에 접촉하기 이전에 '방송뉴스의 특성상 영상자료가 없다면 뉴스로 다룰 수 없다'는 사실을 꼭 염두에 두어야 한다. 기사 내용에 부합하는 그림을 촬영할 수 있는지 여부, 방송사에 제공된 홍보 영상물의 화질 수준 등은 뉴스의 기사화를 결정짓는 중요한 전제 조건이다. 뉴스 프로그램은 방송사마다 조금씩 차이가 있지만 아침뉴스, 정오뉴스, 9시뉴스, 자정뉴스 등 시간대별로 편성되어 있어 하루에도 여러 차례 방송될 수 있는 장점도 있다. 하지만 부정적인 보도의 경우도 똑같이 적용된다는 사실을 명심해야 한다(정재왈 외, 2007, p.16).

TV 매체의 특성

- 기동성이 있어 신속하게 보도된다.
- 동시에 많은 사람들에게 호소할 수 있다.

- 상대적으로 다른 매체에 비해 마감시간에 크게 구애받지 않는다.

공연뉴스의 특성

- 정치, 경제, 사회분야의 사건, 사고 기사에 비해 연성(soft news)이다.
- 사회적인 관심과 주목도가 상대적으로 약해 다른 새로운 뉴스에 밀려 빠지는 경우도 종종 발생한다.
- 생생하고 아름다운 화면으로 방송될 경우 큰 홍보효과를 얻을 수 있다.

(2) TV 광고

지상파 방송은 15초, 유료방송은 30초의 TV 광고를 제작해서 방영하는 것을 말한다. 무료로 스팟(Spot)을 이용하고자 한다면 우선 방송국에 후원의뢰 공문을 발송하여 승인을 얻어야 한다. 방송국은 행사의 내용과 의의 등을 심의하여 수준 높은 공연이라 판단이 되면 방송국이 방송권을 갖는 조건으로 후원사가 되어 광고를 내보내게 된다. 이와는 달리 유료로 스팟을 사는 경우는 스팟 비용을 신청자가 부담하게 된다. 텔레비전의 경우 술, 담배, 전문의약품과 같은 방송광고 금지품목을 제외하고는 화면에 브랜드나 로고를 표기할 수 있다. 케이블 TV는 공중파에 비해 저렴한 가격으로 광고를 할 수 있다.

(3) 라디오

공연의 기획자나 출연진이 직접 방송에 출연하거나, 리포터나 작가가 공연 취재를 나와 공연실황을 녹음하거나 관객 인터뷰를 녹취해서 방송한다. 뉴스와 문화 프로그램을 통해 직접 홍보하거나 일반 프로그램의 경품으로 티켓을 제공하여 홍보하기도 한다.

(4) 유관 프로그램

방송 뉴스 외에도 문화소개 프로그램이나, 연예오락 프로그램 등을 통해서도 공연홍보가 가능하다. 문화소개 프로그램은 시청률이 높지 않아 장수하는 프로그램이 적고, 방영 시간대도 심야로 밀리는 것이 아직까지 우리의 현실이다. 오전 시간대에 주부 대상의 토크쇼나 SBS의 '한밤의 TV연예'나 KBS의 '연예가 중계'와 같은 오락 프로그램에 주역 배우나 가수가 출연하는 것도 좋은 홍보 방법이다. 지상파 방송에 비해 케이블 TV나 위성방송의 문화프로그램은 상대적으로 방송 기회를 잡을 가능성이 높다.

3) 홍보 인쇄물

(1) 포스터

공연장, 연주장, 예매처, 대학교, 캠퍼스, 서점, 카페, 패밀리 레스토랑, 정유소 등 사람들의 출입이 많은 곳에 집중 배포된다. 포스터의 경우 공식적으로 허가된 장소 이외의 장소에 포스터를 부착하여 문제가 되는 경우도 가끔 생긴다(정재왈 외, 2007, p.17).

(2) 리플릿, 브로슈어, 전단

공연의 이미지나 개요를 알리는 기본 인쇄물. 낱장짜리의 전단(Fryer), 접지 형태의 리플릿(Leaflet)을 주로 제작한다. 예산 규모가 큰 작품인 경우 브로슈어(Brochure)로 제작하기도 한다(정재왈 외, 2007, pp.17-18).

4) 옥외홍보물

극장이나 연주장 외벽, 로비, 기자 간담회나 제작 발표회 등과 같은 행사 장소에 주로 부착하는 현수막이 가장 대표적이라고 할 수 있다. 또한 중심가에 위치한 호텔의 전면, 공연장 입구 등지에 행사를 알리는 현판과 더불어 육교 현판이나 광고탑은 사람이나 차량의 왕래가 많은 곳, 교통 체증이 심한 곳, 공연장과 인접한 곳, 구매력이 높은 계층이 사는 곳 등에 설치하기 용이한 홍보물이다(정재왈 외, 2007, p.18).

5) 입소문

여러 가지 홍보수단 중에서 전적으로 언론매체에만 의존하는 것은 좋은 방법이 아니다. 언론이 큰 관심을 가지고 우호적이고 비중 있게 기사를 게재해 준다 해도 실제의 매표 행위로 이어지지 않은 경우가 가끔 있기 때문이다. 어느 정도 언론을 통한 홍보가 이루어졌다면 이제는 행사 자체만의 매력으로 사람들의 관심을 이끌어 내야 한다(정재왈 외, 2007, p.19).

입소문은 어느 정도의 기반이 쌓여지기만 하면 별도의 큰 노력이 없어도 꾸준한 홍보 효과를 지속할 수 있으며, 시간이 지나도 효력이 떨어지지 않는다는 점에서 어느 방법보다도 뛰어난 홍보수단이다. 이를 위해 열성적이고 참여도 높은 팬클럽이나 동호회 회원들에게 일반인보다 좋은 조건의 할인 혜택을 제공하여 붐을 조성하게 하는 것도 하나의 방법이다(정재왈 외, 2007, p.19).

5.3 신매체를 활용한 홍보업무의 범위

1) 인터넷 매체

(1) 포털 사이트

인터넷 포털 사이트, 문화관련 사이트, 입장권 예매 사이트, 공연장 사이트를 통한 네티즌 대상의 홍보가 더욱 늘어나고 있다. 단순하게 보도자료를 제공하여 기사화하는 데에서 그치지 않고 행사의 성격별로 이용자층이 비슷한 특정 사이트를 후원사로 제휴, 체계적이고 다양한 홍보와 마케팅 방안들을 공동 프로모션의 형태로 적극적으로 추진하는 것이 좋다. 무엇보다도 홈페이지 활용은 기본이다(정재왈 외, 2007, p.17).

(2) 이메일

적은 비용으로 많은 사람들에게 홍보자료를 보낼 수 있는 효율적인 홍보수단이다. 화면을 화려하게 꾸밀 수 있고 동영상 자료도 보낼 수 있어 각광을 받고 있다. 다만 최근 들어 스팸 메일(Spam Mail)이 급증하는 추세라 수신자가 제대로 읽어보지 않고 삭제되는 경우가 점점 많아지고 있다(정재왈 외, 2007, p.19).

(3) 배너광고

웹사이트의 일부에 노출시키는 띠 형태의 광고로 배너광고를 클릭하면 광고주의 웹페이지로 이동하게 된다. 이러한 배너광고에는 제작 기법에 따라 대략 세 가지가 일반적으로 활용되고 있다(임연철, 2007, p.160).

- 정지형태(static): 한 장의 그림으로 정지되어 있는 모양의 배너
- 애니메이션 형태(animated): 애니메이션과 같이 비주얼로 움직이게 만든 모양의 배너
- 상호작용성 형태(interactive): 자바(java)나 플래시(flash) 기능 등 다양한 프로그램을 적용하여 사용자의 마우스에 붙어 움직이거나, 정보검색이나 입력 기능까지 포함된 최신 기술을 활용한 배너의 형태

(4) 스폰서십 광고

웹사이트에서 제공하는 특정 콘텐츠의 소스나 전체 내용을 지원하면서 자연스럽게 자사의 기업 이미지나 상품을 광고하는 방식이다. 배너광고에 비해, 사용

자들이 보다 적극적으로 참여하고 커뮤니티를 형성해서 사용자와 광고주 간에 보다 단단한 연결고리를 만들 수 있다는 데 큰 장점이 있다. 영화, 뮤지컬 등 대중성이 강한 공연이나 대형전시에 적합한 방법이다(임연철, 2007, pp.160-161).

(5) 삽입광고

사용자가 현재 보고 있는 웹 페이지의 화면 클릭을 통해서 다른 화면으로 전환시킬 때 원하는 화면이 나오기 전에 삽입되는 광고를 말한다. 사용자가 한 번 더 클릭을 해야만 원하는 페이지로 넘어가는 형태와 다음 화면이 뜨는 로드 시간에 잠깐 나왔다가 자동으로 사라지는 형태의 두 가지로 구분된다. 이 광고방식은 사용자에게 일방적으로 보이게 하는 강제성을 나타내므로 부정적 측면이 있다. 그러나 티켓링크나 인터파크와 같이 문화예술 행사예매를 하는 사이트에서 이 방법을 사용하면 사이트 방문자들에게 직접 홍보할 수 있는 좋은 방법이 될 수 있다(임연철, 2007, p.161).

(6) 팝업(Pop Up) 광고

팝업광고는 웹페이지의 특정 면을 접속하여 열게 되면 본래 화면 위에 일정한 크기의 별도의 창(광고화면)을 만들어 나타나도록 하는 것을 말한다. 삽입광고와 비슷하게, 사용자가 원하든 원하지 않든 특정화면을 보도록 물리적인 강요를 한다는 측면에서 사용자들로부터 환영받지 못하고 있다. 그러나 광고노출 효과는 높은 것으로 조사되었다. 광고주로부터 수주한 상업광고보다는 자사의 홍보내용이나 신규 서비스 개편의 공지 혹은 단기간 이벤트 광고의 경우에 부분적으로 활용되고 있다(임연철, 2007, p.161).

(7) 웹머셜(Webmercials)

웹머셜이란 용어는 웹(web)과 상업광고(commercial film)의 합성어로 빠른 속도로 일상적인 언어가 되기 시작한 또 하나의 새로운 용어이다. 웹머셜은 텔레비전 광고와 같은 시각적 느낌을 가지고 있으며, 5초에서 25초까지도 지속될 수 있다. 웹머셜은 이용자가 페이지가 다운로드 되기를 기다리거나 검색결과를 기다릴 때 팝업되어 사람들의 시선을 사로잡는 방식이다. 자동으로 나타나는 원래의 웹머셜은 온라인 광고의 새로운 방법으로 평가받기도 하였다. 이런 점에서 웹머셜은 확실히 주의를 끌 수 있다는 장점을 지니고 있지만, 일각에서는 웹 이용자들이 광고의 다운로드를 위해 기다려야 하고 10초에서 15초 동안 광

삽입광고(회색선)

배너광고(검은선)

그림 5-1 ■ 인터파크에서 노출되는 배너광고와 삽입광고의 적용 사례

고에 노출되어야 하므로 이에 반감을 사 오히려 역효과가 날 수도 있다고 보고 있다(임연철, 2007, p.162).

2) 스마트 미디어

(1) 애플리케이션 광고

애플리케이션은 특정한 기능을 직접 수행하기 위한 목적으로 설계된 응용프로그램의 줄임말로 스마트폰이나 태블릿PC 등에서 사용되는 개방형 운영체제를 기반으로 사용자가 직접 다운로드한 프로그램을 말한다(김정현, 2015, p.215). 공연장 또는 전시장 전용 애플리케이션을 개발하면 웹사이트와 연계되어 정보가 제공되거나 따로 웹사이트에 접속하지 않아도 관련 정보를 지속적으로 업데이트 할 수 있기 때문에 최근 이용률이 높아지고 있는 추세에 있다.

(2) 모바일 웹 페이지 광고

스마트폰이나 태블릿PC를 통해 인터넷과 웹페이지와 동일한 크기로 PC에서 구현되는 웹 광고가 스마트폰에서도 동일하게 구현될 수 있다. 특히 모바일 디스플레이 광고를 활용하며 전체 화면의 약 10%에 해당하는 면적을 단독으로 광고 노출이 가능하기 때문에 주목도가 높으며, 공연 관람을 위한 티켓 구매력이 높은 고객에게 유용하게 활용될 수 있다. 아울러 포털사이트의 검색광고를 이용하면 PC 검색광고와 동일한 효과를 기대할 수 있다(김정현, 2015, pp.216-217).

(3) 모바일 쿠폰 광고

모바일 쿠폰은 스마트폰으로 전송되어 제품 또는 서비스를 구매할 때 할인을 위해 교환할 수 있는 전자 티켓을 말한다. 모바일 쿠폰 광고는 현장에서 직접 티켓을 구매하는 것보다 높은 할인율로 티겟을 구매할 수 있기 때문에 활용도가 지속적으로 높아지고 있다(김정현, 2015, p.217).

(4) 문자메시지 광고

모바일 광고의 시초로 최근에는 글자 수의 제한 없이 텍스트형 문자 정보를 특정 소비자에게 전달하는 푸쉬형 방식의 광고를 말한다. 문자메시지 광고는 쿠폰광고와 연계하여 사용할 수 있으며, 공연 및 전시와 관련된 프로모션이나 이벤트 등의 다양한 직접 마케팅 수단으로 활용도가 높은 광고 형식이다(김정현, 2015, pp.217-218).

그림 5-2 ■ 모바일 쿠폰 광고

그림 5-3 ■ 공연 포스터에 삽입된 QR코드 광고

(5) QR(Quick Response) 코드

QR코드는 가로, 세로 두 방향으로 정보를 기록할 수 있는 2차원 바코드이다. 기존의 바코드가 숫자와 같은 획일적인 정보만을 담을 수 있는 1차원 바코드였다면, QR코드는 숫자 외에 문자의 데이터를 저장할 수 있다. QR코드 광고는 애플리케이션을 이용하여 QR코드를 스캔하면 다양한 정보를 얻을 수 있는 형태의 광고이다(이경렬 · 김은희, 2011). 이는 정보 전달에 제한이 있는 기존의 인쇄매체의 한계를 보완하는 역할을 수행할 수 있다. 또한 조직의 로고나 캐릭터 등을 활용하여 다양한 형태의 디자인으로도 제작이 가능하기 때문에 브랜드 홍보 효과도 기대할 수 있다(김정현, 2015, p.218).

(6) 위치기반(Location Based Service) 광고

위치기반 광고는 모바일 미디어 이용자의 현재 위치를 파악하고, 그 지역에서 유용한 정보를 제공하는 광고 형식을 말한다(이경렬 외, 2012, p.66). 소비자가 광고를 접촉하는 장소에 기반하여 전달되는 형식의 광고로 공연 및 전시장 근처에 위치하고 있는 잠재적 고객들에게 관련 정보를 자동으로 전달하여 맞춤형 정보를 전달할 수 있다는 장점이 있다(김정현, 2015, p.219).

위치기반 광고의 예로, '벤플G'라는 어플은 위치기반 서비스를 이용하여 인접 지역 문화예술정보를 제공하고 있다. 문화예술 기관은 위치기반 서비스를

그림 5-4 ▪ 위치기반 광고

제공하는 어플리케이션을 통해 근처에 위치한 잠재 고객들에게 전시나 공연에 대한 광고를 할 수 있을 것이다.

(7) SNS(Social Network Service)광고

SNS광고는 SNS에서 형성되어 있는 기업과 고객과의 관계 또는 고객들 간의 관계를 활용해 제품을 홍보하거나 구매하도록 하는 광고를 말한다(이경렬 외, 2012, p.66). SNS를 통한 광고의 경우 이용자들에게 더욱 친근하게 다가갈 수 있다. SNS를 통한 광고는 크게 두 가지 유형으로 나눌 수 있는데, 하나는 전통적인 방식으로 웹에서 배너 광고를 노출시키거나 특정 콘텐츠에 광고를 삽입하는 방법이고, 다른 하나는 소셜 네트워크 사이트상에서 고객들과 관계를 형성함으로써 충성도가 높은 '팬'층을 확보하는 방법이 있다(이은민, 2011: 이경렬 외, 2012 재인용, p.59).

뉴미디어 시대에 SNS를 활용한 문화예술 분야 광고는 고객에게 작품에 대한 긍정적인 이미지를 형성하고 장기적으로는 성공적인 전시 혹은 공연으로 성장하는 데에 매우 중요하다(최소현 · 정용욱 · 성재민, 2014).

(8) 증강현실(Augmented Reality)

증강현실이란 실제 환경에 컴퓨터그래픽으로 가상 사물을 합성시켜서 현실에서도 존재하는 것처럼 보이도록 하는 기법이다. 이는 가상의 이미지들이 실제 현실에 투영되어 이용자에게 현실에 필요한 정보들을 제공하거나 색다른 경험을 할 수 있도록 도와주기 때문에 매우 유용한 광고 미디어로 떠오르고 있다(이경렬 외, 2012, p.68). 3차원 입체 영상의 공감각적 체험을 통해 소비자들을 몰입시킬 수 있으며, 양방향 커뮤니케이션을 유도할 수 있다는 점에서 광고의 효과를 극대화할 수 있다. 특히 스마트폰에서 애플리케이션을 다운로드하여 설치하면 쉽게 증강현실을 즐길 수 있어서 차세대 광고 미디어로의 활용성이 높을 것으로 기대된다. 소비자는 증강현실 광고를 통해 재미와 더불어 공연 및 전시와 관련한 정보를 습득할 수 있고 재미로 인해 발생된 관심과 흥미가 문화예술 관련 조직의 긍정적 이미지 형성에도 도움을 줄 수 있다.

(9) 스마트 TV 광고

스마트 TV는 기존의 TV기능 이외에도 인터넷 기반 운영체제가 탑재되어 있기 때문에 인터넷과 연결하여 검색과 TV전용 애플리케이션, SNS 서비스 등을 이

그림 5-5 ■ 증강현실 광고

그림 5-6 ■ 스마트 TV 광고

용할 수 있다(이경렬 외, 2012, pp.253-254). 케이블 TV의 등장으로 문화예술과 관련한 전용 채널이 신설되었으며, 관련 VOD를 IPTV를 통해 언제든지 시청할 수 있기 때문에 문화예술 관련 콘텐츠 소비를 촉진시킬 수 있으며 이와 더불어 추가적인 정보 검색을 통해 문화예술과 관련한 흥미와 관심을 유도할 수 있다는 장점이 있다.

참고문헌

김정현 (2015). 〈설득 커뮤니케이션의 이해와 활용〉. 서울: 커뮤니케이션북스

안선혜 (2015, 06, 29). 중장비 나르던 로봇 이제는 글 쓴다. 〈더피알〉. URL: http://www.the-pr.co.kr/news/articleView.html?idxno=13178

용호성 (2010). 〈예술경영: 현대 예술의 매개자, 예술경영인을 위한 종합 입문서〉. 파주: 김영사.

이경렬 · 김은희. (2011). QR 코드광고의 특성과 효과 연구: 소비자 이용만족과 수용을 중심으로. 〈광고학연구〉, 22권 3호, 103-124.

이경렬 · 이수범 · 강형구 · 이희복 · 변상규 · 김유경 (2012). 〈스마트 시대의 광고 미디어〉. 파주: 한울.

이명천 · 김요한 (2011). 〈PR입문〉. 서울: 커뮤니케이션북스.

이은민. (2011). 소셜미디어 광고의 확산과 전망. 〈방송통신정책〉, 23권 7호, 28-37.

임연철 (2007). 〈문화 예술 홍보론〉. 서울: 커뮤니케이션북스.

정재왈 외 (2007). 〈현장 문화예술 홍보〉. 서울: 커뮤니케이션북스.

최소현 · 정용욱 · 성재민 (2014). 〈예술경영 길라잡이 문화예술 분야 홍보 매체의 제작과 활용〉. 서울: 예술경영지원센터

벤플G 홈페이지. URL: http://benple.com/

<table>
<tr><th colspan="2">정리</th></tr>
<tr><td>소주제 1.</td><td>1.홍보자료의 종류
• 보도자료, 사진, 동영상, CD 및 기념품, 프로그램, 포스터, 전단 등
2. 홍보자료별 특징
• 보도자료: 매체와 접근 방향에 따라 메시지 방향과 주요 내용을 다르게 구성
• 사진: 프로필 사진, 리허설/프리뷰 사진, 리뷰 사진 등 활용 방안에 따름
• 동영상: 기존 공연을 재구성한 것과 공연 실황을 다룬 것 등으로 구분
• CD, 포스터: 행사 특성에 따라 특색 있는 이벤트 물품으로 제작
• 프로그램, 포스터, 전단: 작품의 성격을 상징적으로 보여줌</td></tr>
<tr><td>소주제 2.</td><td>1. 인쇄매체
• 언론홍보의 가장 많은 부분을 차지하고 있음
• 일간지, 월간지, 전문월간지, 일반 월간지, 럭셔리 매거진, 주간지, 커뮤니티 페이퍼
• 포스터: 사람들의 출입이 많은 곳에 집중 배포
• 리플릿, 브로슈어, 전단: 공연의 이미지나 개요 전달
• 옥외 홍보물: 현수막, 육교 현판, 광고탑, 현판 등
2. 방송매체
• 뉴스: 생생하고 아름다운 화면으로 방송될 경우 큰 홍보효과
• 라디오: 공연 기획자 및 출연자가 직접 출연하거나 관객 인터뷰를 녹취하여 방송
• 유관 프로그램: 문화소개 프로그램, 연예오락 프로그램</td></tr>
<tr><td>소주제 3.</td><td>1. 인터넷 매체
• 웹사이트: 포털 사이트, 문화관련 사이트, 홈페이지 등을 활용
• 이메일: 적은 비용으로 많은 사람들에게 홍보자료 발송 가능
• 온라인 광고: 배너광고, 스폰서쉽 광고, 삽입광고, 팝업광고, 웹머셜 등
2. 스마트 미디어
• 애플리케이션: 웹사이트와 연계 또는 단독적 운영이 가능하며 관련 정보를 지속적으로 업데이트 할 수 있음
• 증강현실: 3차원 입체 영상 체험을 통해 소비자 몰입 유도
• QR코드: 특정 표식을 촬영하면 해당 정보가 추가적으로 노출
• 스마트 미디어 광고: 모바일 웹 페이지 광고, 모바일 쿠폰 광고, 문자메시지 광고, 위치기반 광고, SNS광고, 스마트 TV 광고</td></tr>
</table>

CHAPTER | CULTURAL ARTS PUBLIC RELATIONS STRATEGIES

06 보도자료 1

개요

1.1. 보도자료란 무엇인가? 보도자료는 언론홍보의 가장 기본적이면서 큰 비중을 차지한다. 보도자료를 작성하기 전, 보도자료란 무엇인지 알아보고 어떠한 준비가 필요한지 논의한다.

1.2. 보도자료는 홍보담당자가 반드시 수행해야 할 수단임에도 불구하고 문화예술 분야에서 배포되는 보도자료는 일정한 형식이 없어 자료의 내용 파악에 어려움이 많다. 보도자료를 작성하기 위한 과정으로 보도자료의 전반적인 구성 요건을 알아본다.

1.3. 새로운 공연이나 전시의 알림을 비롯해, 유명 출연진과 전시의 주인공, 기관, 단체 내의 인사문제, 중요한 전시나 공연의 계약, 새로운 장소의 개관, 새로운 서비스의 시작 등 거의 모든 것이 기사화 될 수 있다. 보도자료의 종류에 대해 살펴본다.

오늘의 이슈

오늘날의 PR은 과거 80~90년대 주로 신문기자를 상대로 몇 줄의 기사를 부탁하던 때와 비교하면 여러 가지 복잡한 사정을 고려해야 하는 어려운 작업이 되었다. 이제 홍보담당자는 문화예술기관, 단체의 메시지를 전달하기 위해 가능한 모든 매체를 동원해 커뮤니케이션을 실시할 방법을 찾아야 한다. 신문을 비롯해 방송, 잡지, 뉴스레터, 인터넷 등 여러 미디어를 통해 메시지를 전달할 때 가장 기본적으로 준비해야 할 것이 바로 보도자료이다.

보도자료는 단순히 공연이나 행사의 알림을 전달하는 소식지가 아니다. 오늘날 수많은 보도자료와 경쟁해야 하는 상황에서 소위 '괜찮은 보도자료', '눈에 띄는 보도자료'를 작성하기 위해서는 많은 준비가 필요하다.

본 장에서는 보도자료 작성을 위해 무엇이 필요하며, 어떠한 구성을 갖추어야 하는지 살펴보고 문화예술기관 및 단체에서 보도자료를 활용할 수 있는 분야를 연구한다.

6.1 보도자료 준비

1) 보도자료에 대한 이해

보도자료는 예술단체, 개인, 기관이 매체와 커뮤니케이션을 하는 기본적 수단이다. 보도자료는 자신만의 홍보스타일과 형식이 있을 수 있으나 광고 문구나 유행어를 모방하는 것은 가볍게 느껴지거나 상투적이라는 인상을 주게 돼 금기사항이다. 보도자료 배포업무는 입장권을 팔거나 흥행을 목적으로 하는 것이 아니라 정보를 알리는 것이다. 기사문은 요지를 잘 지적하고 간결한 것이 좋으며 쓸 데 없는 배경지식은 제거해야 한다. 보도자료를 작성할 때 홍보 관리자는 과장을 피하는대신 유명 비평가가 쓴 긍정적인 논평이나 글을 인용하는 것이 좋다. 유명한 제 삼자의 논평은 자체 작성한 홍보내용보다 신뢰를 얻게 된다(임연철, 2007, p.171).

각 보도자료는 매일 기자와 PD의 더 많은 주의를 끌기 위해 경쟁하고 있어 즉시 구분할 수 있는 기사가 아닌 한 상당수 보도자료는 사장될 가능성이 높다. 따라서 난잡하고, 조직적이지 않은 보도자료는 전문적으로 보이지 않아 매체 담당자에게 나쁜 영향을 줄 수 있다.

기본적으로 보도자료는 기자의 이해를 돕도록 기사자료를 보내는 것이지 기사 자체는 아니기 때문에 기사 채택 여부를 정하는 것처럼 엄격할 필요는 없지만 우선 무엇이 뉴스인지는 판단할 수 있어야 한다. 기사는 대중 내지 독자, 시청자에게 흥미와 정보를 주는 것이므로 문화예술기관, 단체라면 1차적으로 공연, 전시와 관련된 모든 사항이 기사가 될 수 있다(임연철, 2007, p.171).

대개 기자들이 보도자료를 기사로 선택하는 기준은 시의성, 저명성, 근접성, 영향성, 흥미성 등이다. 시의성은 공연이나 전시 등 행사가 보도시점과 가까울수록 채택가능성이 높음을 의미한다. 저명성은 보도할 내용이 유명한 것일수록 기사화할 가능성이 높다는 의미이며 근접성은 장소, 비용 등이 참가에 쉬운지 여부를 가리킨다. 영향성은 기사화했을 때 파급효과가 얼마나 클지를 보는 것이며, 흥미성은 유명하거나 영향력이 떨어져도 그 자체가 흥미로운지 여부를 기사판단의 잣대로 삼는 경우이다(고완선, 2005: 임연철, 2007 재인용, pp.171-172).

새로운 공연이나 전시의 알림을 비롯해, 유명 출연진과 전시의 주인공, 기관 단체 내의 인사문제, 중요한 전시나 공연의 계약, 새로운 장소의 개관, 새로운 서비스의 시작 등 거의 모든 것이 기사화 될 수 있다. 그러나 일반적으로 보도자료를 작성하기 위해서 공통적으로 준비해야할 필수사항들이 있다. 보도자료를 작성하기에 앞서 필요한 사항은 다음과 같다(임연철, 2007, p.172).

2) 보도자료 준비

홍보업무의 기초 자료가 보도자료인 만큼 보도자료를 작성하기 전, 홍보담당자는 우선 다음의 6개 항목을 자문해 보고 필요성이 확실하면 보도자료 작성에 들어가는 것이 좋다(임연철, 2007, pp.185-186).

- 항상 스스로에게 다음과 같은 상황에 대해 물어보라. 홍보해야 할 매체가 필요한가? 그렇다면 왜 필요한가? 매체는 보도의 수단이지 목표는 아니다. 항상 전체적인 목표가 무엇인지 망각하지 말아야 한다.
- 목표를 명확히 해라. 무엇을 특별히 달성하려고 하는지 명확해야 한다.
- 목표관중을 확실히 해라. 학생을 모으려는 것인지, 전문 예술인, 청소년, 어린이, 주부를 참가하도록 하는 것인지 확실히 해야 한다.
- 알맞은 매체를 선택하라. 홍보 목표에 최고로 부합되는 매체에 초점을 맞춰야 한다.
- 전달하려는 내용을 다음의 3C로 분명히 한다. 캠페인 전체 기간을 통해 메시지에 초점을 맞춰야 하는데 간결(crisp)하고 명료(clear)하며 일관성(consistent)있게 해야 한다.
- 자신만의 참신한 뉴스를 찾아내라. 이벤트와 관련된 독특하면서 일반적이지 않은 뉴스를 찾아야 한다. 메시지를 분명하게 해주는 이야기 소재를 찾아야 하며 그것이 이미 보도된 내용인지도 확인해야 한다. '국내 초연', '첫 내한' 등의 보도에서 이미 공연했거나 내한한 일이 있으면 보도자료를 믿고 보도한 매체는 본의 아닌 오보를 하게 돼 관객이나 시청자, 독자의 항의를 받게 된다.

위와 같이 홍보를 위해서는 공연 전시의 목표, 관중(관람객), 메시지를 전달해 줄 유용한 매체, 관람을 통해 얻을 수 있는 좋은 점(혜택 등)을 사전에 확인하는 것이야 말로 효용성 높은 보도자료의 작성에 꼭 필요한 요소이다. 효과적인 홍보의 최대 장점은 문화예술 행사 주최자가 직접 말하는 게 아니고 다른 사람이 말하도록 한다는 점이다. 다시 말해, 보도자료 등을 돌려 신문 방송에 보도되면 기사는 공신력 있는 신문이나 잡지와 같은 매체를 통해 독립적으로 쓰여지기 때문에 그 가치는 신뢰성 면에서 금액을 지불하는 광고보다 훨씬 커지게 되는 것이다. 사람들은 광고를 기피하려는 경향이 있는데 보도자료는 사실은 PR이지만 기사처럼 보이고 후원 받은 정보로 느끼지 않기 때문이다(임연철, 2007, p.186).

따라서 보도자료를 효과적으로 작성하여 다양한 매체에서 기사로 다뤄지게 되면 기대이상의 효과를 가져 올 수 있다. 보도자료란 가장 기초적인 홍보수단으로 언론에 싣고자 하는 메시지를 기사 형태의 자료로 정리해 제공하면 되기 때문에 다른 PR수단에 비해 과정이 간단하다(임연철, 2007, pp.186-187).

문화예술기관이나 단체의 주요 업무인 공연, 전시를 중심으로 보도자료가 작성되지만 조직 내의 인사이동이나 대표자의 동정과 같은 사소한 알림사항도 보도자료를 이용하여 언론에 게재되도록 할 수 있다(임연철, 2007, p.187).

보도자료는 최종목표가 언론의 독자나 시청자에 대한 설득이므로 이 목표를 달성하려면 우선 기자나 PD의 긍정적인 반응이 있어야 한다. 따라서 보도자료는 TV뉴스나 프로그램, 신문이나 잡지의 편집기준에 맞는 형태로 작성해야 한다. 또 형태뿐만 아니라 공연이나 전시 내용이 보도할 만한 가치가 있는 지도 중요하다. 다시 말해 뉴스성이 있어야 한다(임연철, 2007, p.187).

보도자료 작성 및 목표에 관한 준비가 끝났다면, 행사 준비와 관련하여 사전에 파악해야 할 것들도 있다. 홍보담당자는 기본적으로 제작 스태프와 출연진의 명단, 연락처, 연습일정을 정확하게 파악하고 있어야 한다. 홍보담당자가 모든 문제를 해결할 수는 없지만 중요한 일은 반드시 홍보담당자를 통해서 전달되고 이루어지게 하는 것이 좋다. 이 때 홍보담당자는 가장 정확하고 많은 정보를 가지고 있어야 업무를 주도적으로 이끌어 갈 수 있다(정재왈 외, 2007, p.22).

홍보담당자는 작품제작과정 전반에 걸쳐 기획자와 보조를 맞추어야 할 뿐 아니라, 수시로 발생하는 변동사항에 대해 알고 있어야 한다. 물론 공연 자체에 대한 연구도 나름대로 병행해야 한다. 연습 과정이나 실제 공연을 본인의 눈으로 현장에서 확인하는 것이 가장 좋은 방법이다(정재왈 외, 2007, p.22).

(1) 출연진, 스태프 명단

경우에 따라서 영문과 한자가 필요할 때도 있다. 외국인의 경우라면 국적에 따라 발음이 다를 수 있고 표기법 문제가 발생할 수 있다. 외국인 이름의 발음과 표기법은 그 사람의 국적이 어디냐에 따라 그에 준하는 것을 원칙으로 하지만, 그것조차 아리송할 때는 가급적 본인에게 어떻게 불리는지 묻는 것이 바람직하다(정재왈 외, 2007, p.22).

(2) 연락처

급하게 연락을 해야 할 경우가 종종 생기므로 다양한 연락 수단을 확보하고 있어야 한다. 구체적으로 전화번호, 휴대전화번호, 이메일, 팩스 등은 보도자료에 기재되어야 한다(정재왈 외, 2007, p.22).

(3) 연습 및 체류일정

누가, 언제, 어디서, 어떤 부분을 연습하는지 파악하고 있어야 한다. 이와 더불어 입국 전 투어나 체류일정, 입국 후에 국내 체류일정 등을 파악하고 있어야 한다(정재왈 외, 2007, p.22).

6.2 보도자료 구성

보도자료는 정확한 사실에 입각하여 작성되어야 한다. 중요한 내용을 먼저 싣는 역피라미드형 기사 작성법을 준용하는 것이 좋다. 첫 문단에 중요한 정보(육하원칙)을 포함하고 다음에 그보다 덜 중요한 것 순으로 내용을 전개하여, 보도자료 끝부분은 지면이 많지 않아 삭제될 경우, 기사화가 안 돼도 상관없는 중요하지 않은 글로 마감한다. 이 구조는 지면이 부족할 때 편집자가 기사의 마지막 문구부터 삭제하기 때문에 흔히 사용하는 방법이다(임연철, 2007, pp.191-193).

보도자료는 다음과 같이 크게 표지, 본문, 첨부로 나눌 수 있다.

1) 표지

표지에는 공연과 관련한 기본 정보가 들어가며, 보내는 사람, 받는 사람, 공연 제목, 일시와 장소, 작가, 스태프, 출연진, 입장료, 티켓 구매정보, 주최, 후원사 이름, 보도자료 총 페이지 수 등이 들어가야 한다(정재왈 외, 2007, p.23).

(1) 보내는 사람

홍보담당자의 연락처가 기재되어야 한다. 이름, 사무실 전화번호, 휴대전화번호, e-메일 주소 등을 적는다. 연락처는 후속 취재를 위해서 반드시 필요한 사항이므로 누락되어서는 안 된다. 직급이나 직함이 있으면 정확하게 적는 것도 배려가 될 수 있다. 연락처는 눈에 잘 보이도록 보도자료 첫장 맨 위에 기재하는 것이 좋다(정재왈 외, 2007, p.23).

(2) 받는 사람

담당 기자의 이름을 적거나 어느 분야의 기자가 받아 보는 것이 좋은지 해당되는 장르를 적는다. 이를 테면 '문화부 홍길동 기자님' 혹은 '문화부 클래식 음악(연극, 무용, 뮤지컬, 전시) 담당 기자님'처럼 쓰면 된다. 재즈의 경우는 클래식 음악에서 다루기도 하고 대중음악에서 다루기도 한다. 함께 알아야 할 공통사항일 경우는 복수로 적는다(정재왈 외, 2007, p.23).

(3) 공연 제목

공연 제목을 기재할 때는 정확한 이름을 제시해야 한다. 단순히 '호두까기 인형'인지 부제가 붙어 '어린이를 위한 호두까기 인형'인지를 명확하게 해야 한다. 또한 보도자료 이외에 티켓, 팸플릿, 포스터 등에 등장하는 공연 제목과 일치해 통일감을 줘야 한다(김승미, 2008, p.201).

(4) 티켓 정보

등급별 입장료 가격, 할인 내역, 티켓 구매 방법, 문의전화 등 상세한 티켓 구매 정보를 기재해야 한다(김승미, 2008, p.201).

(5) 보도자료 총 페이지 수

보도자료에는 페이지를 매겨야 한다. 팩스나 우편으로 자료를 보낼 때 총 몇 페이지를 보냈는지 알림으로써 빠진 페이지가 없는지 쉽게 확인할 수 있다. 다른 보도자료와 구별이 쉽게 로고가 삽입된 용지를 사용하거나 자료 작성 시 상단 및 하단 부분에 로고를 삽입하는 것도 하나의 방법이다(정재왈 외, 2007, p.23).

(6) 단체나 기관 이름

가능한 한 단체나 기관의 이름을 서식지 가장 위에 써서 언론매체에 보내야 한다. 공식서식지(letter head)가 필요하며 이름 밑에 주소, 전화번호, 웹사이트 등이 있으면 수신자의 신뢰를 높이게 된다. 또한 후원 기관의 이름이나 로고를 명시함으로서 공연의 신뢰도를 높일 수 있다(임연철, 2007, p.192).

(7) 보도 희망 일시

보도내용이 특정 이벤트와 함께 보도되길 바라거나 특정 일자에 보도되길 바란다면 적어서 보낸다. 그렇지 않으면 "미리 혹은 나중에 보도"라는 말이나 "즉시 보도"라는 말을 기재한다. 기자의 임무는 그 자료가 무엇이든 새로운 것을 될 수 있는 한 빨리 발표하는 것이다. 그리고 가장 먼저 정보가 제공되기를 바란다(임연철, 2007, p.193).

2) 본문

보도자료에서 가장 핵심이 되는 부분이다. 첨부를 제외하고 서너 페이지 정도로 정리하는 것이 가장 좋다. 핵심이 정리되지 않은 많은 분량의 자료는 역효과를 낼 수 있다(정재왈 외, 2007, p.23). 본문에 반드시 들어가야 하는 내용은 기획 의도, 공연특징, 공연내용, 출연진 소개 등이다.

기획 의도는 언론이 뉴스가치를 판단할 중요한 요소다. 공연특징은 기사의 수준을 결정하는 역할을 하게 된다. 특히 공연특징은 뉴스의 테마를 제공하는 부분으로 어떤 방향으로 홍보를 몰아갈 것인가에 따라 화제의 출연진이나 작품의 특징, 마케팅적 특징 등을 사안별로 부각시킬 수 있다. 공연내용은 길지 않게 요약하고 상세한 내용은 따로 첨부 자료로 붙인다(김승미, 2008, p.201).

출연진 소개는 단순 나열식보다 중요 경력을 중심으로 정리하는 것이 좋다. 특히 인물 스토리는 언론이 기사를 풀어나가기 위해 선호하는 정보다. 유명한 배우뿐만 아니라 널리 알려지지 않았지만 재미난 일화를 지닌 인물을 소개할 필요가 있다(김승미, 2008, pp.201-202).

잘 정돈된 본문을 작성하기 위해서는 다음과 같은 주의사항을 상기할 필요가 있다(정재왈 외, 2007, pp.23-25).

- 본문 내용을 축약해 도입 부분에 쓴다. 본격적으로 부가적인 설명을 붙이기 전에 대략적인 내용을 먼저 간추려 소개하면 읽는 사람에게 전반적인 내용과 방향을 미리 짐작하게 할 수 있다. 기사에 비유한다면 리드(lead)나 전문에 해당된다. 경우에 따라서 큰 제목을 붙일 수 있다.

- 각 문단마다 중간제목을 붙이고 그 밑으로 설명을 붙인다. 리드 문장이 언급한 내용을 구체적인 사실을 예로 들어가며 단락별로 써 내려간다.
- 행사의 가장 기본적인 사항을 정리한 개요를 마지막에 붙인다. 개요에 포함되는 사항으로는 행사명, 시리즈명, 부제, 슬로건, 행사기간 및 일시, 행사기간 중 쉬는 날, 장소, 프로그램, 연주곡목, 출연진, 스태프 명단, 입장권 가격, 할인율, 부대행사, 문의전화 등이 있다.

3) 첨부

본문 이외에 자세한 자료를 추가할 필요가 있을 때 번호를 부여한 후 첨부 자료의 제목을 밝힌다(임연철, 2007, p.194). 첨부 자료에는 대개 공연 참가자의 프로필이 들어가는 경우가 많은데, 프로필은 학력, 수상경력, 무대경력, 현직 등의 항

표 6-1 ■ 보도자료 구성별 작성 시 주안점

구성	섹션	작성 내용 및 주안점
표지	리드	• 공연전체를 대변하고 기사내용 전체를 파악할 수 있도록 작성 • 구어체 형식 • 모든 홍보물에 같은 타이틀 유지 • 통일감 부여
	공연개요	• 공연명, 일시, 장소, 티켓구매 정보, 안내전화, 주최, 후원, 보도자료 문의처 등
	중간 제목	• 매 단락마다 다루어지는 토픽이 있도록 작성 • 전달하고자 하는 메시지가 포함 • 간단명료한 단문 형식
본문		• 최고, 최대 등 형용사의 사용을 가급적 회피 • 예술가나 프로그램에 대한 내용은 사실에 기초 • 구체적으로 투입물량, 투입노력, 흥행기록, 수상기록의 인용도 효과적 • 공연 타깃이 정해진 공연의 경우 누구를 위한 것인지 명확하게 기재
첨부	배경정보	• 본문의 내용을 뒷받침 할 수 있는 정보 제공
	프로필	• 비중 있고 주요한 경력이 눈에 띌 수 있게 표기
	프로그램	• 초연 또는 새로운 해석 등 그 공연만이 갖는 특성 표기 • 프로그램은 악장까지 최대한 자세하게 표기
	표준양식	• 단체의 로고나 이름이 들어가 있는 요지 사용 • 편집스타일 일관성 유지

목으로 나누어 정리하면 좋다. 연주자라면 디스코그라피(discography)[1]가 추가될 수 있다. 프로필은 무조건 받은 대로 쓰기보다는 중요한 경력을 중심으로 간략하게 정리하는 것이 좋다. 이 외에도 줄거리, 언론평, 곡 해설, 작품 해설, 연출노트, 리뷰, 공연경력, 배역설명, 시놉시스 등이 포함된다(정재왈 외, 2007, p.24).

6.3 보도자료 종류

1) 예술프로그램

개별 프로그램별로 작성되고 발표된다. 보도자료 중 가장 많은 비중을 차지한다. 새해나 새로운 시즌을 맞이하기 전에 극장장, 예술감독, 단장이 연간 단위나 시즌 단위로 묶어서 발표하기도 한다(정재왈 외, 2007, p.24).

- [서울연극센터] 젊은 연극연출가 3색 릴레이 공연 14일부터(2015)
- 몽블랑과 함께하는 〈2015 세종 체임버 시리즈 Part IV〉 베토벤 피아노와 첼로를 위한 소나타&변주곡 전곡 연주(2015)
- 국립현대미술관 현대차 시리즈 2014: 이불(2014)

2) 예술 정책 및 기관 운영

하드웨어(극장 신축 및 리모델링, 공연장 내 식음료 공간 신설, 시설물 준공 등)와 소프트웨어(공연시작 시간 변경, 대관신청 접수 개시, 회원제도 변경, 월간지, 뉴스레터지 창간, 직원모집 등)로 나눌 수 있다(정재왈 외, 2007, pp.24-25).

- 예술의전당 오페라극장 오프시즌 (2017년 7~8월) 대관 공고(2016)
- 서울거리예술창작센터 개관 행사 개최(2015)
- 〈국립극장 1+1 티켓〉 운영 (2015)

3) 기관 행사

세미나, 심포지엄, 초청행사, 후원회, 강연회, 오디션, 수강생 모집 등이 포함된다. 기자간담회, 제작발표회, 프레스 리허설 등에 담당 기자를 참석하게 하기 위한 초청장 형식의 보도자료도 있다(정재왈 외, 2007, p.25).

1) 디스코그라피(discography)란 특정인이 연주 · 작곡 · 수집한 모든 음악, 음반의 목록을 말한다.

〈참고〉 국립창극단 & 아힘 프라이어 〈수궁가〉 실제 보도자료 사례(1/4)

국립극장
The National Theater of Korea

국립창극단
The National Changguk Company of KOREA

홍보 08-005
보도자료 발송일
2011. 8. 18
보도희망일시
즉시보도

보도자료

세계국립극장페스티벌
- **개막작** -

문의 및 담당자
국립창극단 오지원/신혜원 02)2280-4132/4292
홍보팀장 방지영 담 당 이정연 02)2280-4228

국립창극단 & 아힘 프라이어
〈수궁가〉
"Mr. Rabbit and the Dragon King"

세계초연, 판소리오페라<수궁가>
세계를 향한 국립창극단의 가슴 뛰는 변신, 유럽오페라진출 초읽기!

국립극장(극장장 임연철)은 2011년 제5회 세계국립극장페스티벌 개막작으로 오페라 연출의 거장 아힘프라이어 연출한 국립창극단(예술감독 유영대)의 야심작, 판소리 오페라 <수궁가(Mr. Rabbit and the Dragon King)>를 2011년 9월8일(목)~9월11(일)까지 국립극장 해오름 무대에 올린다.

이번 <수궁가>공연은 국내 관객에게 외면 받아 온 '판소리'에 대한 아힘 프라이어의 깊은 탐색과, 판소리의 현대화를 위해 외롭게 달려온 국립창극단의 애정이 만나 세계무대를 향해 던지는 야심찬 도전장이다. '창극'이라는 고정수식어에서 '판소리오페라'라는 새 옷을 입었으며, 기존의 연기양식에서 벗어나 가면과 춤을 사용하였고 새로운 무대양식의 도입으로 수회에 걸친 제작회의와 철야작업 속에 새로운 공연을 완성시켰다.

2011 세계국립극장페스티벌
THE WORLD FESTIVAL OF NATIONAL THEATERS 2011

1

〈참고〉 국립창극단 & 아힘 프라이어 〈수궁가〉 실제 보도자료 사례(2/4)

국립극장 The National Theater of Korea　　국립창극단 The National Changguk Company of KOREA

아힘 프라이어는 처음 판소리를 접했을 때 "마치 터키 수도승들의 노래나 시칠리아의 민요 등과 같이 세계 여러 문화와 통할 수 있는 보편성에 감동하고, 세계무대에서의 가능성을 발견했다."며 한국음악극이 점점 뮤지컬화 되어가는 최근의 추세에서 벗어나 판소리 오페라를 추구한다고 밝혔다. 이번 공연은 우리 소리의 원형으로 돌아가려는 시도이자, 향후 세계의 대형 오페라 극장에서 공연될 판소리 오페라의 미래이다.

판소리오페라<수궁가>는 9월 개막공연 이후 독일로 건너가 12월22일~23일 부퍼탈 오페라 극장(Wuppertal Opera Theater)의 무대에 오르게 되며 , 이미 독일공영방송(WDR)에서 촬영 예약을 마쳤을 만큼 현지 언론의 주목을 받고 있다. 더불어 본 공연은 2012년 독일을 중심으로 한 유럽유수의 오페라극장에서 공연될 예정이다.

판소리<수궁가>의 서사적 예술성 발견 !
스토리텔러 도창 안숙선,
그녀의 3m높이 치마 속에서 태어나는 새로운<수궁가>

아힘 프라이어는 국립창극단이 추천한 〈수궁가〉에서 이야기가 가진 힘과 서사적 예술성을 발견하고 스승인 브레히트의 서사극이 주는 소외효과(관객의 몰입차단)를 표현하기에 매우 적합한 작품이라고 판단하였다.

〈수궁가〉는 국립창극단에서 수차례 공연 된 바 있는 작품이다. 그러나 아힘 프라이어와 유영대 예술감독은 현대적 무대에 적합한 〈수궁가〉의 변신을 고민하고 판소리〈수궁가〉에 숨어있는 지혜, 수확, 권력, 야욕, 수명연장, 꿈, 자연, 유토피아, 소원, 갈망 등의 주제를 끌어낸 후 그것을 재배치하여 장면화시켰다. 그 결과 우리의 토끼 'Mr. Rabbit'은 세상살이가 주는 어려움을 끊임없이 극복하고자 노력하는 민중영웅으로 재탄생되었다.

그리고 모든 이야기는 일종의 스토리텔러인 도창(안숙선 명창)을 통해 이야기가 탄생되고 인물들이 창조된다. 무대는 절제된 양식과 그림으로 세상을 표현하고 인물들은 평면적이되 오로지 한명만이 실제적인 얼굴을 갖게 되는데 그것이 바로 도창이다.

스토리텔러는 3m높이 치마 안팎으로 등장인물들을 창조한다. 그녀의 치마를 통해 등장하는 등장인물들은 토끼와 별주부외에도 광대, 호랑이, 도사, 코러스 등 개성 가득한 캐릭터들로 기상천외한 방법으로 연기하며 노래한다. 환상이 가득한 무대와 과장된 기법의 가면을 쓴 이 등장인물들은 한시도 쉬지 않고 노래하면서 춤을 추거나 저글링을 하는 등 관객로 하여금 한순간도 눈을 뗄 수 없게 만든다. 전문가와 일반관객 모두가 동시에 숨을 죽이는 무대, 그것이 바로 아힘 프라이어 연출의 힘이다.

〈참고〉 국립창극단 & 아힘 프라이어 〈수궁가〉 실제 보도자료 사례(3/4)

국립극장 The National Theater of Korea 국립창극단 The National Changgeuk Company of KOREA

무대, 의상, 조명, 음악의 통일...회화성 강한 완결된 하나의 구조 아힘 프라이어가 <수궁가>에 심어 놓은 수많은 이야기가 펼쳐진다.

아힘 프라이어는 오페라 연출가이기 이전에 추상표현주의 작가로 활동하였다. 그는 5년에 한번 열리는 유명한 현대 미술제 '카셀 도쿠멘타'에 2회 연속 초청을 받는 등 화가로서의 역량도 인정받았고, 그의 작품은 마드리드, 베를린, 비엔나, 프라하, 베네치아, LA의 LACMA 등에서 전시되었으며, 베를린 최고 전시대상을 수상하였으며 독일국립박물관과 유럽 유수의 사립미술관 등에 소장되어 있다.

판소리오페라<수궁가>에서 아힘 프라이어는 연출뿐 아니라 의상과 무대디자인까지 맡았다. 독일 표현주의 미술의 선두주자인 그의 무대는 "오페라를 통해 좋은 그림을 관람했다."라는 평을 들을 만큼 회화적인 무대와 파격적인 이미지가 특징이다. 한복을 기반으로 만든 의상과 표현주의 기법의 가면, 추상적인 한국의 산수가 그려진 무대바닥과 객석까지 이어지는 배경막 등이 모두 그의 작품인 바, 그 자체로 이미 완결한 예술작품이 된다.
관객들은 끊임없이 무대 위의 선을 읽어야한다. 인물들의 동작은 무대 벽과 바닥에 그려진 선들과 연결이 되고, 동선과 대형 역시 이 선을 이어나간다. 따라서 인물들이 움직이고 노래를 할 때마다 관객들은 추상적인 무대의 그림들 속에서 더 많은 것들을 발견하고 상상할 수 있게 된다.

- 아힘 프라이어가 그린 등장인물 마스크 -

판소리<수궁가>를 모본으로 삼은 안숙선의 새로운 작창으로 천재성이 빛나는 노래를 만들었다. 그의 작업은 전통에 맞닿아 있으면서도 우리 시대의 정서를 핍진하게 그려내며 마지막 결론 부분에서 부르는 절망과 희망의 교차를 담은 '아서라 세상사'는 그 한 가닥을 잘 보여준다. 이 작품에서는 음악 역시 극을 이끌어나가는 중요한 모티브로 활용되고 있는데 특히 토끼와 용왕이 잔치장면에서 신분의 차이가 나는 인물들이 어우러지는 장면에서는 이 차이를 표현하기 위해 궁중음악과 민속음악을 동시에 연주하여 의도적 불협화음을 만들었고 이용탁이 새롭게 편곡한 '수제천'과 '전폐희문'은 수궁세계의 장엄함과 위계질서(hierarchy)를 적절히 묘사하였다. 노랫말과 대본은 고려대 교수인 유영대 예술감독과 국립창극단의 박성환이 1년간에 걸쳐 작업한 결과물로서 우리 문학의 정수를 고스란히 표현하게 된다.
시각과 청각이 주는 예술적 합일에 판소리 노랫말이 주는 문학적 감동이 배가된 본 작품을 통해 관객들에게 미적경험의 극치를 선사하고자 한다.

〈참고〉 국립창극단 & 아힘 프라이어 〈수궁가〉 실제 보도자료 사례(4/4)

국립극장 The National Theater of Korea

국립창극단 The National Changgeuk Company of KOREA

<공연개요>

공 연 명	국립창극단 「수궁가(Mr. Rabbit and the Dragon King)」
공연일시	2011년 9월 8일(목)~11일(일) 평일 7시30분/ 토 2시,7시/ 일 2시
공연장소	국립극장 해오름극장
소요시간	180분(휴식시간 20분)
관 람 료	VIP석 100,00/ R석 70,000/ S석 50,000/ A석 30,000/ B석 20,000
주 최	국립극장
주 관	국립창극단
예매처/ 문의	국립극장 02-2280-4115~6(www.ntok.go.kr) ※국립극장 자체예매가능(예매수수료 없음) 티켓링크 1588-7890(www.ticketlink.co.kr) 인터파크 1544-1555(www.interpark.com)

첨부 자료

Ⅰ. 연출의도
Ⅱ. 작품세계
Ⅲ. 작품줄거리
Ⅳ. 주요출연진
Ⅵ. 주요스태프
Ⅶ. 아힘프라이어 소개

※ 포스터 및 창자 사진은 국립극장 웹하드(www.webhard.co.kr)에서 받으실 수 있습니다.
ID: ntokpr/ PW: 1234 / 게스트 폴더> 국립창극단 폴더> ****

- 서울문화재단 기업사회공헌 관련 세미나 개최 '문화예술로 사회공헌 대안찾기!'(2009)
- 서울문화재단, 〈2015 문화예술 전문연수〉 수강생 모집(2015)
- 국립극장 〈전통예술아카데미〉 수강생 모집(2015)

4) 인사 동정

기관장, 극장장, 단장, 예술감독, 후원회, 이사진의 선임 및 교체 등이 있다. 부고, 간부직원의 인사도 포함된다. 동정은 문화부의 담당 기자(혹은 출입 기자)에 협조를 요청하거나 직접 동정을 처리하는 부서를 찾아서 그 곳으로 보낼 수도 있다. 그러나 동정 가운데에서 기자가 제법 재미있는 기사거리를 찾을 수도 있기 때문에 기관과 관계있는 담당 혹은 출입 기자에게 먼저 도움을 청하는 게 바람직하다(정재왈 외, 2007, p.25).

- 세종문화화회관, 문화예술 분야 일자리 창출 나서 예술단원, 공연기획, 홍보마케팅 등 총 77명 선발(2016)
- 국립국악관현악단 예술감독 발표(2015)

5) 기타

출연진 확정, 교체, 공연 연장 · 취소 등이 해당된다(정재왈 외, 2007, p.25).

- 하이서울페스티벌 2010, 가을로 연기 (2010)
- 국립현대미술관 덕수궁미술관『추상하라!』전시 기간 연장(2011)
- 《국립현대미술관 현대차 시리즈 2015》 초대작가 '안규철(Ahn Kyuchul)' 선정(2015)

참고문헌

고완선 (2005). 공연 예술의 언론 홍보 실태 연구: 보도자료를 중심으로. 중앙대 예술대학원 석사학위 논문.

김승미 (2007). 〈만원사례 예술경영학〉. 서울: 늘봄.

임연철 (2007). 〈문화예술 홍보론〉. 서울: 커뮤니케이션북스.

정재왈 외 (2007). 〈현장 문화예술 홍보〉. 서울: 커뮤니케이션북스.

국립극장 홈페이지. URL: https://www.ntok.go.kr/

국립현대미술관 홈페이지. URL: http://www.mmca.go.kr/

서울문화재단 홈페이지. URL: http://www.sfac.or.kr/

세종문화회관 홈페이지. URL: http://www.sejongpac.or.kr/

<table>
<tr><th colspan="2">정리</th></tr>
<tr><td>소주제 1.</td><td>1. 보도자료
• 예술단체, 개인, 기관이 매체와 커뮤니케이션을 위한 수단으로 홍보업무의 가장 기본적이면서도 많은 비중을 차지
2. 보도자료 준비
• 보도자료 작성 전 스스로 자문해야할 6가지
: 홍보 매체의 필요성, 홍보 목표, 목표 관중, 적절한 매체, 3C(간결, 명료, 일관), 참신한 뉴스거리
• 행사 진행과 관련한 사항
: 출연진, 스태프 명단, 연락처, 연습 및 체류 일정</td></tr>
<tr><td>소주제 2.</td><td>1. 보도자료의 구성
• 표지, 본문, 첨부
2. 표지
• 보내는 사람, 받는 사람, 공연 제목, 일시와 장소, 작가, 스태프, 출연진, 입장료, 티켓 구매정보, 주최, 후원사 이름, 보도자료 총 페이지 수
3. 본문
• 본문 내용을 축약하여 도입부에 삽입
• 각 문단마다 중간제목과 설명 삽입
• 행사 개요 삽입
4. 첨부
• 프로필, 줄거리, 언론평, 작품 해설, 곡해설, 연출노트, 리뷰, 공연경력, 배역설명, 시놉시스 등</td></tr>
<tr><td>소주제 3.</td><td>1. 예술프로그램
• 개별 프로그램에 대한 소식
2. 예술 정책 및 기관 운영
3. 기관 행사
4. 인사 동정
5. 기타
• 출연진 확정, 교체, 공연 연장 및 취소 등</td></tr>
</table>

CHAPTER 07

CULTURAL ARTS PUBLIC RELATIONS STRATEGIES

보도자료 2

개요

1.1. 많은 보도자료와 경쟁하기 위해서는 전문적인 작성 기법을 갖추어야 한다. 이를 위해서는 무엇이 뉴스가 될 수 있는지 판단해야 하며, 이를 위해 반드시 알아야 할 작성 원칙이 있다.

1.2. 좋은 보도자료를 작성하기 위해서는 홍보의 포인트가 무엇인지 알아야 한다. 이러한 홍보 포인트는 수많은 보도자료에서 기사화가 될 가능성을 높일 수 있는 방법이 될 수 있다. 어떠한 포인트를 보도자료에 활용할 것인지에 대해 논의한다.

1.3. 좋은 보도자료를 작성했다고 해서 모두 기사가 될 수는 없다. 홍보하고자 하는 매체에 따라 각기 다른 시점과 전략으로 접근해야 한다. 각 매체별로 어떻게 보도자료를 발송해야 하는지에 대해 알아본다.

오늘의 이슈

보도자료가 기자나 PD에게 호의적이고 긍정적인 반응을 얻기 위해서는 내용이 단순히 취재거리를 제보하는 형식이 아니라 실제 기사처럼 만들어 제공하는 것이 가장 좋은 방법이다. 기사문장으로 정리되지 않아 난잡하고 조직적이지 않은 보도자료는 전문성이 떨어져 보이기 때문에 채택되기가 어렵다. 그러나 기사형식으로 글을 쓴다는 것 자체가 많은 노력과 연습을 필요로 하는 어려운 작업이다. 또한 각 매체별 특성에 맞춰 작성한 보도자료를 어느 시점에 발송할 것인가 하는 문제도 보도자료 채택에 많은 영향을 미칠 수 있기 때문에 이 점을 유의해야 한다.

본 장에서는 좋은 보도자료를 작성하는 방법과 작성 시의 고려사항에 대해 알아보고 각 매체별로 보도자료를 발송해야 하는 시점에 대해 탐색한다.

7.1 보도자료 작성법

홍보담당자는 보도자료를 최초로 작성한 사람인 동시에 최종 작성자이자 최종 확인자이다. 보도자료를 발송할 때마다 누군가 교정과 교열을 해 준다면 홍보 담당자는 더할 나위 없이 좋겠지만 대부분의 경우가 그렇지 못하다. 또한 언제나 시간에 쫓기기 때문에 여유를 갖고 자료를 작성하는 것조차 힘든 것이 현실이다. 과정이야 어찌 되었든 간에 글자 하나, 표현 하나라도 잘못되면 그 책임은 고스란히 홍보담당자에게 돌아가게 된다(정재왈 외, 2007, p.26).

홍보담당자는 보도자료를 잘 쓰기 위해 한글 맞춤법, 표준어 규정, 외래어 표기법, 국어의 로마자 표기법 등을 숙지하고 있어야 한다. 이번에는 훌륭한 글이 되기 위해 갖추어야 할 조건이 무엇이 있는지, 보도자료를 작성할 때 참고가 될 원칙은 무엇인지 등에 대해 알아본다.

1) 좋은 글을 위한 조건

일반적으로 '글을 잘 썼다'거나 '훌륭한 문장이다'라고 이야기 할 때 그 글은 다음과 같은 몇 가지 사항들을 충실하게 지키고 있다(정재왈 외, 2007, p.26).

첫 번째, 무엇보다도 객관적인 사실에 근거하여 정확하게 글을 작성해야 한다. 있지도 않은 사실을 왜곡하거나 과장하지 않으며 과도하게 본인의 주장을 강요하지 않는다. 대개의 경우 평이한 문체를 사용하고 있다. 논점 또한 정확하다.

두 번째, 전달하고자 하는 내용이 명확하게 표현되어 있다. 말하고자 하는 내용을 적절한 단어를 사용하여 표현하였으며, 문장은 문법적으로 서로 호응하고 있다. 우선 표기가 정확하고 오탈자가 없다. 올바른 표기는 표준어를 맞춤법에 맞게 정확하게 쓰는 것을 말한다. 표기가 잘못되면 글의 신뢰도는 떨어진다. 이는 좋은 글을 쓰기 위한 출발점이기도 하다. 말하고자 하는 메시지의 의미와 내용에 맞는 단어를 사용해야 한다. 그리고 선택한 단어들이 어법에 맞게 긴밀하게 배치되어 올바른 문장의 형태를 이루고 있다.

세 번째, 글의 내용이 읽는 사람의 호기심을 유발한다. 읽는 사람이 지루하다고 느낀다면 좋은 글이라고 말할 수 없다. 당연한 이야기지만 막연하고 추상적인 표현보다는 구체적이고 생생한 느낌을 전할 수 있는 표현법이 좋다. 상상력을 불러일으킬 수 있으면 더욱 좋을 것이다.

2) 좋은 보도자료 작성 원칙

(1) 중요한 것부터 쓴다.

보도자료는 '귀납법'보다는 '연역법'으로 서술하는 것이 좋다. 그런 의미에서 신문기사 쓰는 법과 비슷하다. 가장 핵심이 되는 내용을 우선 배치한다. 이어 중요하다고 생각하는 순서에 따라 문단을 배치하면 된다(정재왈 외, 2007, p.28).

(2) 정확하게 핵심만 얘기한다.

이것저것 자세하게 정보를 많이 담는 것보다 의도한 주제를 최대한 강하게 집약적으로 드러내게 하는 것이 더욱 중요하다. 직접 관련이 없는 부분은 과감하게 생략한다. 또한 보도자료 작성 시 지나치게 작위적인 치장을 하게 되면 보도자료 자체가 빈약한 인상을 주게 되므로 주의가 필요하다. 또 보도자료를 작성할 때는 Who, Where, When, Why, What, How라는 뉴스기사의 5W1H 원칙도 잊어서는 안 된다(정재왈 외, 2007, p.29).

(3) 혼란을 일으키거나 모호한 표현은 피한다.

문장구조를 단순하게 하고 수식어를 줄여야 한다. 수식이나 서술관계가 분명하지 않으면 의미 파악이 어렵다. 대개의 경우 상황을 정확히 파악하지 못할 때 명쾌한 표현을 사용하지 못한다. 글의 의미를 올바르게 전달하기 위해 정확한 문장을 써야 하는데 이를 위해서는 주어와 술어가 맞아야 하고 논리와 어법에 맞게 쓰며 이를 위해 역시 중문(重文)이나 복문(複文)을 피하는 것이 요령이다. 내용상의 모순을 배제하는 것도 중요하다(정재왈 외, 2007, p.30).

(4) 간결하고 쉽게 쓴다.

'아름다운 문장'을 만드는데 주력하기 보다는 비문이나 악문을 만들지 않도록 하는데 더 주의해야 한다. 그렇기 때문에 일상적으로 사용하는 단어를 사용하고 전문용어는 가급적 자제하는 것이 좋다. 육하원칙에 따라 썼는지를 확인하다보면 의외로 빠진 부분을 쉽게 찾을 수 있다(정재왈 외, 2007, p.31).

미사여구만 많은 보도자료는 막상 기사화하려면 내용이 부실해 짧은 단신으로 취급할 수밖에 없게 된다. 명료한 보도자료를 만들기 위한 필수 조건이다. 지식 자랑을 하는 현학적(衒學的)표현은 금물이다. 난해한 용어에는 짤막한 설명을 수식어로 붙이고 외래어와 한자어의 남발을 피해야 한다. '드라마 트루기',

'스탠딩 오베이션'과 같이 일반인이 흔히 사용하지 않는 용어는 '연출기법'이나 '기립박수' 같은 말로 바꿔 사용해야 한다. 명료성을 높이기 위해서는 한 문장을 100자 이내로 끊고 그보다 길어지면 두 문장으로 나눠 중문이나 복문을 최대한 피해야 한다. 두 가지로 해석이 가능한 모호한 단어나 문장도 기피해야 할 대상이다(임연철, 2007, p.189).

(5) 책임소재를 명확히 한다.

홍보담당자의 이름을 필히 명기해야 한다. 보도자료를 받는 기자가 보충 질문이 있을 경우를 생각해서 담당자의 이름, 전화번호까지 기입해야 한다. 보도 목적을 적어 넣는 것도 빠뜨리지 말아야 한다(임연철, 2007, p.190).

(6) 사진을 이용하여 시각적인 호소를 한다.

사진에는 반드시 간결한 설명문이 있어야 한다. 사진은 선전의 의도가 풍기는 것보다는 풍속이나 우행, 생활과 밀접한 관계가 있는 사진을 첨부하는 것이 효과적이다. 사진이나 그 밖에 시각적인 소재는 직접적으로 내용을 표현하기 때문에 효과가 아주 높다. 사진은 그것이 작품사진이건 인물사진이건 완전히 사실대로 찍은 것이 아니면 안 된다(임연철, 2007, p.190).

(7) 보도매체 대상별로 다르게 작성한다.

전국지, 지방지, 방송용, 인터넷 별로 대상에 따라 다르게 작성되어야 한다. 즉 취재진이 많은 전국지에는 기본적인 정보만을, 취재진이 적고 직접 취재가 곤란한 지역방송과 지방지는 거의 기사에 가까운 상세한 정보를, 그리고 독자층이 완전히 다른 인터넷의 경우는 수용자의 연령, 직업, 취미 등을 고려해 적당한 정보를 담는 것이 요령이다(임연철, 2007, p.190).

3) 보도자료 작성 시 주안점

보도자료는 홍보를 목적으로 하는 글이므로 엄밀하게 말한다면 객관적인 관점에서 작성되었다고 말하기 힘든 점도 있다. 하지만 보도자료는 기자에게 행사에 관해 전반적인 정보를 알리고 후속 취재를 이끌어내는 안내 역할을 담당하므로 그 자체가 매력적인 외형과 내용으로 비쳐지지 않으면 안 된다. 실제로 언론사 기자의 사무실을 찾아가 보면 알 수 있지만 기자의 책상에는 매일매일 엄청난 양의 보도자료가 쌓인다. 그 뿐만이 아니다. 최근에는 이메일로 접수되는 보도자료의 양도 폭증하고 있다. 사실 기자의 입장에서도 여유를 가지고 취재를 하기 어려운 경우나 행사마다 중요도를 판정하기가 힘든 경우를 만나면 충실하게 잘 작성된 보도자료에 의존하는 것은 부인할 수 없는 사실이다(정재왈 외, 2007, p.32).

보도자료는 이처럼 기사화 여부를 결정하는 중요한 요소다. 보도자료는 일차적으로는 사실관계가 걸러진 기초 정보이기에 기자가 실제로 기사를 작성할 때 요긴하게 활용하고 있다. 때문에 보도자료의 성격과 구성은 그 용도상 기사의 속성과 많은 부분이 닮아 있다. 신문기사는 독자들에게 새로운 사실과 정보를 제공함으로써 지성이나 감성의 측면에서 독자들의 흥미를 이끌어내야 한다. 기사와 독자와의 관계를 생각해 보면 보도자료의 성격과 역할이 어떠해야 하는지 짐작이 된다(정재왈 외, 2007, p.32).

(1) 새로운 사실과 각종 기록

누군가 뉴스를 'Something New and Different'라 정의했다. 신문은 지나간 것보다는 새롭고 이색적인 것을 선호한다. 만약 보도자료의 내용 중에 '세계 최초', '국내 최초' 혹은 '세계 최고', '국내 최고' 등의 기록이 있다면 사람들은 이러한 문구와 사실에 주목할 것이다. 물론 이러한 표현은 정확한 사실에 근거해야 한다. 하지만 별 생각 없이 '세계 최정상', '국내 최정상'과 같은 표현을 사용하는 것은 논란이 있을 수 있으므로 가려서 쓰는 것이 좋다(정재왈 외, 2007, p.32).

(2) 숫자의 계량화

숫자로 계량화된 표현이나 글은 읽는 사람에게 현실감 있게 받아들여진다. "〈오페라의 유령〉은 〈캣츠〉, 〈미스 사이공〉, 〈레 미제라블〉과 함께 세계 4대 뮤지컬 작품의 하나다"라든지 "차이코프스키의 3대 발레 작품은 〈백조의 호수〉, 〈호두까기 인형〉, 〈잠자는 숲속의 공주〉 등이다"와 같은 표현을 예로 들 수 있다. 이 뿐만이 아니다. 흥행 기록, 관객동원 기록, 객석 점유율, 제작비, 무대장치 분량, 출연자 수, 연습기간, 공연소요 시간 등 숫자로 표현할 수 있는 기록들은 의외로 우리 주위에서 많이 찾을 수 있다(정재왈 외, 2007, pp.32-33).

(3) 준비 과정의 일화

무대에 오르기 전까지의 과정(캐스팅, 오디션, 연습, 무대제작, 무대설치) 중 재미있는 에피소드가 있다면 소개하는 것이 좋다. 고생했던 이야기나 실수담은 관객에게 친근감 있게 다가가는 장점이 있다(정재왈 외, 2007, p.35).

- 오페라 〈심청〉은 1972년 독일 뮌헨올림픽 문화행사 개막프로그램으로 초연된 이후 1999년 〈서울오페라페스티벌〉을 통하여 27년 만에 고국 무대에서 초연된 바 있는 한국의 오페라로 '동베를린 사건'으로 1967년 박정희 정권에 납치되어 사형선고까지 받았으나, 세계 음악가들과 독일 정부의 탄원으로 풀려난 작곡가 윤이상의 작품이다(오페라 심청, 2001).

(4) 시적 표현

행사를 가장 단도직입적으로 드러내는 하나의 문장으로 표현해야 한다. 직유법이나 은유법 같은 수사법을 사용하는 것도 좋은 방법이다. 광고카피를 연상하면 된다(정재왈 외, 2007, p.36).

- 8월 17일(토), 선유도가 춤을 춘다! 〈서울댄스프로젝트-게릴라춤판 춤야유회@선유도〉 개최 (2013)
- 현대무용의 '나침반'으로 불리는 지리 킬리안은 일반인의 예상을 뛰어넘는 다양한 소재를 활용, 독자적인 작품세계를 보여주고 있는 이 시대 최고의 안무가이다(2002).

7.2 보도자료 작성 시 고려사항

보도자료를 성공적으로 작성하기 위해서는 홍보의 포인트가 될 단서를 놓치지 말고 포착해야 한다. 홍보담당자는 기획자가 머릿속의 아이디어를 구체화시켜 나가는 공연기획 초기 단계부터 제작, 연습, 마케팅 등 공연제작 과정, 그리고 공연종료 후의 마무리 과정까지 긴밀한 협의를 통해 언론매체에 부각될 만한 소재와 화제 거리를 지속적으로 발굴해내야 한다.

1) 기획취지

보통 보도자료에는 '00기념공연'이라는 문구가 들어간다. 행사제목에는 중요한 홍보 포인트가 담겨있다. 기획자는 제목을 통해 "이 공연은 이러이러한 취지로 만들어졌다"라는 사실을 일반 관객에게 설명한다. 공연장이 처음으로 문을 열면서 마련된 공연, 개관한 지 얼마 지난 것을 기념하는 공연, 작곡가나 작가의 탄생이나 서거 몇 년을 기념하는 공연, 어떠한 사건을 기념하기 위해 만들어진 공연 등을 예로 들 수 있다. 또는 특정인을 위하여 헌정된 작품이거나 기념공연일 수도 있다. 이러한 기획 배경은 부제, 슬로건 혹은 시리즈명을 통해서도 드러난다(정재왈 외, 2007, pp.36-37).

2) 행사의 성과

기획의 취지와 의도가 성공적인 결과로 도출되었을 때 이러한 성과들을 활용할 수 있다(정재왈 외, 2007, p.37).

- 국립극장(극장장 안호상) 기획으로 오는 3월 15일(토)~16일(일) 국립극장 해오름극장에서 국내 최초 공개되는 NT Live 〈워 호스〉(National Theatre Live: National Theatre's War Horse)가 예매 오픈 2주 만에 조기 매진되었다. 이에 국립극장은 15일(토)에 1회를 추가 상영할 예정이며, 이에 대한 온라인 예매는 2월 24일(월)부터 가능하다. 'NT Live'는 'National Theatre Live'의 약칭으로 영국 국립극장이 제작한 대표 연극을 스크린으로 생중계(또는 앙코르 상영)하는 프로그램이다. 2009년 시작된 이래 지금까지 전 세계 500여개 극장에서 150만 명과 만나며 공연이 태생적으로 가진 시공간적 제약을 넘어서는 혁신적 시도로 평가받고 있다. 하지만 한국에서 NT Live가 상영되는 것은 이번이 처음으로, 국내 관객의 뜨거운 관심을 받고 있다. 특히, NT Live의 첫 번째 상영작이 연극 〈워 호스〉인 것도 단연 화제다. 이번에 국내에 소개될 영상은 2014년 2월 27일(*시차 고려) 전 세계에 실황 중계될 NT Live 〈워 호스〉 웨스트엔드 공연으로, 해오름극장 무대 전면에 대형 스크린을 설치해 상영할 예정이다(국립극장, 2014).

3) 주최, 기획, 협찬, 후원, 주관

누가 주최, 기획, 협찬, 후원, 주관하는지가 의미가 있을 경우, 이를 홍보에 이용한다. 보통 극장이나 연주회장, 기획사가 주최하거나 기획하게 되는데 정부 부처나 기업, 방송사 등에서 직 · 간접적으로 협찬하고 후원하는 사실도 경우에 따라서 홍보에 활용될 수 있다. '지상공동주최'처럼 결합이 느슨한 경우나 상업적인 목적으로 지원하는 경우는 그 의의가 많이 약해진다. 대행사의 성격을 띠는 주관의 경우도 비슷하다(정재왈 외, 2007, p.37).

- 국립현대미술관 현대차 시리즈 2014: 이불 (2014)

4) 공연 일시

행사가 어느 특정 시간대에 열리는 공연이어서 의미가 있는 경우도 있다. 공연 시작 시간이 아주 늦거나 이른 때이어서 화제가 된 경우를 예로 들어보자(정재왈 외, 2007, p.38).

- 〈동초 김연수 선생 30주기 기념 공연〉 8월 14일 심야 야외 연창 무대
  이번 공연은 특히 8월 15일 광복절을 앞두고 전날인 14일 밤 9시에 시작해 15일 새벽까지 이어지는 특별한 공연으로, 일제 치하에서 갖가지 에피소드를 남기고 해방 후 국립창극단 창단을 주도한 동초 김연수 선생을 기념하는 의미 깊은 공연이 될 것이다(동초 김연수 선생 30주기 기념공연, 2004).

5) 공연 횟수

베스트셀러 공연이라면 공연 횟수 기록을 홍보거리로 활용할 수 있다. 꾸준히 관객들로부터 사랑받는 스테디셀러 공연이나 앙코르 무대인 경우도 마찬가지다. 만약 장기공연이거나 전용극장 공연이라면 공연 횟수에 관한 여러 가지 기록에 의미를 부여해 홍보 포인트로 삼을 수 있을 것이다. 이와는 반대로 첫 공연이어서 화제가 될 수도 있다. 신작 무대나 초연 무대가 이에 해당된다. 한 시즌이나 1년 단위로 통계 기록을 집계할 수도 있다(정재왈 외, 2007, p.38).

6) 공연 장소

특정 극장이나 연주장을 선택한 것에 각별한 의미가 있을 경우 이를 홍보에 활용할 수 있다. 무대를 변형시켰거나 행사장에 특별한 장식을 하였을 경우도 마찬가지다. 심지어 무대와 객석을 맞바꾸어서 열렸던 연극 공연도 있었다(정재왈 외, 2007, pp.38-39).

7) 흥행, 수상, 관객동원 기록

과거의 흥행성적, 수상기록, 관객동원 실적은 홍보에 활용하기 좋은 항목들이다. 공연이 시작되기 오래 전에 이미 매진이 되었다면 이러한 사실도 홍보거리

가 될 수 있다. 만약 매표가 순조롭다면 그러한 이유 자체도 홍보거리다(정재왈 외, 2007, p.39).

8) 언론평, 외부 평가

이전까지 공연을 통해 확보한 자랑할 만한 언론 평이 있는지도 중요한 홍보요소다. 외국단체나 연주자의 경우 보통 홍보자료(Press Kit)에 포함되어 있다. 한국인 예술가나 단체, 그리고 공연이 외국 무대에서 좋은 평을 얻었을 때 이를 국내 언론 홍보 시 활용할 수 있다. 권위 있는 사람이나 기관의 평가도 인용할 수 있다(정재왈 외, 2007, p.39).

9) 배역

출연배우나 가수, 무용수, 연주자가 데뷔한 지 몇 년 만의 무대여서 의미가 있는지 살펴보는 것도 좋다. 혹은 데뷔 이후 처음 맡은 배역이어서 의미가 있을 수도 있다. 또 몇 대째 배역이라 의미가 있을 수도 있다. 날짜별로 배역에 특징이 있는 것도 홍보거리다(정재왈 외, 2007, p.40).

10) 마케팅

입장권 가격이나 판매방식에 있어 특이사항이 있을 수 있다. 보통 때 보다 입장권 할인율이 높다든지, 특정 시간대에만 입장권을 싸게 판다든지, 쿠폰을 오려와야 입장권을 싸게 살 수 있다든지 등의 여러 마케팅 방안이 홍보대상이 될 수 있다. 사람들의 호기심을 끄는 판촉행사나 부대행사가 있을 경우도 홍보에 이용할 수 있다. 이번 공연을 관람했거나 관람할 사람 중에 특별한 사람이 있다면 이들을 화제로 삼을 수 있다(정재왈 외, 2007, p.40).

- '남산희곡페스티벌, 다섯 번째' 24일 개막... 무료 예매 개시 (2015)

11) 지휘, 안무, 연출 상의 특이사항

클래식 공연이라면 같은 연주곡이라도 누구의 지휘로 연주되느냐가 중요하다. 발레 작품은 누구 버전인지, 누구 안무인지가 중요하다. 연극이나 뮤지컬, 오페라는 원작의 연출가가 직접 공연을 맡을 경우 더욱 화제가 될 수 있다(정재왈 외, 2007, p.41).

12) 출연진, 제작진 프로필

화려한 프로필을 가진 출연자나 제작 스태프가 많다는 사실은 공연의 가치를 높이는 중요한 요소이다. 세계적인 연출가, 안무가, 지휘자가 직접 한국을 찾는다면 더욱 화제가 된다. 만약 프로필이 화려하지는 않더라도 특이한 경력을 가진 사람이 있을 수도 있으며 혹은 이번 공연에 아주 치열한 오디션을 통과한 주목할 만한 신예가 있는 것도 좋은 홍보자료가 된다. 반대로 오디션을 통과한 사람이 중견이어서 화제가 될 수도 있다. 출연진이나 제작진 중에 가족이 있는 경우도 있을 수도 있다(정재왈 외, 2007, pp.41-42).

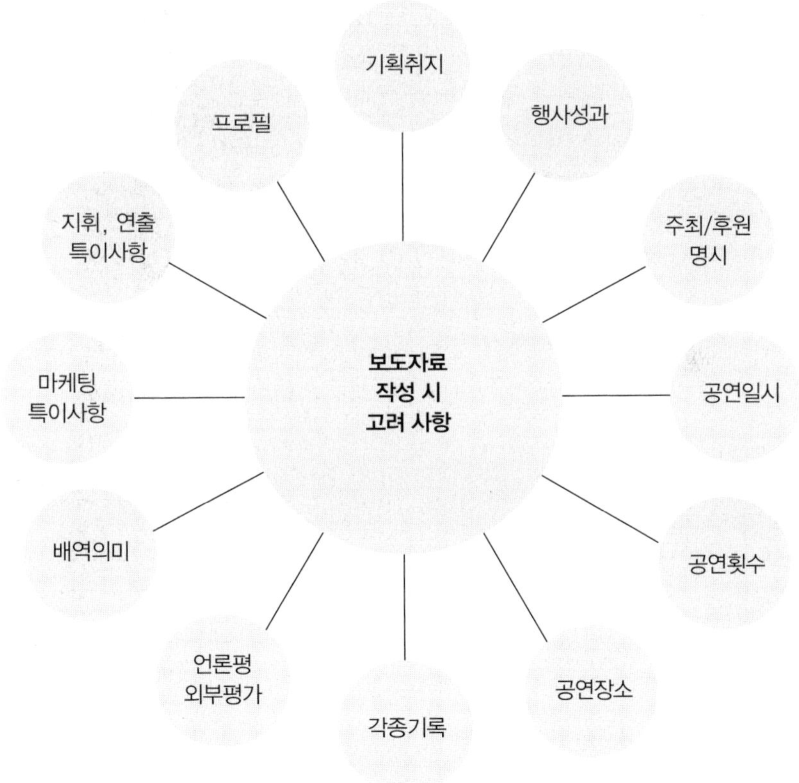

그림 7-1 ■ 보도자료 작성 시 고려 사항

7.3 보도자료 발송 시점

보도자료는 일반적으로 이메일, 우편, 팩스나 직접방문 등을 통해 배포된다. 우선 팩스나 이메일로 배포한 후 공연소식을 알리고 직접 방문하여 공연을 자세하게 소개하고 홍보담당자의 의견을 전달하는 방법이 가장 효과적이다. 최근에는 한꺼번에 여러 곳을 발송할 수도 있고 사진도 파일로 첨부할 수 있는 이메일 배포가 가장 많으나 수많은 보도자료 속에서 차별화되기 어렵다는 단점도 있다(이의신, 2003, p.110).

이메일이나 우편으로 보도자료를 배포하였다면 담당기자나 PD에게 필히 확인전화를 하고 간략한 공연소개를 하는 것이 좋다. 보도 담당자와 처음 접촉하는 경우라면 보도자료를 직접 들고 가서 담당자를 만나고 자신을 소개하여 관계를 형성하는 것이 바람직하다. 자주 접촉해야하는 담당자들을 알아두고 그들의 특성이나 원하는 형식을 알아둔다면 도움이 될 것이다. 만약 일일이 찾아가 전달할 시간적 여유가 없다면 대규모 공연의 기자 간담회 시간에 참석하여 한꺼번에 배포하는 것도 방법이 될 수 있다(이의신, 2003, p.110).

보도자료는 다양한 방법으로 배포될 수 있으나 중요한 것은 매체별 속성과 스케줄을 미리 알고 이들과 밀접한 관계를 항상 유지하는 데 있다. 매체 홍보가 얼마나 광범위하게 되는가는 매체와 얼마만큼 효과적으로 관계를 형성했느냐에 달렸다고 해도 과언이 아니다(이의신, 2003, p.110).

1) 월간지

음악전문잡지, 여성지, 시사월간지 등이 해당될 수 있다. 월간지 마감은 보통 10일을 전후로 하며 인터뷰 기사나 주요 지면의 확보를 위해서는 편집 회의 전 보도자료를 보내고 정보를 제공하여 편집회의에 반영될 수 있도록 하는 것이 좋다. 전문지 이외의 잡지의 대부분은 1~2페이지의 문화지면에 공연소식을 올리지만 인터뷰 중심의 기사 또한 기대할 수 있다(이의신, 2003, p.111).

2) 주간지

주간지의 경우 매주 단위로 편집이 이루어지기 때문에 시기를 잘 맞출 경우 예상 외로 기사가 크게 다루어 질 수도 있다. 주초에 발행되어 수요일이나 목요일에는 기사를 마감하고 주말에는 제작에 들어간다. 최근 음악분야 전문 주간지가 많이 발행되고 있는데 각 공연장과 사설음악학원 등에 배포되므로 공연홍보 등에 직접적인 효과를 기대할 수 있다. 언론사에서 발행하는 시사주간지들은 공연규모가 크거나 사회적 의미가 클 때, 출연인물이 이슈가 될 때 관심이 많아진다(이의신, 2003, p.111).

3) 일간지

일간지는 메시지를 불특정 다수의 공중에게 전달해주는 가장 전통적이며 보편적인 홍보매체이다. 일간지의 공연에 대한 지면은 신문마다 배정요일이 다르지만 금요일 주말 판에는 대부분이 공연 소식을 다룬다. 또한 공연규모, 공연의 의미가 크거나 사회적 이슈가 될 만한 내용이라면 주중에 기획기사로서 싣는 경우도 있다. 공연소식을 다루는 지면의 크기나 형식은 일간지마다 다르며 분야별로 기사를 다루는 요일도 다르다. 신문사별로 공연지면요일을 미리 체크하고 마감시간을 알아두는 것이 좋다(이의신, 2003, p.112).

일간지는 매일 마감하는 것이 당연하지만 문화부는 특별한 사건이 갑자기 발생하는 일이 거의 없기 때문에 조기편집에 들어갈 수도 있다. 그렇기 때문에 보도자료의 내용뿐만 아니라 배포하는 시기도 이와 같은 매체의 사정을 감안해서 결정해야 한다. 보도자료를 먼저 팩스로 보내고 상세한 내용을 담은 자료와 사진을 가지고 직접 찾는 것도 좋은 방법이 될 수 있다. 하지만 마감시간에 찾아갈 경우 역효과가 날 수도 있고 담당기자가 자리에 없어 시간낭비가 될 수 있으므로 각 매체 담당기자들의 생활습관이나 일과에 관한 정보를 미리 파악하는 것이 좋다. 일반적으로 스포츠신문은 엔터테인먼트적 요소가 많은 이슈에 관심이 높으며, 영자신문은 외국의 유명 아티스트 초청, 한국적인 소재, 국가행사와 관련된 공연에 관심이 많다(이의신, 2003, p.112).

4) 인터넷

문화예술관련 사이트에 보도자료를 배포한다. 각 사이트의 회원 할인권, 초대권 제공, 자사 고객관리를 위한 것이 대부분이며 사이트를 통한 공연 홍보와 회원들에게 메일을 발송해주어 직접적인 홍보효과를 주기도 한다. 좀 더 높은 홍보효과를 기대한다면 배너광고를 고려하여 사이트의 이벤트와 결합시키는 방법도 있다. 다른 홍보 매체에 비해 인터넷 이용자들은 할인 쿠폰, 무료 초대 행사 등에 관심이 많기 때문에 훌륭한 홍보수단이 된다. 또한 관련 동호회와 게시판을 파악하여 고정적으로 공연소식을 전할 수도 있으며 관심이 있는 사람들은 동호회를 통하여 공연정보를 얻는 경우가 많으므로 적극적으로 활용할 필요가 있다. 관련 사이트에 보도자료를 보낼 경우, 우편보다는 이메일을 활용하여 사진을 첨부하여 보내고 발송할 사진은 되도록 크고 선명한 것이 좋다(이의신, 2003, p.114).

참고문헌

이의신 (2003). 〈공연기획 이렇게 하면 어떨까요?〉. 서울: 예솔기획.

임연철 (2007). 〈문화예술 홍보론〉. 서울: 커뮤니케이션북스.

정재왈 외 (2007). 〈현장 문화예술 홍보〉. 서울: 커뮤니케이션북스.

국립극장 홈페이지. URL: https://www.ntok.go.kr/

국립현대미술관 홈페이지. URL: http://www.mmca.go.kr/

서울문화재단 홈페이지. URL: http://www.sfac.or.kr/

세종문화회관 홈페이지. URL: http://www.sejongpac.or.kr/

<table>
<tr><th colspan="2">정리</th></tr>
<tr><td>소주제 1.</td><td>1. 좋은 글을 위한 조건
• 객관적 사실에 근거하여 정확하게 작성
• 전달하고자 하는 내용을 명확하게 표현
• 호기심을 유발할 만한 내용
2. 좋은 보도자료 작성 원칙
• 연역법 형식의 서술, 핵심적인 내용 서술, 혼란 유발 및 모호한 표현 회피, 간결하고 쉬운 서술, 명확한 책임소재, 시각적 호소, 보도매체의 성격에 맞춘 서술 등
3. 보도자료 작성 시 주안점
• 새로운 사실과 각종 기록, 숫자의 계량화, 준비 과정의 일화, 시적 표현 등</td></tr>
<tr><td>소주제 2.</td><td>〈보도자료 작성 시 고려 사항〉
• 기획취지: 제목을 통한 취지의 노출
• 행사의 성과
• 주최, 기획, 협찬, 후원, 주관 등을 명시
• 공연 일시
• 공연 횟수
• 공연 장소
• 흥행, 수상, 관객동원 기록
• 언론평, 외부 평가
• 배역
• 마케팅: 입장권 가격이나 판매방식 등의 특이사항
• 지휘, 안무, 연출 상의 특이사항
• 출연진, 제작진 프로필</td></tr>
<tr><td>소주제 3.</td><td>1. 보도자료 발송 후 수신 확인 및 직접 방문 후 상세한 내용 전달 필요
2. 월간지
• 매월 10일 전후로 마감, 편집회의 전 보도자료 발송
3. 주간지
• 수/목요일 전 보도자료 발송
4. 일간지
• 신문사별 공연지면 요일을 미리 확인
• 각 매체별 담당기자의 생활습관이나 일과에 대한 정보를 사전에 파악
5. 인터넷
• 문화예술관련 사이트 활용
• 배너광고와 이벤트를 결합하는 방법도 고려
• 관련 사이트에 보도자료 발송 시, 이메일을 활용하고 고화질의 사진 첨부</td></tr>
</table>

CHAPTER 08

CULTURAL ARTS PUBLIC RELATIONS STRATEGIES

기자간담회 및 제작발표회

개요

1.1. 기자간담회나 제작 발표회는 무엇이며 실시하는 이유는 무엇인가? 기자간담회 및 제작 발표회에 대한 전반을 이해한다.

1.2. 기자간담회 및 제작 발표회를 준비하기 위해 무엇을 준비해야 하는가? 성공적인 기자간담회 및 제작 발표회를 위해 준비해야 하는 부분에 대해 알아본다.

1.3. 기자간담회 및 제작 발표회 개최 당일 무엇을 중점적으로 점검해야 하는가에 대해 논의한다.

오늘의 이슈

최근 뮤지컬, 연극, 오페라와 더불어 드라마나 영화의 제작 발표회 및 기자간담회에 대한 관심이 뜨겁다. 이러한 추세에 맞춰 문화예술 분야에서의 제작 발표회 및 기자간담회는 해를 거듭할수록 스케일이 커지고 있다. 이와 같은 행사는 흥행의 여부를 떠나 제작진 측에서는 부담이 될 수 있다. 그럼에도 불구하고 이를 지속할 수밖에 없는 이유에는 미디어의 관심과 돈으로 환산할 수 없는 홍보효과를 누릴 수 있기 때문이다. 일례로, 2008년에 방영된 '베토벤 바이러스'라는 드라마는 클래식을 드라마 소재로 삼고 있음을 알리기 위해 실제로 출연진들이 클래식 음악을 연주한 것으로 한동안 유명세를 치를 수 있었다. 이날 행사에는 기자들을 비롯해 일본 및 중국의 팬들까지 참여해 별도의 비용을 투자하지 않고도 해외 홍보 효과까지 덤으로 얻을 수 있었다.

이제 제작 발표회나 기자간담회는 기자들을 상대로 예고편을 보여주고 짤막한 인터뷰 정도를 하던 자리에서 대중을 초대하는 문화행사로 바뀌어가는 추세다. 그렇기 때문에 홍보담당자는 기자간담회 및 제작 발표회가 갖는 홍보수단으로서의 중요성을 인식하고 철저한 준비를 해야 한다.

본 장에서는 문화예술 분야에서 기자간담회 및 제작 발표회가 갖는 홍보수단으로서의 중요성을 이해하고 이러한 행사를 준비하기 위해 어떠한 부분에 주안점을 두어야 하는지 탐구하고자 한다.

8.1 기자간담회 및 제작 발표회에 대한 이해

기자간담회 및 제작 발표회는 예술단체나 기관이 홍보활동의 하나로 일정한 장소에 기자들을 초청, 특정사안에 대해 알리는 행사이다. 회견에 앞서 보도자료를 배포하는 것이 통상적인 방법이므로 보도자료 배포를 통한 홍보방법보다 훨씬 능동적이고 적극적인 점이 특징이다. 기자간담회 및 제작 발표회의 주제를 중심으로 기자들의 질문이 잇따르고 분명한 입장표명과 세부적인 내용제시를 해야하므로 치밀한 준비가 필요하다. 특히 현장에서 기자들의 질문 내용과 분위기에 따라 변수가 많이 작용하며 기자간담회 및 제작 발표회 내용과 관련한 기사는 홍보실무자가 작성하는 것이 아니라 처음부터 끝까지 기자들이 작성하므로 잘못 답변을 하거나 실수를 하게 되면 만회하기가 쉽지 않다(임연철, 2007, p.175).

기자간담회나 제작 발표회의 문제는 언제 개최할 것인가 하는 판단도 중요하지만 그것을 꼭 개최할 것인가 아닌가 하는 판단도 매우 중요하다. 뉴스가치가 별로 없는 것으로 기자간담회나 제작 발표회를 개최한다면 기자들로부터 공연히 시간만 낭비했다는 비난을 면하기 어렵다. 따라서 중요한 내용이나 복잡한 사정을 설명할 경우에만 열려야 하며, 유명스타급 예술인이나 세계정상의 예술단 내한, 국내 예술기관, 단체와 관련된 중요한 사실을 뚜렷하게 설명하고 질문을 받을 수 있어야 한다. 예술단체의 경우 공연, 전시 장소에 기자를 초청하여, 단체에 있어서는 중요하지만 사회적 뉴스가치로 보아 약하다고 할 수 있는 정보를 제공하여 단체의 열의나 의도를 설명하는 것이다. 동시에 여기에서는 기자 측으로부터 독자나 시청자를 대변한 자유롭고 솔직한 의견을 들어 공연이나 전시에 반영하기도 한다. 매체와의 우호적인 접촉을 꾀하는 데 유리한 방식이다(임연철, 2007, pp.175-177).

기자간담회 및 제작 발표회에 대한 개최 준비만큼 중요한 것이 사후대응이라고 할 수 있다. 기자간담회 및 제작 발표회는 많은 매체의 기자를 초청하여 한정된 시간동안 진행되는 행사이기 때문에 모든 기자를 상대하는 데에 한계가 있다. 그렇기 때문에 행사 이후에 보충문의나 확인 등의 연락에 항상 대비해야 한다. 또한 당일 참석하지 않은 이들에게도 별도로 자료를 전달할 수 있도록 여분의 자료를 준비하는 것이 좋다. 기자간담회나 제작 발표회 개최와 관련한 내용이 보도되면 기사 내용을 수집하고 기사를 보도한 기자에게 감사의 인사를 전하는 것도 추후 우호적인 관계를 유지하는 좋은 방법이 될 수 있다. 마지막으로 매체의 보도내용을 조직 내 관계자 및 직원들과 적극적으로 공유하는 것이 좋다(이봉원, 2013, p.204).

본 장에서는 기자간담회 및 제작 발표회 개최와 관련하여 사전에 준비해야 하는 사항과 무엇을 중점적으로 점검해야 하는지에 대해 알아보자.

8.2 행사전 준비 사항

1) 행사 취지 확인

기자간담회나 제작발표회를 준비하는 것은 많은 수고와 노력을 필요로 하는 일이다. 먼저 기자간담회나 제작발표회를 해야 할 정도로 중요한 사안인지 다시 한 번 생각해보자. 보도자료를 통해 알리는 것이 비용 대비 효과 측면에서 유리할 수도 있다(정재왈 외, 2007, p.46).

2) 행사 당일 중복행사 여부

만약 불가피하게 날짜가 겹친다면 시간대를 달리하는 것도 방법이다. 복수 장르를 담당하는 기자들이 많아 특별한 경우가 아니면 겹치기 일정은 피하는 게 상책이다(정재왈 외, 2007, p.46).

3) 참석 범위

어떤 부서의 기자들과 회견할 것인지를 결정한다. 예를 들어 세종문화회관이라면 서울시청 출입기자와도 관계가 있고 문화부 기자와도 관계가 있다. 사안에 따라 대상이 달라지는데 중요 공연이나 전시라면 문화부의 해당기자를 초청하고 인사나 예산과 같은 업무적인 성격이라면 시청출입 기자들과 할 수도 있다. 예술의 전당이라면 음악, 연극, 무용, 전시분야를 아우르고 있으므로 특정분야 행사에는 해당 기자와 회견하면 되지만 분야가 겹치는 연 초의 사업계획발표나 대표의 취임 등과 같은 경우에는 신문이나 방송의 문화 · 예술 담당 데스크로 하여금 출입기자를 지정해 혼선이 없도록 할 필요가 있다(임연철, 2007, p.177).

4) 행사 개최 홍보

기자간담회나 제작 발표회 개최에 관한 사실을 구두 혹은 서신으로 전달한다. 이때 목적, 시간, 장소, 기자간담회나 제작 발표회가 갖는 의미 등을 밝힌다. 서신으로 행사사실을 알렸다 하더라도 다시 전화로 참석여부를 확인해야 한다. 이 확인 과정에서 행사사안에 따른 정확한 참석기자를 알 수 있다(임연철, 2007, p.177).

5) 행사장소 접근 시 장애요인 유무

만약 행사장소 근처에서 대규모 집회가 있다면 교통 혼잡으로 예정된 시각에 제대로 도착하지 못하는 상황이 발생할 수도 있다. 행사일자와 장소는 행사 직전까지 고려해야 할 중요 변수다(정재왈 외, 2007, p.46).

6) 참석자의 규모와 진행 방법에 따른 장소 선택

대부분의 신문사들이 광화문 쪽에 몰려 있어 이 곳 주변의 호텔이나 레스토랑을 행사장소로 이용하는 경우가 많다(정재왈 외, 2007, p.46). 또는 교통편을 고려하여 빠른 시간에 도착할 수 있고 쉽게 찾을 수 있는 곳을 선정한다. 대개 지하철이 통하거나 신문 방송사들이 밀집해 있는 시내 중심가가 좋다. 이런 이유로 서울의 경우라면 프레스센터나 중심가의 호텔 시설을 주로 이용하게 된다. 전시가 돼 있거나 특별히 고정된 설치물이 있는 경우가 아니라면 교통이 불편한 곳으로 초대할 경우, 높은 참석률을 기대하기는 어렵다(임연철, 2007, p.177). 드물기는 하지만 특정 장소가 행사와 밀접한 관련이 있다면 행사 장소 자체를 홍보거리로 활용될 수도 있다(정재왈 외, 2007, p.46).

장소 선택과 관련하여 사전에 반드시 확인해야 할 부분은 발표자와 참석자의 규모이다. 이와 더불어 기자간담회나 제작 발표회의 진행 방법도 고려해야 한다. 쇼 케이스가 있다면 실연을 펼칠 수 있는 공간을 충분히 확보할 수 있는지도 관건이 된다. DVD 같은 영상을 상영해야 한다면 시청각 시설이 설치되어 있는지 확인해야 한다(정재왈 외, 2007, p.46).

7) 발표 내용, 주인공의 스케줄에 따른 행사 일정 결정

행사 일자를 정하는 경우에는 홍보자료를 배포하는 기준과 시점이 동일하게 적용되어야 할 것이다. 보통 기자간담회는 보도자료를 배포하는 시점에 맞추어 개최하는 경우가 가장 많다. 만약 공연장의 다음 해 연간 프로그램이라면 연말에 발표하는 것이 좋고, 시즌 프로그램은 새 시즌을 시작하기 전에 발표하는 것이 좋다. 외국인 출연자나 제작스태프에 초점이 맞추어지는 행사라면 입국 일정과 연습 일정을 고려하여 시기를 결정해야 한다(정재왈 외, 2007, pp.46-47).

8) 발표자와 사회자의 선정

발표자가 사회자를 겸할 경우, 난처한 상황에서 수습하기가 쉽지 않다. 예를 들어 아무도 질문을 하지 않으면 사회자가 질문을 유도할 수도 있고 항의성, 비난성 질문이 나올 때 이를 사회자가 조정할 수도 있다(임연철, 2007, pp.177-178).

9) 발표문 정리

단어 하나하나를 꼼꼼히 챙겨야 한다. 한번 잘못된 용어를 사용하면 매스컴을 통해 대량 살포되므로 수습이 쉽지 않다(임연철, 2007, p.178).

10) 예행연습

연습 시 참석자의 비판을 유도하여 문제점을 발견하고 이를 개선한다. 특히 예상되는 모든 질문에 대한 답변을 철저히 준비해야 한다. 또한 기자들의 질문을 유도하기 위한 준비가 필요하다. 내정된 사회자는 기자들의 질문을 끌어내기 위한 시나리오를 만들어 숙지해야 한다. 또한 아무도 질문을 하지 않아 분위기가 썰렁해질 것에 대비, 평소 친하게 지내는 기자에게 회견의 중요 포인트를 귀띔해 질문을 유도하는 방법도 준비해 둔다(임연철, 2007, p.178).

11) 행사 장소의 시설물 점검

시청각 장치, 전기설비, 음료수, 좌석배치, 기사송고를 위한 인터넷 연결 장치, 보도자료, 인쇄물전시 테이블 등을 살펴보아야 한다. 외국에서 온 기자는 사용전압이 달라 변압기 코드를 요청하는 경우도 있다. 또한 발표자를 중심으로 촬영이 이뤄지므로 발표자 머리위치 뒷면에 공연이나 전시의 포스터를 부착해 자연스럽게 배경이 촬영되도록 하는 것도 좋은 홍보방법이다. 현수막도 회견의 주인공 머리 바로 위쪽에 부착해 사진에 나오도록 한다(임연철, 2007, p.178).

8.3 행사준비 점검 사항

1) 발표 내용 및 요령

기자간담회 및 제작 발표회에서 이루어져야할 발표내용과 요령은 다음과 같다 (정재왈 외, 2007, p.47).

- 발표 자료가 정확하게 작성돼 있는지 확인해야 한다.
- 예상되는 질문에 사전에 대비한다.
- 발표 자료에 논란이 될 만한 내용이 포함되어 있는지 점검해야 한다.
- 행사 당일 기자들에게 불쾌한 질문을 받더라도 감정적으로 대응해서는 안 된다.
- 전문적인 준비 사항에 대해서는 해당 분야 담당자의 조언과 확인을 받는 것이 좋다.
- 현장에서 공표할 수 없는 내용의 경우 그 이유를 충분히 기자들에게 설명하는 것이 좋다. 추후 공표할 계획을 가지고 있다면 그 시기를 함께 말하는 것이 좋다.
- 중요한 사안을 맨 처음 설명하고 기자들의 질문을 유도하여 충분히 답변할 수 있도록 한다.

2) 행사 당일 진행 계획

행사 당일까지 점검해야 하는 준비사항이 많으므로 점검표를 작성, 일정에 따라 꼼꼼히 확인해야 한다(정재왈 외, 2007, p.47).

(1) 참석자 확인

완벽한 준비를 하였다 하더라도 참석자가 적다면 그 행사는 빛이 바랠 수밖에 없다. 준비하는 입장에서 보면 기자의 출석률은 어느 무엇보다도 가장 신경이 쓰이는 부분이다(정재왈 외, 2007, p.47).

(2) 사회자

행사장 분위기를 자연스럽게 유도하고 이끌어 갈 수 있는 노련함이 있어야 한다. 물론 발표 내용에 대해 충분한 사전지식을 갖추고 있어야 한다. 또한 기피해야 할 질문에 대해서도 미리 체크돼 있어야 한다. 경우에 따라 통역 역할을 겸하는 경우도 있다(정재왈 외, 2007, p.47).

(3) 통역자

중요한 행사일수록 경험이 많은 통역자를 섭외해야 한다. 서툰 통역으로 간담회를 망치는 경우도 많다. 통역자가 필요한 행사는 통역자가 없이 진행되는 기자간담회에 비해 시간이 더 걸리므로 진행시 시간 배분에 유의해야 한다(정재왈 외, 2007, p.48).

(4) 식사

장소 섭외의 중요한 포인트 중 하나다. 물론 간단한 티타임으로 진행하는 경우도 종종 있다. 기자나 혹은 대상 인물이 채식주의자는 아닌지 확인하는 배려도 필요하다. 외국 참석자인 경우 음식에 까다로운 사람도 있다. 기획자로부터 이런 사항들은 미리 전달받아야 효과적으로 대처할 수 있다(정재왈 외, 2007, p.48).

(5) 배포자료

홍보자료(Press Kit)에는 다음과 같은 것들이 있다(정재왈 외, 2007, p.48).

- 보도자료: 안내전단 같은 홍보인쇄물도 포함
- 사진자료: CD에 담거나 프린트하여 제공
- 시청각 자료: 비디오테이프, DVD, CD
- 기타: 초대권, 기념품 등

(6) 사진

행사 당일 촬영한 사진도 즉각 배포되어야 한다. 이 때 현장에서 찍은 사진을 즉석에서 프린트하여 나누어 줄 수 없다면 언제까지 사진으로 올려놓을 것인지도 알려 주어야 한다. 사진을 배포할 때는 가능한 언론사마다 거의 비슷한 시간대에 받아 볼 수 있도록 신경을 써야 한다(정재왈 외, 2007, p.48).

(7) 좌석 배치

행사의 성격에 따라 다르다. 주로 ㄷ자 모양으로 배치한다. 보통 헤드 테이블에는 주최 측 관계자가 앉는다. 통역자도 포함된다. 헤드 테이블과 가까운 쪽에는 주로 사진기자들이 앉게 된다(정재왈 외, 2007, p.48).

표 8-1 ■ 기자간담회 및 제작발표회 좌석 배치 예시

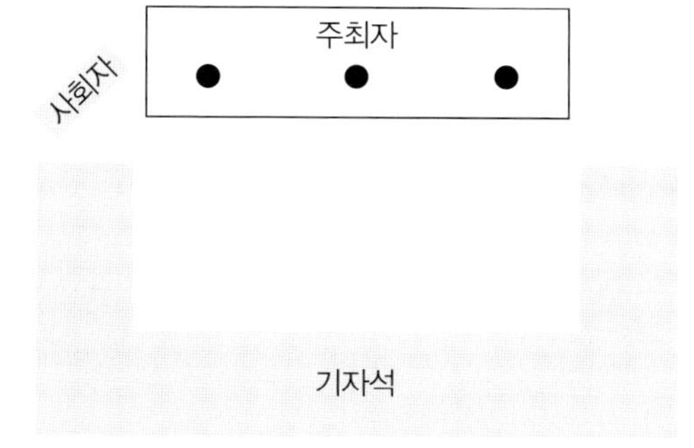	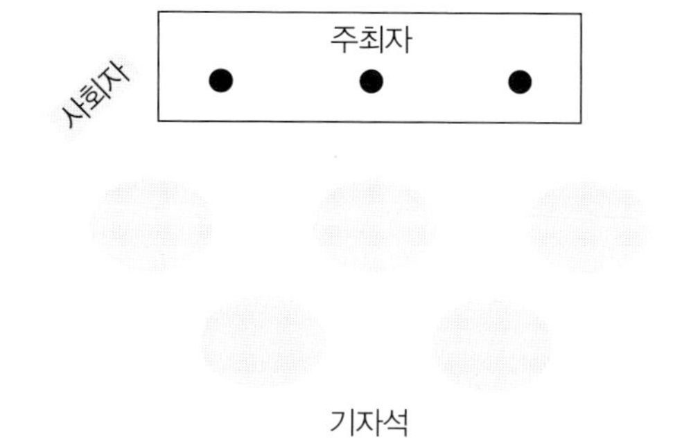
〈ㄷ자 배치〉	〈둥근 테이블〉

(8) 명패

좌석 배치에 맞추어 마이크와 명패를 준비한다. 직책과 이름이 틀리지 않도록 주의하고, 외국인 이름은 한글로 정확하게 표기한다. 이름과 직책 확인은 철저할수록 좋다(정재왈 외, 2007, p.48).

(9) 마이크

헤드 테이블, 사회자, 참석자용 마이크를 준비해야 한다. 질문을 위해 사용되는 마이크의 이동을 도와줄 사람도 미리 배치해 두어야 한다(정재왈 외, 2007, p.50).

(10) 포토라인(Photo-Line)

포토라인을 미리 정해 사진기자나 촬영기자가 미리 준비할 수 있게 한다(정재왈 외, 2007, p.50).

(11) 유도 사인물

참석자들이 행사장 바깥 출입구부터 행사 장소까지 쉽게 찾아올 수 있도록 하기 위해서다. 포스터를 부착하거나 장식물을 설치하는 것도 하나의 방법이다. 행사진행을 도와줄 사람을 요소요소에 배치하면 좋다(정재왈 외, 2007, p.50).

(12) 기록

발표 내용과 질의응답 내용을 요약해서 정리한다. 참석하지 못한 기자에게 제공하는데 사용되기도 한다(정재왈 외, 2007, p.50).

참고문헌

이봉원 (2013). 〈PR에세이와 언론홍보클리닉〉. 서울: 과학사랑.

임연철 (2007). 〈문화예술 홍보론〉. 서울: 커뮤니케이션북스.

정재왈 외 (2007). 〈현장 문화예술 홍보〉. 서울: 커뮤니케이션북스.

정리	
소주제 1.	**〈기자간담회 및 제작 발표회〉** • 예술단체나 기관이 홍보활동의 일환으로 일정 장소에 기자들을 초청하여 특정사안에 대해 알리는 행사 • 기자간담회 및 제작 발표회를 꼭 개최해야 하는 것인가를 판단하는 것이 중요하며 뉴스가치가 있는 것인지 확인 • 행사 이후 보충문의나 확인 등의 연락에 항시 대비하고 미참석한 기자들에게 별도로 자료를 전달할 수 있도록 준비가 필요
소주제 2.	**〈행사전 준비 사항〉** • 행사의 취지 확인 • 중복행사 여부 확인 • 행사 참석자 범위 • 행사 개최와 관련한 홍보 계획 • 행사장소 접근 시 장애요인 유무 • 참석자 규모와 진행 방법에 따른 장소 확인 • 발표 내용, 행사 주인공의 스케줄 확인 후 행사 일정 결정 • 발표자와 사회자의 선정 • 발표문 정리 • 예행연습 • 행사 장소의 시설물 점검
소주제 3.	**〈행사 당일 진행 계획〉** • 참석자, 사회자, 통역자 확인 • 식사 대접 유무 • 행사 당일 배포 자료 • 다양한 유형의 사진 촬영 • 좌석 배치(디귿자 또는 원형 테이블 형태) • 명패 및 마이크 • 기자들을 위한 포토라인 • 행사장 위치와 관련한 유도 사인물 • 발표내용과 질의응답 내용의 요약

CHAPTER 09

CULTURAL ARTS PUBLIC RELATIONS STRATEGIES

인터뷰

개요

1.1. 인터뷰는 홍보담당자와 취재하는 기자들에게도 매우 중요한 수단이 되고 있다. 특히 PR 업무 중 인터뷰는 여러 가지 장점을 가진다. 인터뷰가 중요한 이유가 무엇이며, 어떤 방법으로 섭외할 수 있는지에 대해 논의한다.

1.2. 홍보담당자가 언론사에 인터뷰를 요청하는 방법에 대해 알아본다.

1.3. 인터뷰를 요청한 후 무엇을 확인하고 준비해야 하는지에 대해 살펴본다.

오늘의 이슈

2014년 세월호 침몰 사고로 인해 문화예술계는 어려운 시기를 보냈다. 국가적인 애도 기간으로 일반적으로 진행하던 홍보 행사조차 개최할 수 없었기 때문이다. 결국 같은 기간에 개봉이 예정되었던 대부분의 영화들은 대중의 관심을 얻는 데 많은 어려움을 겪었다. 영화홍보에서 인터뷰는 가장 중요한 수단이다. 영화배급사를 비롯해 영화제작사 측면에서는 다양한 홍보 행사를 개최하고 기자를 초청하여 주연 배우와의 인터뷰를 진행함으로서 큰 홍보 효과를 기대할 수 있다. 따라서 사전 홍보에 민감한 문화예술 분야의 특성을 감안했을 때 언론매체와의 인터뷰는 홍보의 흥망을 결정지을 요소가 될 수 있다.

본 장에서는 문화예술 홍보분야에서의 인터뷰가 갖는 홍보수단으로서의 중요성을 살펴보고 홍보담당자가 실제 인터뷰를 진행할 때 유념해야 할 요소에 대해 탐구하고자 한다.

9.1 인터뷰에 대한 이해 및 섭외 방법

1) 인터뷰에 대한 이해

인터뷰는 홍보하고 싶은 내용을 공신력 있는 대중 매체를 통해 자신의 관객에게 전달할 수 있다는 점에서 아주 중요한 PR수단이다. 공연 전시를 홍보하면서 자연스레 인물에 대한 홍보도 가능하다는 점에서 인터뷰는 일석이조의 효과도 거둘 수 있다. 이처럼 인터뷰는 PR하는 측의 입장에서도 중요하지만 취재하는 기자나 PD의 입장에서도 이는 기본적인 취재수단이다. 먼저 홍보담당자는 기자나 PD의 입장이 되어서 인터뷰가 왜 중요한지를 살펴보면 상대적 입장에서의 중요성을 자연스럽게 알게 될 것이다(임연철, 2007, pp.178-179).

먼저 인터뷰는 기자에게 거의 필수적인 취재방법이다. 기자가 취재한 내용을 기사화하면서 사건 당사자의 인터뷰 내용을 인용하면 기사에 대한 신뢰도가 크게 올라가기 때문이다. 기자를 '질문하는 직업(a questioning profession)'이라고 할 만큼 기자는 모든 것에 의문을 갖고 이해가 될 때까지 질문하고 또 질문하는 과정을 취재하는 동안 끊임없이 하게 된다(임연철, 2007, p.179).

인터뷰와 기자회견은 구분되는데 인터뷰는 기자가 단독으로 사람을 만나 뉴스자료를 얻는 것이고 기자회견은 PR주체가 여러 기자들을 합동으로 만나 뉴스자료를 제공하는 것이다. 언론학자들은 개별인터뷰를 기사취재를 위해 어떤 취재원의 견해나 상황설명을 듣는 '뉴스(News) 인터뷰'와 개인 인물에 초점을 맞추는 '인물(Personality) 인터뷰'로 나눠 설명하기도 한다(임연철, 2007, p.179). 뉴스 인터뷰는 뉴스의 초점이 되는 사건기사 또는 기획기사를 위해 목격자 또는 전문가의 의견을 묻는 인터뷰이다. 예를 들어, 어떤 사건이 터졌을 때 " … 에게 듣는다."는 형식으로 쓰는 기사가 이런 범주에 속한다. 인물 인터뷰는 인물이 뉴스 또는 관심의 대상이 될 때 하는 인터뷰이다. 대상의 인물과 개성을 그의 말을 통해 드러내는 방법으로, 일반적으로 인터뷰라고 할 때 대부분 인물 인터뷰를 의미한다(김주환, 2010, p.194).

문화예술단체나 기관은 인터뷰의 두 기능을 다함께 이용하고 준비할 수 있다. 예를 들어 뉴욕 필이나 베를린 필의 내한 공연을 알리는 인터뷰라면 내한 사실에 초점을 맞춰 뉴스 인터뷰도 가능하지만 인터뷰에서 나서는 인물이 지휘

자인 로린 마젤이나 사이먼 래틀이라면 약간의 뉴스 인터뷰 성격도 가미되면서 인물에 초점을 맞춘 인물 인터뷰를 중심으로 할 수도 있다. 또한 문화예술기관이나 단체의 장이 새로운 인물로 바뀌었다면 인물 인터뷰가 될 수밖에 없을 것이다. 그러나 새로운 공연을 계기로 하는 인터뷰라면 뉴스 인터뷰 성격이 될 것이다(임연철, 2007, p.179).

성공적인 인터뷰를 진행하기 위해서는 다음과 같은 것들에 유의할 필요가 있다(김주환, 2010, p.192).

첫 번째, 주제를 탐색해야 한다. 인터뷰하고자 하는 사람의 개성이나 종사하는 분야에 대한 사전 지식과 질문하고자 하는 내용을 미리 순서대로 준비해야 한다.

두 번째, 인터뷰하는 도중 초고를 작성할 것인가, 아니면 기억력에 의존할 것인가를 결정해야 한다.

세 번째, 경청할 줄 알아야 한다.

네 번째, 최선의 자료를 선정한다. 특히, 인터뷰하는 상대의 심층적인 확신을 찾아내도록 한다.

중요한 내용은 본인에게 다시 한 번 확인해야 한다.

다섯 번째, 인터뷰가 끝난 뒤에 감사의 표시를 하는 것을 잊지 말아야 한다.

2) 인터뷰 섭외 방법

인터뷰를 어느 쪽에서 먼저 요청했느냐에 따라 두 가지로 구분해 볼 수 있다. 먼저 홍보 담당자가 주도적으로 섭외하여 이루어지는 경우이다. 특정 사안이나 행사를 알릴 목적으로 적극적인 홍보차원에서 이루어지는 것이라 할 수 있다. 두 번째, 언론사에서 먼저 인터뷰를 요청해서 이루어지는 경우이다. 보통 특정 사안에 대한 질문에 답변하는 형식으로 진행된다. 둘 다 홍보효과 측면에서 긍정적인 내용의 기사와 보도도 연결시키는 것이 중요한 것이지 어느 쪽에서 먼저 요청을 했는지는 크게 의미를 가지지 않는다(정재왈 외, 2007, p.80).

또한 인터뷰는 주가 되는 내용에 따라 보통 행사의 출연진이나 제작진 중에서 화제가 될 만한 '사람이 중심'이 되기도 하지만, 극장이나 예술 감독이 달라지는 극장의 제도를 소개하거나, 신규 예술 프로그램을 발표한다든지 하는 등의 새로운 '뉴스중심'이 되기도 한다.

공연이나 전시 같은 예술 프로그램의 인터뷰 섭외는 홍보 시점 상 보통 월간지 홍보부터 시작하게 된다. 이 경우 인터뷰를 원하는 매체가 여러 군데이므로 홍보담당자는 먼저 질문을 취합해 정리해야 한다. 기자간담회 형식이 아니라 제한된 매체에게 특정 사안을 발표하는 경우라면 가장 적절하다고 판단이 되는 매체의 범위를 정해 인터뷰 섭외가 이루어진다. 인터뷰는 기자가 직접 인터뷰 대상자를 만나거나, 그렇지 않을 경우 기자가 직접 만나는 것은 아니지만 제3자에게 그 역할을 대신하게 하는 방법이 있다(정재왈 외, 2007, p.80).

(1) 기자가 직접 인터뷰 대상자를 만날 때

기자가 직접 당사자를 만나기 때문에 중간에 다른 사람을 거치는 과정에서 발생할 수 있는 오해 없이 가장 정확하게 질문할 수 있다는 장점이 있다. 하지만 이처럼 기자가 홍보담당자를 거치지 않고 해당되는 사람에게 직접 요청하여 인터뷰가 성사되는 경우는 어쩔 수 없겠으나 홍보담당자는 되도록 본인의 주관하에 인터뷰가 이루어지도록 중간 역할을 하는 것이 좋다. 그렇지 않으면 기획의 취지나 의도가 제대로 반영되지 않을 수도 있기 때문이다. 실제로 인터뷰는 본인들끼리 직접 전화통화로 실시되는 경우가 많아 그만큼 홍보담당자가 관여할 여지가 적어지게 된다. 홍보담당자가 기자와 인터뷰 대상자에게 상대방의 연락처를 제공하고 이후의 일정은 본인들의 형편에 맞추어 진행하게 하는 정도에 그치기 때문이다. 하지만 이 경우에라도 행사의 취지나 의의가 인터뷰 내용 중에 잘 반영될 수 있도록 인터뷰 대상자에게 사전에 정보와 자료를 충분히 주는 것이 좋다. 국내에 입국하여 공연 직전에 이루어지는 기자간담회나 인터뷰도 사실 따지고 보면 꽤 오래 전부터의 준비와 노력을 거친 끝에 성사되는 것이다(정재왈 외, 2007, pp.80-81).

(2) 기자가 직접 인터뷰 대상자를 만날 수 없을 때

외국에 있는 출연진이거나 한국인이라 하더라도 국내에서 활동하지 않는 경우라면 전화나 이메일, 팩스 등을 이용해야 한다. 이 때 홍보담당자는 중간에서 질문을 외국어로 번역하거나 해석하는 등 인터뷰를 중간에서 주선하는 역할을 맡아야 한다. 해외 유명 아티스트나 단체의 경우는 일간지는 몇 군데, 월간지는 몇 군데 하는 식으로 언론매체 수를 정하고, 질문은 언제까지 보내야 한다는 식의 요구 사항을 주문하기도 한다. 그리고 공연할 단체나 아티스트가 투어 중인

경우는 일정별로 체류 장소가 다르고, 한국과 현지의 시차가 있어 전화통화 시간대가 제한을 받을 수 있다. 체류하는 숙소의 전화번호를 미리 알지 못해 불편한 경우도 생겨 인터뷰가 매우 어렵게 진행되기도 한다(정재왈 외, 2007, p.81).

(3) 제 3자를 통해 인터뷰를 할 때

인터뷰 대상자가 외국에 있다면 현지에 거주하면서 그 곳 사정에 능통한 사람을 활용하여 대신 취재하게 하는 것은 시간과 돈을 절약할 수 있는 좋은 대안이다. 신문이나 방송의 경우 특파원을 활용하고 있으며 전문 월간지는 통신원을 활용하고 있는데 이들 이외에도 현지에서 활동 중인 예술인이나 유학생을 활용하는 것도 좋은 방법이다(정재왈 외, 2007, p.81).

9.2 언론사 인터뷰 요청 방법

언론사의 인터뷰 요청은 보통 전화 통화로 시작된다. 이 때 홍보담당자는 어느 언론사의, 어느 기자가, 어떤 내용의 기사를 취재 중이고, 어떤 내용을 말해 줄 인터뷰 대상자를 찾는다는 식의 인터뷰 요청을 받게 된다. 가벼운 내용이라면 즉석에서 전화 통화로 인터뷰가 이루어질 수도 있겠으나 대부분의 인터뷰는 만나는 장소와 일시, 대략적인 질문에 대해 사전조율이 있은 후에 이루어지게 된다. 다음은 언론사에서 먼저 인터뷰 요청이 들어 왔을 경우 점검해야 할 사항이다.

1) 인터뷰 요청 기자의 인적사항 확인

인터뷰 요청이 들어왔을 때는 어느 신문(방송)사, 무슨 부서, 누구인지 정확하게 확인하고 메모해 두어야 한다. 연락처도 반드시 알아 두어야 한다(정재왈 외, 2007, p.81).

2) 취재 창구의 일원화

취재를 요청하는 기자의 전화가 가끔 여러 부서로 돌려지다보면 취재 자체를 회피하고 있다는 부정적인 인상을 심어줄 수 있다. 좋지 않은 사건을 취재 중인 기자에게라면 더욱 그렇다(정재왈 외, 2007, p.82).

3) 인터뷰 취지에 대한 정확한 이해

무엇보다도 인터뷰 취지를 정확하게 파악한 이후에 할 것인지 말 것인지를 결정해야 한다. 의도가 정확하게 파악되지 않은 상태에서 인터뷰가 이루어지다 보면 본의 아니게 서로 오해가 생기는 경우가 있다. 홍보담당자는 먼저 인터뷰를 전화로 할 것인지, 아니면 직접 만나 할 것인지를 결정한 이후에 인터뷰 목적, 일시, 장소, 질문, 사진 · 영상 촬영 여부, 보도 · 방송일시 등을 항목별로 점검해야 한다. 민감한 사안에 대해 취재 요청이 들어온 경우라면 더욱 세심하게 확인해야 한다(정재왈 외, 2007, p.82).

4) 인터뷰 수락 여부 신속 통보

인터뷰는 긍정적인 홍보 효과를 기대할 수 있는 인터뷰도 있을 수 있고 피하고 싶은 인터뷰도 있을 것이다. 일단 인터뷰 요청이 들어왔다면 최대한 빨리 가부를 결정해 알려주는 것이 좋다(정재왈 외, 2007, p.82).

9.3 인터뷰 결정 후의 후속 조치

1) 누가 인터뷰 요청에 응할 것인가

인터뷰 대상자가 누구냐에 따라 발언의 깊이와 넓이에 차이가 생긴다. 홍보담당자가 이야기하는 것이 좋을 수도 있고 기관장이나 단장, 예술 감독이 이야기하는 것이 나을 때가 있다. 질문 내용에 따라 제작 스태프가 말할 수도 있고, 출연진 중에서 말할 수도 있다. 취재의 중요성과 관련성을 고려, 누가 인터뷰에 응하는 것이 적당한지 결정해야 한다(정재왈 외, 2007, p.82).

2) 어느 범위까지 이야기 할 것인가

어느 정도의 범위까지 언급할 것인지는 인터뷰의 성격에 따라 판단해야 할 문제다. 한 번 발언한 내용은 수정하기 힘들므로 질문에 대한 답변은 사전에 철저히 준비하는 것이 좋다(정재왈 외, 2007, p.82).

3) 전화로 할 것인가, 직접 만나서 할 것인가

드문 경우이지만 전화로 인터뷰를 하는 경우에도 전화 통화 내용이 그대로 녹

취되어 뉴스에 나올 수도 있고, 직접 만나서 인터뷰를 하더라도 몰래 카메라가 설치되어 있을 수도 있으므로 주의해야 한다(정재왈 외, 2007, p.83).

4) 취재 시 동석

홍보담당자는 기자가 취재할 때 현장에 함께 있는 것이 좋다. 인터뷰 대상자가 부분적으로 틀리게 말을 할 수도 있고, 잘못된 방향으로 인터뷰가 진행될 때 중간에 개입해야 하는 경우도 생기기 때문이다(정재왈 외, 2007, p.83).

5) 사진기자와의 협조

인터뷰에서 사진을 찍게 된다면 언제, 어느 장소에서, 어떤 곳을 배경으로, 어떤 모습의 사진을 찍을 수 있는지 등을 기자와 미리 상의해야 한다. 경우에 따라서는 특정 장면을 연출하기 위해 소품이나 사람들을 동원해야 하는 경우도 있다. 여분의 복장을 준비해야 할 때도 있다. 인터뷰 내용 중에 과거의 이야기도 나오기 때문에 옛날 사진을 미리 준비해야 하는 경우도 있다(정재왈 외, 2007, p.83).

6) 인터뷰 진행 준비

인터뷰에 경험이 많은 예술단체나 기관의 대표는 질문하는 기자를 리드해가며 인터뷰의 분위기를 부드럽게 이끌어 간다. 그러나 처음 인터뷰에 나서거나 경험이 별로 없으면 분위기도 딱딱하고 중언부언하느라 인터뷰를 통한 필요한 메시지의 전달에 실패하게 되므로 다음 네 가지 사항을 지키며 진행할 필요가 있다(박경욱, 1999, pp.250-251: 임연철, 2007 재인용, p.181).

첫째, 인터뷰 경험이 많지 않을 경우에는 먼저 말을 짧고 분명하게 해야 한다. 인터뷰 기사는 보도자료 없이 기자가 메모를 기초로 재구성하기 때문에 인터뷰 기사의 오보는 대부분 기자의 메모실수에서 비롯된다. 인터뷰하는 사람이 말을 장황하게 늘어놓거나 초점을 잡지 못할 때 기자의 메모실수가 발생한다. 따라서 정확한 기사 전달을 위해서는 기자의 질문에 대해 짧고 분명하게 답해야 한다.

둘째, 인터뷰에 나선 대표나 예술인은 하고 싶은 메시지를 적극적으로 전달해야 한다. 인터뷰에 응했다는 사실은 이미 정보제공 의사를 전제로 한 것이다. 따라서 소극적인 자세는 금물이다. 되도록 적극적이고 능동적으로 정보를 제공

하는 것이 좋다. 만약 기자의 질문이 오해에서 비롯됐거나 빗나가고 있다고 생각되면 스스로 초점을 잡아가도 좋다. 기자가 쉽게 본론에 관한 물음을 해오지 않을 경우, 기다리지 말고 실질적인 문제를 제기해야 한다. 인터뷰의 주인은 기자가 아니라 본인이므로 화제의 주도권을 잡고 능동적으로 풀어나가는 것이 서로에게 도움이 된다.

셋째, 인터뷰에 나선 대표는 잘 모르는 사항에 대해 거짓 답변을 하거나 아는 체를 해서는 안 된다. 이 경우에는 즉답을 피하는 것이 좋고 거짓 답변을 함으로써 더 큰 화를 불러들여서는 안 된다. 모른다고 시인하고 나중에 사실을 확인해 알려준다고 하면 된다. 그러나 너무나 모르는 것이 많으면 기자로부터 신뢰를 의심받을 수도 있다. 앞서 지적한 것처럼 인터뷰에 앞서 철저한 준비는 필수이다.

넷째, 기자가 날카로운 질문을 해옴으로써 말하고 싶지 않은 특정문제에 부닥칠 경우, '노코멘트'라고 말해서는 안 된다. 재치 있게 넘어갈 수 있는 아이디어가 생각나지 않으면 차라리 솔직하게 대답하기 어렵다고 말하는 것이 좋다. 또한 기자가 반대의견이나 비판적 의견을 주장하며 질문할 경우, "그런 생각도 가능하나…….", "그런 주장도 일리는 있으나……." 라고 말하며 일단 수긍하고 "그러나 내 생각은……." 이라고 밝힘으로써 기자와의 언쟁을 피하면서 자신의 주장을 유리하게 밝힐 수 있다.

참고문헌

김주환 (2010). 〈PR의 이론과 실제〉. 파주: 학현사.

박경욱 (1999). 〈PR, PR: 새로운 커뮤니케이션 전략〉. 고양: 인간사랑.

임연철 (2007). 〈문화예술 홍보론〉. 서울: 커뮤니케이션북스.

정재왈 외 (2007). 〈현장 문화예술 홍보〉. 서울: 커뮤니케이션북스.

<table>
<tr><th colspan="2">정리</th></tr>
<tr><td>소주제 1.</td><td>1. 인터뷰
• PR하고 싶은 내용을 공신력 있는 대중 매체를 통해 전달하는 방법
• 공연 전시와 인물에 대한 홍보 가능
2. 인터뷰 섭외 방법
• 홍보담당자가 주도적으로 섭외
• 언론사에서 먼저 인터뷰 요청
3. 상황에 따른 인터뷰 진행 방법
• 기자가 직접 인터뷰 대상자를 만날 때: 홍보담당자의 동석
• 기자가 직접 인터뷰 대상자를 만날 수 없을 때: 전화, 이메일
• 제 3자를 통해 인터뷰 할 때: 해외의 경우 현지 사정에 능통한 사람 섭외</td></tr>
<tr><td>소주제 2.</td><td>1. 언론사 인터뷰 요청 방법
• 전화를 통한 사후 일정 조정
2. 인터뷰 요청에 대한 점검 사항
• 인터뷰 요청 기자의 인적사항 확인
• 취재 창구의 일원화
• 인터뷰 취지에 대한 정확한 이해
• 인터뷰 수락 여부에 대한 신속한 통보</td></tr>
<tr><td>소주제 3.</td><td>1. 인터뷰 결정 후 후속 조치
• 누가 인터뷰 요청에 응할 것인가
• 어느 범위까지 언급할 것인가
• 전화 또는 직접 인터뷰 여부
• 취재 시 동석 가능 여부
• 사진기자와의 사전 협조
• 인터뷰 진행 준비
2. 인터뷰 진행 시 유의 사항
• 말을 짧고 분명하게 대답
• 하고 싶은 메시지의 적극적인 전달, 소극적 자세 지양
• 잘 모르는 사항에 대해 거짓 답변을 하거나 아는 체를 하지 않음
• 난감한 질문에 대해 재치 있는 대답으로 위기 모면</td></tr>
</table>

CHAPTER 10

CULTURAL ARTS PUBLIC RELATIONS STRATEGIES

홍보에서의 사진의 역할

개요

1.1. 우리가 알고 있는 보도자료용 사진이란 어떤 성격과 목적을 가진 사진이며 왜 중요한 것일까. 보도사진의 중요성과 무엇에 주안점을 두어야 하는지에 대해 알아본다.

1.2. 보도자료용 사진은 일반적인 사진에 비해 준비 및 촬영 시에 주의해야 할 점이 있다. 이는 사진이 보도자료인 기사와 동일한 목적과 의미를 함축하고 있는 시각적 커뮤니케이션이기 때문이다. 사진 촬영을 위한 준비와 촬영 시 무엇에 주의해야할지 탐구한다.

1.3. 문화예술은 다양한 장르가 존재하며, 각 장르별 사진 촬영 또한 장르별 특성에 주안점을 두어야 한다. 문화예술의 장르별로 어떠한 사진이 보도사진으로서 가치를 가질 수 있을지 논의한다.

오늘의 이슈

사진은 비언어적인 커뮤니케이션이다. 특히 보도자료에서의 사진은 언어로 표현하기 힘든 상황을 단적으로 표현해줄 수 있는 수단이 된다. 최근의 기사 편집 방식이 '읽는 신문'에서 '보는 신문'으로 전환되었기 그 중요성이 더욱 강조되고 있다. 문화예술 분야에서 사진은 글로써 표현하기 어려운 예술적 감각을 시각적 이미지로 표현할 수 있다는 점에서 중요한 의미를 내포하고 있다. 그렇기 때문에 대부분의 문화예술 공연과 행사는 시각적 이미지를 활용한 홍보 전략을 구사하고 있다. 또한 소셜미디어의 이용이 확대됨에 따라 많은 양의 텍스트를 공유하는 것보다 시각적 이미지 자료를 활용하는 것이 정보를 함축적으로 전달한다는 측면에서 매우 유용하다.

본 장에서는 문화예술 분야에서 사진이 갖는 의미를 살펴보고, 보도사진을 촬영하기 위해 고려할 사항들에 대해 살펴보고자 한다.

10.1 보도사진의 이해

최근 들어 신문사마다 시각적인 효과를 살린 레이아웃과 지면 구성을 강조함에 따라 사진의 중요성이 예전에 비해 더욱 높아지고 있다. 과거의 '읽는 신문'에서 이제는 '보는 신문'으로 편집 방향이 바뀌고 있는 것이다. 비슷한 비중의 기사가 경합을 벌인다고 가정할 때 승부는 매력적인 사진이 있는 쪽으로 기울어지기 마련이다. 사진은 기사의 내용을 보충하여 설명할 뿐만 아니라 그 자체로 신문 지면을 더욱 풍요롭고 화려하게 만든다.

따라서 보도사진은 사진을 보도 수단으로 사용하는 취재 분야로서 '포토 저널리즘(photo journalism)'이라고 부르기도 한다. 1880년 3월 4일 〈뉴욕 데일리 그래픽(New York Daily Graphic)〉에서 처음 사진을 싣기 시작한 이래 사진은 신문에서 빼놓을 수 없는 중요한 자리를 차지해왔다. 영상매체가 등장한 이후 독자들은 점차 시각적인 커뮤니케이션에 익숙해졌기 때문에 신문에서 사진은 갈수록 늘어나고 있다(임영호, 2000, p.174).

신문뉴스를 결정하는 데 쓰는 일반적인 원칙들은 보도사진에도 대부분 그대로 적용할 수 있다. 어떤 사진이 신문에 실리기 위해서는 다른 기사와 마찬가지로 뉴스가치를 갖추어야 한다. 예컨대, 시의성, 저명성, 근접성, 영향성, 인간적 흥미 등의 요소들은 보도사진에서도 뉴스가치를 저울질하는 기준이 될 수 있다(임영호, 2000, p.174).

이처럼 사진을 선정할 때 가장 중요한 기준은 뉴스 가치다. 일반적으로 언론에 보도되는 사진은 기술적으로 완벽하면서 뉴스가치가 높다고 판단되는 사진을 선정한다. 뉴스가치란 기자들의 직업적 판단에 의존하지만 이는 넓게 보면 우리가 자라면서 배워 사회적인 불문율로 받아들이고 있는 관습화된 의미 규칙에 기반을 두고 있다. 이것은 우리가 살고 있는 사회의 가치, 윤리, 미적 기준 등과 닿아 있는데 우리가 세상을 보고 사진을 해석하는 특징이 될 뿐 아니라 사진 선택과정에서도 중요한 기준으로 작용한다. 가령 장례식에 참석하는 사람들이라고 해서 모든 슬픈 표정을 짓지는 않지만 여기서 웃고 있는 얼굴은 일반인들의 통념에 어긋난다. 독자들은 일반적인 사회 통념에 따라 슬프고 우울한 표정을 담은 사진을 기대할 것이고 뉴스 관행은 이러한 통념에 의해 크게 영향을 받는다(임영호, 2000, p.185).

이와 더불어 보도사진도 저널리즘에 관한 감각을 갖추고 있어야 한다. 보도사진이 일반 기사와 다른 점이 있다면, 말 대신에 사진이라는 시각적 언어를 표현수단으로 사용하고 있다는 점이다. 기사작성에도 원칙과 문법이 있듯이, 사진 역시 글과는 다르지만 독특한 규칙을 갖고 있다. 문화예술 분야의 보도사진도 일반적인 보도사진에서 준용하는 원칙과 크게 다르지 않다. 특히 문화예술 분야의 보도사진의 원칙으로 가장 중요하게 생각해야 할 요소를 소개하면 다음과 같다(임영호, 2000, p.174).

먼저, 사진 자체로 전하고자 하는 내용을 설명할 수 있는 사진이어야 한다. 이는 백 마디 말보다 한 마디 사진이 더욱 많은 감동을 전할 수 있기 때문이다. 두 번째, 전하고자 하는 메시지가 긴장감 있게 표현되어 있는 사진이어야 한다. 사진은 사진 자체만으로도 텍스트 기사 이상의 비중과 독립적인 뉴스로서의 가치를 지닌다. '어떠한 메시지를 표현한 것이다'라는 자세한 해설이 추가되어야만 하는 사진은 1차적인 역할에 실패한 것과 같다. 세 번째, 짜임새 있고 역동적인 구도의 사진이어야 한다. 전하고자 하는 메시지가 분명하고 디테일이 선명하게 살아있는 사진은 보는 사람들에게 호감과 신뢰감을 심어줄 수 있다(정재왈 외, 2007, p.86).

10.2 보도사진 준비 및 촬영 시 고려사항

1) 보도사진 촬영 준비 시 고려할 사항

매체별로 요구하는 사진과 종류가 다양하므로 이에 적극 대비하여야 한다. 신문이 종합지인지, 경제지인지, 스포츠지인지에 따라 선호하는 기사감이 있는 것처럼 매체의 성격에 따라 선호하는 사진도 조금씩 다르다. 월간지나 주간지는 사용 용지의 특성상 신문에 비해 더욱 선명한 사진을 요구한다(정재왈 외, 2007, p.87).

(1) 사진 자료를 준비할 때 가장 중요한 점은 마감시간이다.

마감 시간에 늦지 않게 보내는 것이 무엇보다도 중요하다. 오랜 준비 기간을 거치는 대형 공연이나 장기 공연의 경우, 어느 시점에서 어떤 종류의 사진촬영

표 10-1 ■ 사진의 유형별 특징(출처: 임영호, 2000, p.189)

<table>
<tr><td></td><td>1. 수평형
수평형은 보도사진에서 가장 흔히 볼 수 있는 형태다. 이것은 우리가 눈으로 보는 형태에 가장 가깝기 때문에 친숙하고 안정된 느낌을 줄 수 있다. 하지만 수평형은 다소 정적이고 지루한 이미지를 줄 수도 있다(임영호, 2000, p.189).</td></tr>
<tr><td></td><td>2. 수직형
수직형은 수평형이나 정사각형에 비해 좀 더 극적이고 동적인 인상을 주기 때문에 강렬한 이미지를 만들어내는데 효과적이다. 그렇지만 지면을 디자인하기에 다소 까다로운 것이 단점이다(임영호, 2000, p.189).</td></tr>
<tr><td></td><td>3. 정사각형
정사각형은 세 가지 모양 중 가장 단조롭고 지루한 인상을 주기 때문에 지면 편집자들이 기피하는 형태이다. 그렇지만 사진에서도 모양보다는 역시 내용이 가장 중요하다. 그래서 이 모양으로 편집해야 하는 사진도 있을 수 있다. 사진마다 여건이 모두 다르기 때문에 그 사진에 가장 적합한 모양을 찾아서 사용하는 것이 원칙이다(임영호, 2000, p.189).</td></tr>
</table>

이 가능한지 제작 스케줄에 따라 촬영 계획을 면밀하게 세워야 한다(정재왈 외, 2007, p.87).

(2) 사진은 다양하게 준비한다.

사진의 종류는 물론 다양할수록 좋다. 되도록 여러 가지 각도에서 여러 가지 자세의 사진을 준비하는 것이 좋다. 가로사진, 세로사진을 다양하게 준비하는 것은 신문사 편집 기자에게 선택의 폭을 넓혀준다(정재왈 외, 2007, p.87).

(3) 사진에는 설명(Caption)이 반드시 붙어야 한다.

요즘 캡션은 보통 스티커 형식의 라벨용지에 인쇄해서 사진 뒷면에 붙인다. 인터넷 홈페이지나 웹 하드 등에 사진을 올리거나 메일로 사진을 발송하는 경우도 마찬가지다. 캡션에는 행사명(공연, 전시), 기간, 일시, 장소, 이름, 배역, 연주악기, 나이, 장면에 대한 설명, 촬영 작가 이름 등이 들어간다(정재왈 외, 2007, p.87).

(4) 주제를 부각시켜야 한다.

신문이나 여타의 인쇄매체에서는 문화예술과 관련한 보도자료에 할당하는 지면의 양이 많지 않다. 따라서 주제를 부각시킬 수 있는 사진을 촬영함으로서 적은 공간에서도 사진이 알리고자 하는 주제를 독자가 쉽게 이해할 수 있도록 사전에 사진의 구도를 구상할 필요가 있다(임영호, 2000, p.186).

(5) 빈 공간을 두지 않는다.

사진을 찍을 때는 빈 공간을 두지 않는 것이 좋다. 신문에서 사진을 지나치게 크게 싣는 일은 거의 없으며, 대부분 줄이는 과정에서 문제가 생긴다. 따라서 사진이 강렬한 임팩트를 가지려면 중심인물에 초점을 두어 가능하면 크게 찍고 상대적으로 주변 공간에 할당되는 비율을 줄여야 한다(임영호, 2000, p.186).

(6) 사진은 자연스럽게 보여야 한다.

보도사진에서 다루는 사건과 인물은 실제 상황이어야 한다. 아마추어 사진처럼 피사체가 카메라를 의식하여 쳐다본다든지, 인위적으로 포즈를 취한 듯한 모습을 보여서는 안 된다(임영호, 2000, p.186).

2) 보도사진 촬영 시 시기별 고려 사항

우선 새롭게 사진을 찍어야 하는 경우를 생각해 보자. 신작을 선보이거나 같은 작품이라도 출연진이 바뀌는 경우가 이에 해당된다. 사진을 찍고 싶어도 찍을 수 없는 경우에 비한다면 새로 사진을 찍을 수 있는 것은 운이 좋은 편에 속한다.

(1) 공연 준비가 어느 정도 이루어졌을 때 찍는 사진

새로운 프로덕션이어서 새롭게 사진을 찍어야 한다면 스튜디오나 무대에서 공연 중 한 장면을 연출하여 찍으면 된다. 보통 기획자는 연출가나 안무가 등과 협의하여 어떤 내용을 사진 속에 담을 것인지 결정한다. 촬영된 사진은 보통 포스터나 전단 사진으로도 사용된다. 본격적인 홍보의 시작이므로 매우 중요한 과정이다(정재왈 외, 2007, p.87).

(2) 프레스 리허설 때 찍는 사진

프레스 리허설은 실제 공연이 이루어지는 무대에서 사진촬영을 위해 별도로 마련된 준비과정이다. 주최 측은 취재진이 자유롭게 사진을 찍을 수 있도록 세심하게 준비해야 한다. 언론사에 직접 사진을 촬영하는 것이 어려울 경우 주최 측에 촬영을 의뢰하는 경우도 종종 있다. 이 때 원하는 사진의 의도를 정확하게 파악한 후 반영해야 한다(정재왈 외, 2007, p.88).

(3) 공연기간 중에 찍는 사진

공연의 마지막 요소인 관객의 참여로 공연예술은 완성된다. 관객들의 반응은 무대 위 연주자나 배우, 가수에게 큰 영향을 끼치므로 실제 공연 때 찍는 사진은 생생한 모습을 현장감 있게 담을 수 있다. 커튼콜 장면처럼 무대 위 출연진들과 환호하는 관객들의 모습을 한 장의 화면에 담는 것도 좋다. 같은 공연이더라도 캐스팅에 따라 출연진이 다르므로 이런 경우는 각각 별도로 촬영해야 한다(정재왈 외, 2007, p.88).

3) 촬영 장소에 따른 사진 구분

사진은 찍는 장소에 따라 여러 가지 변수가 생긴다. 촬영 장소는 실제 공연이 이루어지는 무대, 스튜디오, 아니면 제3의 장소를 생각해 볼 수 있다. 무대나 스튜디오처럼 실내에서 촬영하는 경우라면 조명의 지원을 받을 수 있어서 좋다. 만약 야외 촬영이라면 날씨가 큰 영향을 미치므로 일기예보에 신경을 써야 한다. 본거지로 사용하는 극장이나 연주홀이 있는 예술단체라면 그곳을 배경으로 사진을 찍는 것이 좋다. 시(市)나 도(道)에 소속된 단체는 자기 고장의 유적지를 배경으로 사진을 찍는 것도 하나의 방법이다(정재왈 외, 2007, p.88).

4) 사진자료를 보완해 주는 시각자료

항상 완벽한 보도사진을 준비할 수는 없다. 그렇기 때문에 사진자료를 보완하는 방법으로 시각자료를 검토해 볼 수 있다. 이는 단지 공연사진을 찍지 못했기 때문일 수도 있으나 시각자료가 공연을 이미지 메이킹하는 데 더욱 유리하기 때문일 수도 있다. 하지만 사진자료는 전혀 준비하지 않은 채 이러한 시각자료에만 의존하는 것은 피해야 한다. 뮤지컬 〈캣츠〉의 고양이 눈 이미지, 〈오페라의 유령〉의 가면 그림, 〈레미제라블〉의 소녀 그림, 〈미스 사이공〉의 헬리콥터 그림 등을 예로 들 수 있겠다(정재왈 외, 2007, p.94).

5) 기피해야 할 사진 유형

(1) 증명사진

우리가 취급하는 보도용 사진자료 중에 인물 사진은 의외로 많다. 개인 인물 사진의 경우 시선의 방향이 정면을 응시하고 있는 사진은 자연스럽지 못하다. 따라서 굳은 표정의 얼굴 사진은 피하는 것이 좋다. 얼굴이 바라보는 방향 쪽으로 여유 있게 공간을 두고 뒤쪽은 좁게 처리하는 것이 인물 사진을 찍는 하나의 요령이다. 사진 속 인물의 복장, 소품, 자세 등도 꼼꼼히 점검해야 한다(정재왈 외, 2007, pp.94-95).

(2) 옛날 사진

최근 사진이 더욱 좋다. 아주 오래 전의 젊고 잘 생긴 얼굴을 기대하고 공연장을 찾은 관객은 실제 모습을 보고 크게 실망할 수 있다. 오히려 연륜이 자연스럽게 배어나오는 사진은 사람에게 신뢰감을 준다. 옛날 사진이 필요한 경우도 있다. 인터뷰 기사의 경우라면 과거의 이야기가 나올 수 있으므로 옛날 사진을 함께 제공하는 것이 좋다. 이때 언제, 어디서, 무슨 일로 찍은 사진인지에 대한 정보도 함께 제공해야 한다(정재왈 외, 2007, p.95).

(3) 선정적인 사진

장르에 따라 정도의 차이는 있지만 예전에 비하면 많이 관대해진 편이다. 클래식 음악이 엄격한 편이라면 현대무용이나 연극은 조금 덜하다. 하지만 섹시한 사진이 사람들의 눈길을 끄는 것을 부인할 수 없으므로 경우에 따라서 적절히 이용할 수도 있다. 다만 그 정도가 문제가 될 뿐이다(정재왈 외, 2007, p.95).

(4) 조작된 사진

정확한 사실에 기초해서 작성되고 제공되는 것이 무엇보다 중요하다. 하지만 '사진을 조작한다.'는 것은 포토샵(Photoshop) 같은 컴퓨터 프로그램을 이용하여 사진의 밝기를 조절하거나 사진의 가로 세로 비율을 변경하거나 하는 등의 부분적인 '사진 수정'을 의미하는 것은 아니다(정재왈 외, 2007, p.95).

(5) 다른 단체 사진을 자기 사진처럼 한 것

국내 초연 무대라서 사진이 없는 경우, 일정에 쫓기다 사진을 찍지 못한 경우 외국 공연 사진을 그대로 사용하는 경우가 종종 있다. 하지만 불가피한 경우를 제외하고는 되도록 사용하지 않는 것이 바람직하다. 마땅한 사진자료가 없다면 그림이나 이미지 컷을 사용하는 것도 하나의 방법이다(정재왈 외, 2007, p.95).

(6) 흑백사진 VS 컬러사진

간혹 컬러 지면에 배징이 된 기사라도 흑백사진 밖에 없다면 다른 컬러사진이 있는 기사에게 자리를 내줘야 한다. 하지만 분위기 있는 흑백사진은 오히려 컬러사진보다 나을 수 있으므로 어떤 사진을 보도자료용으로 사용할 것인지는 '사진 자체'를 보고 판단해야 한다. 물론 싣고 싶은 매체의 지면 배치 상황을 알아보고 컬러냐 흑백이냐를 결정하는 것도 바람직하다(정재왈 외, 2007, p.96).

(7) 전경과 배경의 구분이 잘 되지 않는 사진

디자인의 필요에 따라 사진 속 인물만 따로 오려서 사용하는 경우도 많다. 이때 전경(前景)과 배경(背景)이 잘 구분되지 않는 사진이라면 사진 속 인물을 오려내 사용할 경우 윤곽선이 깔끔하지 않아 날렵한 느낌을 주지 못한다. 설령 오리지 않고 그냥 사용하더라도 사람이 배경에 묻혀 어색하게 보인다(정재왈 외, 2007, p.96).

(8) 사진의 기본기를 갖추지 못한 사진

- 너무 위쪽에서 찍은 인물 사진은 사람이 납작하게 보인다.
- 발끝이나 손끝이 사진의 프레임 밖으로 벗어나지 않아야 한다.

그림 10-1 ■ 전경과 배경의 구분이 모호한 사진(현대 무용가 피나 바우슈의 네페스)

- 세로 방향의 사진을 가로로 찍으면 좋지 않다. 그 반대도 마찬가지다(정재왈 외, 2007, p.96).

6) 좋은 사진 촬영법

(1) 정확한 노출과 초점 조절

파격적인 기법으로 사람들의 시선을 사로잡는 것은 좋으나 사진이 너무 실험적이거나 이해하기 어려우면 곤란하다. 어설픈 시도보다는 기본기에 충실한 것이 안전하다(정재왈 외, 2007, p.96).

(2) 작품에 대한 이해도

극이나 연주곡의 클라이맥스 부분이 어디인지 안다면 더욱 극적인 사진을 찍을 수 있다. 생생한 표정 연기나 연주 모습을 찍기 위해서는 작품에 대해 더욱 많은 지식과 이해가 있어야 한다. 이를 위해 연주곡이 담긴 음반이나 극본을 참고할 수 있다. 처음부터 끝까지 쉼 없이 진행되는 '런 스루(Run through)' 공연이 아닌 경우에 중요 부분을 놓쳤다면 촬영자는 연주자나 연기자에게 특정 부분을 반복해서 연주(연기)해 줄 것을 요구할 수 있다(정재왈 외, 2007, pp.96-97).

〈주의사항〉

촬영 시 신경 써서 촬영해야 할 부분

- 클래식: 연주곡 중 카덴짜(악장 끝의 장식적 악절)나 솔로 연주 부분
- 발레 · 무용: 고난이도의 동작을 보여주는 하이라이트 부분
- 연극: 극의 정점에서 주고받는 대사 부분
- 뮤지컬: 하이라이트 부분, 테마송을 부르는 장면

(3) 일반인의 눈높이와 다르게

일반인의 눈높이와 다른 각도에서 촬영된 사진은 보는 이에게 색다른 느낌을 준다. 이를 위해 평소 다양한 각도에서 촬영해 보는 습관을 들이는 것이 중요하다(정재왈 외, 2007, p.97).

(4) 클로즈업

시야에 들어오는 모든 것을 사진에 담아야 하는 것은 아니다. 만약 광각렌즈를 사용한다면 특정 장면을 클로즈업한 사진을 찍을 수 있다. 전체를 다 넣는 것이 아니라 부분적으로 트리밍해서 사진을 찍는 것이다. 모든 출연진을 모두 한 프레임에 담을 필요는 없다(정재왈 외, 2007, p.97).

(5) 예술가의 개성과 습관 관찰

지휘자, 연주자, 배우, 연출가, 안무가 등 예술가를 촬영하는 경우 그들만이 가지고 있는 독특한 개성이나 습관을 포착해야 한다. 그러기 위해서는 그들과 충분히 대화하는 것이 필요하다. 또한 평소에는 꾸준히 관찰하고 기록해야 한다(정재왈 외, 2007, p.97).

(6) 기존 틀에서 벗어나기

외국인 연주자 첼리스트 미샤 마이스키나 소프라노 바바라 보니가 한복을 입고 찍은 사진은 우리 관객들의 눈길을 끌기에 충분하다. 사람들의 시선을 사로잡는 사진을 찍기 위해서는 때때로 엉뚱한 상상을 해보는 것이 도움이 된다(정재왈 외, 2007, p.97).

10.3 공연 장르별 사진의 특성

1) 클래식 음악

지휘자, 연주자 등의 개인 사진과 교향악단, 실내악단 등의 단체 사진으로 나뉠 수 있다. 보도자료 사진은 연주 모습을 찍는 공연 사진을 사용하기도 하지만 연주단체나 개인의 프로필 사진으로 대체하는 경우도 많다(정재왈 외, 2007, pp.88-89).

〈주의사항〉

- 다른 예술장르에 비해 프레스 리허설을 거의 하지 않는 편이고 공연 횟수도 1~2번에 그치는 경우가 많아 주로 본 공연 때 사진을 찍게 된다.
- 공연의 사진을 찍을 때는 공연 성격상 특별히 정숙을 요하므로 카메라 방음 커버를 준비해야 하고 촬영 위치나 동선에도 각별히 주의해야 한다.

(1) 교향악단

교향악단 사진의 경우 정장 연주복을 입은 차분한 분위기의 사진이 주종을 이룬다. 하지만 캐주얼한 복장을 입고 사진을 찍은 사진이 이외로 산뜻한 느낌을 주기도 한다. 보통 앉아서 연주하고 있는 모습을 찍는 경우가 대부분이나 연주자들이 서있거나 자연스럽게 이야기하는 모습의 사진도 생동감이 있어서 좋다(정재왈 외, 2007, p.89).

그림 10-2 ■ 클래식 공연(클래식 영스타 스페셜 공연)

〈주의사항〉

되도록 빠지는 단원이 없게 하는 것이 좋다. 단원수도 의미가 있기 때문이다.

(2) 실내악단, 독주자

악기를 들고 있거나 악기 앞에서 찍는다. 옛날 악기나 새로 개량한 악기를 가지고 연주하는 단체라면 악기와 함께 나오게 사진을 찍는다. 원전음악[1] 연주 단체인 경우라면 당시에 입던 연주복과 가발 등을 착용하고 사진을 찍는 것도 좋다(정재왈 외, 2007, p.89).

〈주의사항〉

실내악단의 단원이 한 명이라도 바뀌었다면 당연히 새로 찍어야 한다.
옛날 사진을 그대로 사용한다면 사진 속 얼굴을 확인할 수 있는 독자들에게는 거짓된 정보를 제공하는 것이다.

1) 원전음악은 옛 음악을 그 시대의 악기와 연주법으로 연주하는 것이다.

그림 10-3 ▪ 원전음악 연주 공연(잉글리시 콘서트) (출처: 오미환, 2006. 01. 30)

(3) 지휘자

지휘자는 교향악단을 대표한다. 만약 교향악단의 지휘자가 바뀌었다면 당연히 새 지휘자와 함께 사진을 찍어야 한다. 지휘자 사진은 연주나 연습에 열중하는 역동적인 모습의 것이 좋다. 보통 지휘봉을 들고 있는 모습의 사진이 많다(정재왈 외, 2007, p.89).

2) 오페라

특정 작품의 이름을 거론하면 떠오르는 이미지를 형상화하거나 재현하는 것이 좋다. 오페라는 길게는 몇 백 년 전에 만들어져 많은 사람들로부터 검증 과정을 거쳤으므로 새롭게 연출한 작품이라도 원작의 이미지는 참고가 될 수 있다. 출연자 개인 사진은 배역에 맞는 의상을 입고 찍는 것이 좋다(정재왈 외, 2007, p.89).

3) 발레

고난이도의 발레 기교를 보여주는 남녀 무용수 사진, 높이 점프하거나 화려한 몸 동작을 보여주고 있는 무용수 사진, 무용수들의 균형 잡힌 신체미를 느낄 수 있는 사진, 무대 위의 무용수 배치가 사람들의 시선을 끄는 구도의 사진이 좋다. 공연 때 찍은 사진 중 적당한 사진이 없다면 스튜디오에서 무용수들로 하여금 특정 동작의 자세를 취하게 한 후 촬영을 한다(정재왈 외, 2007, p.90).

〈주의사항〉

실제 공연에서 사진을 찍을 때 특히 신경 써서 찍어야 하는 동작

- 독무: 남녀 주역 무용수들의 화려한 발레 기술을 보여주는 그랑 파드되 (Grand pas du deux)
- 줄거리와는 관계없이 다채로운 춤을 보여주는 디베르티스망 (Divertissment)
- 발레의 하이라이트에 해당되는 남성이나 여성 무용수 바리아시옹 (Variations, 개인기)
- 군무
- 기타: 발레슈즈, 튀튀(Tutu, 발레의상), 클래스(연습)장면 등은 이미지 컷으로 사용하기에 좋다.

4) 현대 무용

다른 장르에 비해 상대적으로 조명의 역할이 큰 비중을 차지하며 이에 비해 무대장치는 적은 편이다. 발레에 비해 의상도 비교적 단순하며 소품의 사용도 많지 않다. 찍는 각도에 따라서 날렵한 몸매의 무용수들이 높이 도약하는 역동적인 구도의 사진을 얻을 수 있다(정재왈 외, 2007, p.90).

〈주의사항〉

- 무용 사진을 전문으로 찍는 사진작가들은 무용수들의 빠른 움직임을 정확하게 담기 위하여 칼라사진보다도 흑백사진을 선호하는 경향이 있다.
- 무용수의 움직임을 중심으로 부분적으로 조명을 비추기에 무용 사진은 대체로 어두운 편이다.
- 인쇄매체의 컬러면을 고려해 흑백사진과 컬러사진을 골고루 찍어 배포할 수 있도록 신경 써야 한다.

5) 연극

공연 제목으로 연상되는 이미지를 형상화하거나 주인공을 중심으로 극 중 한 장면을 연출하여 찍는다. 단출하더라도 깔끔한 구도의 사진이 호소력이 있다.

배우들이 입는 의상의 색상은 배경색과 조화를 이루어야 한다. 소품을 적절히 사용하는 것도 도움이 된다(정재왈 외, 2007, p.91).

〈주의사항〉
너무 상투적인 장면은 피하는 것이 좋다. 연극 사진의 경우 배경이 어두울 때가 많은데, 어차피 실연 사진이 아닌 연출사진이라면 배경을 밝게 하고 찍는 것이 좋다. 배경이 어두운 사진은 신문에 실릴 확률이 거의 없다.

6) 뮤지컬

다른 장르에 비해 출연진의 규모나 무대세트, 의상과 소품이 화려하므로 이러한 장점을 사진에 잘 담아내야 한다. 뮤지컬 사진은 주로 스펙터클한 무대 장치가 돋보이는 장면, 역동적인 에너지가 넘치는 군무 장면, 장엄한 분위기의 코러스 장면, 주인공이나 대립되는 배역이 테마송을 부르고 있는 장면 등을 찍는 것이 좋다(정재왈 외, 2007, p.91).

7) 국악

국악도 밝은 사진이 좋다. 어두우면 기사화 될 가능성이 그만큼 반감된다. 국악 관현악의 경우 지휘자와 연주자 전체를 찍으려면 공연장 2층 같이 보다 높은 곳에서 촬영하는 것이 좋다. 또한 연주자 및 출연자들은 자신의 모습이 사진에 나오길 기대하지만 보도자료용 사진은 기록용이 아니라 보도가 목적이므로 전체가 다 나오기 보다는 포인트가 되는 사진만 클로즈업하는 것이 최상이다. 국악기에 대해 대중적 이해도가 떨어지는 만큼 국악기를 포인트로 하는 것도 좋은 방법이다. 한복 색상이 아름다운만큼 컬러를 강조한 사진도 한 방법이 될 수 있다(정재왈 외, 2007, p.91).

8) 행사 사진

제작발표회, 기자간담회, 팬 사인회, 이벤트 행사 등이 있다. 그리고 공연에 화제의 인물이나 거물급 인사가 초청됐을 수도 있다(정재왈 외, 2007, p.92).

그림 10-4 ■ 부산시립국악관현악단

〈주의사항〉

행사 사진 촬영 시 주의할 사항은?

속보성이 중요하므로 찍은 사진을 빠른 시간 내에 배포하는 것이 중요하다. 기자간담회나 제작발표회 때 홍보담당자는 행사장에서 찍은 사진을 현장에서 바로 인터넷 홈페이지나 특정 사이트에 올리거나 메일로 전송해야 한다. 가령 행사가 12시에 시작해서 오후 2시에 끝났다면 오후 4시 까지는 신문사에 사진을 발송해 주는 것이 좋다.

행사 사진 전송 시 추가로 필요한 것들은?

최근에는 디지털 카메라 사용이 보편화되어 별도의 현상 · 인화 과정을 거치지 않고서도 사진을 완성하고 이를 무선 인터넷을 이용하여 편리하게 전송할 수 있게 되었다. 하지만 이러한 과정 역시 지극히 제한된 시간 내에 신속하게 이루어져야 하므로 홍보담당자는 포토샵이나 인터넷 업로드 프로그램을 능숙하게 사용할 수 있어야 한다.

(1) 제작발표회, 기자간담회

여러 명의 사람을 찍은 사진의 경우 주인공은 가운데 위치해 있어야 한다. 찍히는 사람의 표정은 밝은 것이 좋다. 꼭 의장에 앉아 있는 사진을 고집해야 할 필요는 없다. 행사 장소에 의미가 있다면 뒷배경에 무엇이 나오는지도 중요하다(정재왈 외, 2007, pp.92-93).

〈주의사항〉

- 다양한 각도의 사진을 준비하라. 사진 속 인물의 시선은 왼쪽, 오른쪽 두 가지 방향의 것을 함께 준비하면 좋다. 신문 편집자에게 융통성을 주기 위해서다.
- 현수막도 함께 찍어라. 보통 행사장의 상석(헤드 테이블) 위쪽에는 현수막이 부착되어 있다. 이 현수막에는 행사 제목, 일시, 장소 등의 문구가 들어가 있는데 사진 촬영 시 이러한 문구를 사진 속에서 확인할 수 있게 사진을 찍는 것이 좋다.

(2) 화제 인물의 공연 관람

공연에 초청된 사람이 화제의 인물이거나 영향력 있는 인사라면 이들이 공연을 관람하거나 출연진과 만나는 것도 훌륭한 기사거리가 될 수 있다(정재왈 외, 2007, p.93).

〈주의사항〉

사전에 초청 · 참석자 명단, 동선(動線), 만나는 사람 등을 파악하면 좋다.

9) 무대 뒤 사진

본 공연이 무대에 오르기 직전까지의 무대 뒤 공연 준비 및 제작 과정을 틈틈이 사진으로 촬영하는 것도 중요하다. 예를 들면 오디션 장면, 무대나 연습실 연습 장면, 무대세트 제작 장면, 무대세트 설치 장면 등이다(정재왈 외, 2007, p.93).

10) 공간 사진

멋있게 찍은 공간 사진은 극장이나 연주장의 지명도와 브랜드 가치를 더욱 높인다. 사람이 나이를 먹듯 건물도 시간의 흐름에 따라 다양한 표정을 보여주므로 평소에 공간 구석구석을 다양한 각도와 다양한 시기에 꾸준히 촬영하는 것이 좋다. 색다른 느낌의 사진을 얻기 위해서 영화나 드라마 촬영처럼 높은 크

레인 위나 건물에 올라가서 촬영하는 것도 하나의 방법이다(정재왈 외, 2007, p.94)

참고문헌

오미환 (2006, 01, 30). 클래식 시간여행 '원전 연주'의 명인들 온다. 〈한국일보〉. URL: http://entertain.naver.com/read?oid=038&aid=0000316101

이봉원 (2013). 〈PR에세이와 언론홍보클리닉〉. 서울: 과학사랑.

임영호 (2000). 〈신문원론〉. 서울: 연암사.

정재왈 외 (2007). 〈현장 문화예술 홍보〉. 서울: 커뮤니케이션북스.

<table>
<tr><th colspan="2">정리</th></tr>
<tr><td>소주제 1.</td><td>1. 보도사진의 이해
• 읽는 신문에서 보는 신문으로의 편집 방향이 변화
• 사진은 기사의 내용을 보충설명하고 지면을 풍요롭고 화려하게 만드는 효과
• 뉴스가치를 갖추고 있는 사진
2. 보도사진의 원칙
• 사진 자체로 전하고자 하는 내용을 설명할 수 있어야 한다.
• 전하는 메시지가 긴장감 있게 표현되어야 한다.
• 짜임새 있고 역동적인 구도의 사진이어야 한다.</td></tr>
<tr><td>소주제 2.</td><td>1. 보도사진 촬영 준비 시 고려 사항
• 마감시간, 다양한 종류의 사진, 사진에 대한 설명, 주제의 부각, 중심인물의 초점을 둔 구도, 자연스러운 구도의 사진 등
2. 보도사진 촬영 시 고려사항
• 공연준비가 이루어졌을 때: 공연 중 한 장면을 연출하여 촬영
• 프레스 리허설 때: 취재진에게 자유로운 사진 촬영 환경 조성
• 공연 기간 때: 생생한 모습을 현장감 있게 촬영
3. 촬영 장소에 따른 고려사항
• 날씨, 조명, 지역 고유의 장소 등을 고려
4. 사진자료를 보완해 주는 시각자료
• 충분한 사진자료가 부족한 경우 보완 자료 검토
• 이미지 메이킹에 유리
5. 기피해야 할 사진 유형
• 증명사진, 옛날 사진, 선정적 사진, 조작된 사진, 다른 단체 사진을 자기 사진처럼 한 것, 상황에 맞지 않는 사진 컬러, 전경과 배경의 구분이 잘 되지 않은 사진, 기본기를 갖추지 못한 사진 등
6. 좋은 사진 촬영법
• 정확한 노출과 초점 조절
• 작품에 대한 높은 이해
• 일반인의 눈높이와 다른 색다른 느낌
• 적절한 클로즈업
• 예술가의 개성과 습관 관찰
• 기존과 다른 새로운 구도나 연출</td></tr>
</table>

<table>
<tr><th colspan="2">정리</th></tr>
<tr><td>소주제 3.</td><td>

〈공연 장르별 사진의 특성〉

1. 클래식 음악

- 교향악단: 정장 연주복은 입은 차분한 분위기
- 실내악단 및 독주자: 악기와 함께 찍은 사진
- 지휘자: 연주나 연습에 열중하는 역동적인 모습

2. 오페라

- 특정 작품을 거론할 때 떠오르는 이미지를 형상화 또는 재현

3. 발레

- 고난이도의 발레 기교나 몸동작, 신체미, 무용수 배치 등의 구도

4. 현대무용

- 조명의 비중이 크고 날렵한 무용수의 역동적인 구도

5. 연극

- 공연 제목으로 연상되는 이미지 형상화 또는 주인공이 중심이 된 장면 연출

6. 뮤지컬

- 출연진의 규모나 무대세트, 의상, 소품의 화려함

7. 국악

- 밝은 톤의 사진, 관현악의 경우 지휘자와 연주자 전체 촬영
- 포인트가 되는 사진의 클로즈업 또는 전통 의상을 강조하는 사진

8. 행사 사진

- 제작발표회: 주인공이 중심에 위치, 밝은 표정, 행사 장소의 의미 노출
- 화제의 인물의 공연 관람

9. 무대 뒤 사진

- 공연 준비 및 제작 과정을 틈틈이 촬영

10. 공간 사진

- 시간의 흐름에 따라 변화하는 건물의 이미지를 평소에 미리 촬영

</td></tr>
</table>

CHAPTER 11

프레스 리허설과 홍보의 관계

개요

1.1. 프레스 리허설은 말 그대로 언론을 위해 사진이나 비디오 촬영을 할 수 있도록 마련한 연습시간(Rehearsal)이다. 프레스 리허설을 시작으로 외부에 본격적인 홍보활동을 시작할 수 있으며, 본 공연 전에 마지막으로 대중의 분위기를 점검할 수 있는 행사이기도 하다. 프레스 리허설이 홍보수단으로 갖는 중요성에 대해 이해한다.

1.2. 프레스 리허설은 기자들을 대상으로 진행하는 사전 연습의 의미도 있으나, 반드시 기자들만을 초청하는 것은 아니다. 프레스 리허설에 초청할 수 있는 대상에 대해 알아본다.

1.3. 프레스 리허설은 준비할 것 자체가 많은 수고스러운 일이기 때문에 계획 단계에서 확인해야 할 사항이 많다. 무엇을 어떻게 준비해야 하며, 본 행사 때 어떻게 진행해야 하는지 탐구한다.

오늘의 이슈

뮤지컬, 공연, 오페라와 같은 대규모의 문화예술 공연에서 프레스 리허설은 실제 공연에 앞서 최종적인 점검과 더불어 언론의 관심을 유도하여 긍정적인 홍보 효과를 양산하는 중요 홍보 수단으로 자리 잡았다. 관객의 입장에서도 프레스 리허설에 대한 언론홍보 내용은 고가의 입장권 구입을 유도할 수 있는 훌륭한 마케팅 수단이 된다. 그러나 대부분의 프레스 리허설은 유료 관객을 초청하지 않기 때문에 비용적인 부분에서 감수해야 할 것들이 많다. 그러나 이러한 부분을 감수하더라도 긍정적인 홍보 효과를 기대한다는 측면에서 분명히 시도할 가치가 있다.

일례로, 프레스 리허설에 대한 일반 관객의 평가는 분명 호의적이다. 아래의 표에서 확인할 수 있듯이 프레스 리허설과 관련한 연관 검색어와 여론의 추이를 살펴본 빅데이터 분석은 프레스 리허설이 긍정적인 여론 형성 및 관객들과의 호의적인 관계 구축이라는 홍보 활동의 기본 원칙을 충실히 수행할 수 있음을 보여주고 있다.

본 장에서는 프레스 리허설이란 무엇이며, 홍보 수단으로서의 중요성에 대해 살펴보고자 한다. 또한 홍보담당자가 프레스 리허설을 주관하기 위한 준비과정과 진행 방법에 대해 논의하고자 한다.

표 11-1 ▪ 프레스 리허설과 관련한 빅데이터 분석 결과(출처: www.socialmetrics.co.kr)

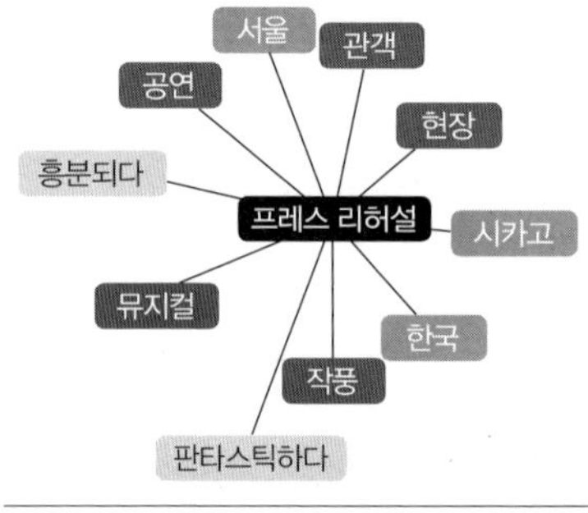

프레스 리허설 연관 검색어 결과

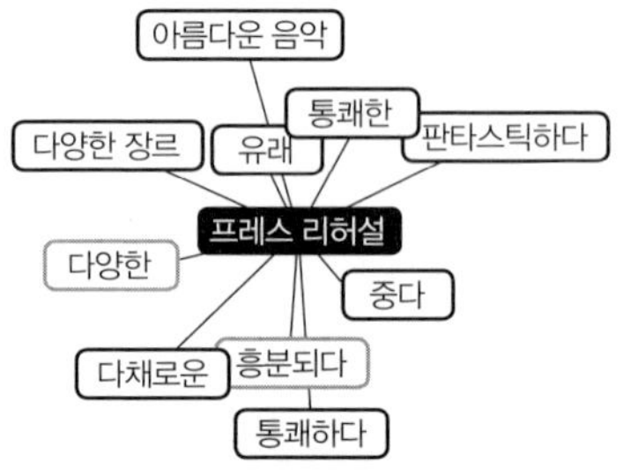

프레스 리허설 탐색어 여론 결과

11.1 프레스 리허설의 이해

1) 프레스 리허설

프레스 리허설은 말 그대로 언론매체(Press)에 사진이나 비디오 촬영을 할 수 있도록 마련한 연습기간(Rehearsal)이다. 사진을 찍는다는 의미에서 포토 콜(Photo Call)로 부르기도 한다. 물론 본 공연과 동일한 무대 위에서 의상과 분장을 하고 연기, 연주를 보여준다. 본 공연이 오르기 직전의 마지막 리허설인 드레스 리허설(Dress Rehearsal)을 프레스 리허설로 활용하기도 한다(정재왈 외, 2007, p.100).

2) 프레스 리허설이 중요한 이유

방송매체를 중심으로 이루어지는 프레스 리허설은 본 공연 직전에 이루어지는 마무리 홍보수단이다. 프레스 리허설을 시작으로 공연은 외부 언론에 본격적으로 노출되기 시작한다. 따라서 프레스 리허설에 참석한 언론사 기자들의 반응을 세심하게 점검하는 것이 매우 중요하다. 특히 장기 공연이나 전용극장 상영을 염두에 둔 공연이나 외국 시장 진출을 목표로 하는 공연의 경우 특히 언론사의 반응을 철저히 분석해야 한다(정재왈 외, 2007, p.100).

프레스 리허설은 정식 공연이 아니므로 실제 공연보다 부족한 점이 많을 수 있다. 따라서 주최 측은 참석한 기자들이 지적하는 문제점에 대해 적극 수용하고 개선해 나가겠다는 의지를 보여주는 것이 좋다. 또한 주최 측은 프레스 리

그림 11-1 ■ 뮤지컬 '맘마미아!' 오리지널 최초 내한공연 프레스리허설(출처: 노진환, 2013. 11. 27)

허설과는 별도로 프리뷰(Preview)공연이나 트라이아웃(Try Out)을 통해 기술적인 면이나 예술적인 면에서 부족한 세부사항들은 수정하고 보완하는 기회로 활용한다. 외국의 경우는 이러한 '공연 전 공연'이 몇 달씩 지속되기도 한다(정재왈 외, 2007, p.100).

3) 프레스 리허설 장소

프레스 리허설이 이루어지는 장소는 실제 공연이 펼쳐지는 극장 무대인 경우가 대부분이다. 프레스 리허설이 본 공연이 임박해서 무대 위에서 이루어지는 홍보 수단이라면 이보다 훨씬 이전에 시도할 수 있는 홍보 방법으로 제작발표회의 쇼 케이스(Show Case)형식을 검토해 볼 수 있다. 하지만 이 경우 실제 공연이 이루어지는 무대를 극장 사정상 사용할 수 없는 경우가 대부분이므로 제3의 장소를 별도로 준비해야 한다(정재왈 외, 2007, p.100).

11.2 프레스 리허설 초대대상

프레스 리허설에는 주로 방송국이나 보도국 기자, TV 예술프로그램PD, 공연평론가, 신문사 기자들이 초대된다. 최근 제작비가 커지는 대형 블록버스터 공연이 늘어남에 따라 제작사나 투자사 관계자들이 초대되기도 한다. 그밖에 비

그림 11-2 ■ 베어 더 뮤지컬 쇼 케이스(출처: 윤보라, 2015. 06. 09)

공식적인 경로를 통해서라도 영향력을 끼칠 수 있는 사람도 그 대상에 포함될 수 있다. 또 구전(口傳)홍보 효과를 노리거나 초청 대상자 자체를 홍보에 활용하기 위해 저명인사나 연예인이 초대되기도 한다. 프레스 리허설을 통해 언론에 공연을 공개하는 것은 작품의 첫 인상을 결정짓는 출발의 의미를 갖는다. 관객들의 평가에 앞서 먼저 이들로부터 좋은 평가를 이끌어내야 한다. 여론 형성에 절대적인 영향력을 미치는 이들과 평소에 우호적인 유대관계를 유지하는 것은 그래서 중요하다(정재왈 외, 2007, p.101).

보통 영상이나 스틸사진 취재가 주목적인데다가 공연 전부를 공개하지 않는 경우도 많으므로 프레스 리허설 초청 대상자는 신문사보다는 주로 방송매체가 중심이 된다. 일반 관객들은 특별한 경우가 아니라면 초대하지 않는다. 하지만 실제 공연처럼 프레스 리허설을 진행하는 것이 행사의 분위기를 살리고 또한 관객들의 반응을 미리 점검할 수 있다는 장점 때문에 '선택된 관객들'을 일부러 초대하는 경우도 있다. 이때는 보통 공연이나 주최 측에 대해 우호적인 동호회나 팬클럽 회원들이 초청된다(정재왈 외, 2007, p.101).

11.3 프레스 리허설 준비와 진행

1) 프레스 리허설의 준비

프레스 리허설은 보통 공연 하루 전이나 이틀 전에 이루어진다. 일정이나 제작비 등의 문제로 극장을 여유 있게 사용하기 힘들거나 처음 계획과 달리 공연 준비에 시간을 쫓기다 보면 일정은 언제나 당초 계획보다 늦춰지는 경우가 허다하다. 일정이 정해졌으면 우선 프레스 리허설 무대에서 무엇을 보여줄지를 결정한다. 당연히 가장 자랑으로 내세울 수 있는 장면을 보여주는 데 주안점을 두어야 할 것이다. 프레스 리허설은 전체 공연 가운데 중요한 부분만 보여주는 경우, 처음부터 끝까지 전체 공연을 보여주는 경우(이런 경우를 Run through라 한다)로 나눌 수 있다(정재왈 외, 2007, p.102).

무엇보다도 주최 측은 행사의 특징과 장점을 요령 있게 설명해야 한다. 그리고 예상되는 기자들의 곤란한 질문에 대해서도 충분히 대비해야 한다. 보통 연출가나 안무가, 주역배우나 가수의 인터뷰는 프레스 리허설 시작 직전에 이루어진다. 물론 사전에 인터뷰 대상자(Interviewee)는 섭외되어 있어야 한다. 홍보담당자는 인터뷰 대상자의 기본적인 인적사항 즉 이름, 직책, 비역, 연주악기 등을 사전에 정확하게 파악하고 있어야 한다. 특히 이름의 철자나 공식 직책 등은 구두로 전할 경우 틀릴 수도 있으므로 인쇄물이나 자료 형태로 제공하는 것이 안전하다. 인터뷰 장소는 공연장 무대 위나 객석, 로비, 분장실을 활용할 수 있다. 물론 사전에 물색되어 있어야 한다. 복장, 분장, 소품 등 세세한 사항에 대해서도 점검해야 한다(정재왈 외, 2007, pp.102-103).

인터뷰가 이루어지는 장소가 조용한지도 확인해야 한다. 프레스 리허설에 임박해서는 보통 오케스트라 연주나 배우들의 연기가 무대 위에서 이루어지기 때문이다. 인터뷰가 조용한 장소에서 진행되어야 한다면 외부사람의 출입이 통제된 분장실을 활용할 수 있다. 홍보담당자는 카메라가 인터뷰 대상자를 화면에 잡을 때 화면의 배경에 무엇이 비쳐질지도 신경을 써야 한다. 실제 공연 때 입는 의상을 착용하되 너무 선정적이지 않는지 등도 미리 점검해야 한다(정재왈 외, 2007, p.103).

(1) 누가 발표하게 하는 것이 좋은가?

같은 내용이라 하더라도 누가 발표하는지는 중요하다. 책임 있는 위치에 있는 사람, 예를 들면 예술감독, 연출가 등이 작품에 대해 설명한다면 발언에 무게와 권위를 실을 수 있어 더욱 좋다. 통역과 함께 진행할 경우라면 통역자에게 미리 공연내용, 출연진 등의 관련정보를 충분히 알려 주어야 한다(정재왈 외, 2007, p.103).

(2) 보통 인터뷰 대상자는 누가 되나?

- 콘서트: 지휘자, 협연자
- 오페라: 단장, 예술감독, 연출가, 주역 성악가
- 무용: 안무가, 예술감독, 주역 무용수
- 연극, 뮤지컬: 연출가, 주역배우, 제작자

(3) 적당한 인터뷰 장소는?

- 무대세트 앞: 사람의 눈길을 끄는 인상적인 세트라면 공연의 분위기가 함께 전달될 수 있다.

- 공연을 홍보하는 포스터나 현수막, 극장 로비 배경에 무엇이 비치는지에 따라 간접광고를 할 수 있다(정재왈 외, 2007, p.103).

2) 프레스 리허설의 진행

프레스 리허설 진행을 맡은 사회자는 행사가 시작되기 전에 진행 순서가 인쇄된 안내 자료를 참가자에게 배포 또는 안내방송을 통해 행사가 어떻게 진행될 것인지를 사전에 알리는 것이 좋다. 특히 놓치지 말아야 할 장면이나 노래, 무대 연출상의 특수효과 등이 있으면 사전에 정보를 주어 미리 준비할 수 있도록 하는 것이 좋다. 또한 사회자는 프레스 리허설 참석자에게 필요한 공지사항을 시작하기 전에 미리 알려야 한다. 행사 장소가 크다면 진행자 마이크 이외에 참석자들이 사용하는 마이크도 별도로 있어야 한다(정재왈 외, 2007, pp.103-104).

〈배포자료에 포함되거나 안내 방송을 통해 알려야 할 내용〉

- 장면(연주)에 대한 소개 및 특징, 공연(연주)시간, 출연 배우(가수), 무대의 특징

프레스 리허설이 열리는 장소는 외부인의 출입이 철저히 통제되어야 한다. 이 때 프레스 리허설에 참가하는 언론사 간에 과열 경쟁을 피하고 취재진의 촬영 편의를 위하여 포토라인(Photo Line)을 미리 설정하는 것이 좋다. 프레스 리허설을 실시하는 목적이 양질의 스틸사진이나 동영상을 얻는데 있으므로 어떤 결과물이 나올지를 미리 점검하는 차원에서 프레스 리허설 자체를 사전에 리허설 해보는 것도 좋다. 스틸사진의 경우라면 실제 공연보다 밝은 조명 아래서 촬영하는 것이 깨끗한 사진을 얻을 수 있다(정재왈 외, 2007, p.104).

〈주의사항〉

- 포토라인은 이렇게 정한다.

  연출가나 안무가는 무대 위해서 진행되고 있는 공연을 전체적으로 조망하고 통제할 수 있는 객석 중간 구역을 선호하므로 이곳을 기준으로 뒤쪽이나 양쪽 앞부분에 취재진의 위치를 배정하는 것이 무난하다. 보통 연출가나 안무가 등과 상의하여 결정한다(정재왈 외, 2007, p.104).

• 플래시는 제한된 조건에서 사용되어야 한다.

스틸사진 촬영 때 사용하는 플래시가 동영상 촬영을 방해하지 않도록 하기 위한 배려도 필요하다. 이 경우 전체 시간이 길지 않다면 한 번은 스틸사진, 또 한 번은 동영상을 촬영하도록 같은 내용을 두 번 보여주는 것도 방법이다(정재왈 외, 2007, p.104).

3) 프레스 리허설을 할 수 없는 상황

프레스 리허설을 할 수 없는 경우도 많다. 프레스 리허설을 준비하는 것 자체가 많은 수고를 요하는 일이고, 제작 일정상의 이유로 개최하기 힘든 경우도 생긴다. 외국 아티스트나 단체가 출연하는 콘서트의 경우 연주자가 보통 공연 하루나 이틀 전에 입국하고 또한 한 두 번 밖에 공연을 하지 않으므로 프레스 리허설을 하지 않는 경우가 많다. 만약 프레스 리허설을 통해 언론에 영상취재 기회를 제공하는 것이 힘들다면 주요 공연 장면 위주로 편집된 영상홍보자료(Electric Press Kit)를 공연 전에 제작하여 사전홍보 수단으로 이용하는 것이 좋다(정재왈 외, 2007, p.101).

외국 공연의 경우 전체 공연이 담긴 비디오테이프를 받았더라도 '홍보를 목적으로 언론매체에 이 테이프를 제공할 때에는 특정의 제한된 조건에서만 사용해야 한다'는 옵션이 출연계약서 등에 나와 있으므로 주의해야 한다. 예를 들어 지난 2002년 10월 23일 예술의전당 음악당 콘서트홀에서 열린 '윈턴 마살리스와 링컨센터 재즈 오케스트라' 공연의 계약 내용 중에는 '홍보를 위해 제공한 비디오테이프의 사용은 뉴스 프로그램에 한하며 2분 이내에 방송되어야 한다'는 조건이 있었다. 보통 TV나 라디오 방영권은 별도의 계약에 의해 비용이 지불되지만 홍보 목적이라면 별도의 지불이 없어도 가능한 것이 일방적인 관행이다(정재왈 외, 2007, pp.101-102).

스틸사진의 경우라면 주최 측에서 직접 사진을 촬영해서 인터넷 홈페이지에 올려 기자들이 내려 받아 사용할 수 있게 하거나 메일 등을 이용해서 보내주면 좋다. 주최 측이 직접 영상물을 촬영, 제공할 수도 있다. 여기에는 연습 장면, 제작 과정, 스태프 · 출연진 인터뷰가 추가될 수 있다. 최근에는 비디오테이프 같은 영상물을 컴퓨터에서 재생이 가능한 디지털 데이터 형태의 동영상 파일로 바꾸어 홍보에 활용하기도 한다. 물론 이와는 별도로 공연기간 중에 TV와 라디오의 보도국이나 문화예술 프로그램을 섭외하여 취재 기회를 마련할 수 있다 (정재왈 외, 2007, p.102).

참고문헌

노진환 (2013, 11, 27). [포토]뮤지컬 '맘마미아!' 오리지널 최초 내한공연. 〈이투데이〉. URL: http://www.etoday.co.kr/news/section/newsview.php?idxno=828446

소셜메트릭스 URL: www.socialmetrics.co.kr

윤보라 (2015, 06, 09). [공연] '베어 더 뮤지컬' 월요쇼케이스 성료. 〈JTN 뉴스〉. URL: http://www.jtn.co.kr/culture/view.php?code=1100&idx=35763

정재왈 외 (2007). 〈현장 문화예술 홍보〉. 서울: 커뮤니케이션북스.

<table>
<tr><th colspan="2">정리</th></tr>
<tr><td>소주제 1.</td><td>1. 프레스 리허설
• 언론매체에 사진이나 비디오 촬영을 할 수 있도록 마련한 연습기간
2. 프레스 리허설의 중요성
• 방송매체를 중심으로 본 공연 직전에 이루어지는 마무리 홍보수단
• 언론매체의 반응을 통해 흥행 가능성을 확인
3. 프레스 리허설 장소
• 실제 공연이 펼쳐지는 극장 무대
• 쇼 케이스 형식은 제3의 장소에서 진행되는 경우가 많음</td></tr>
<tr><td>소주제 2.</td><td>1. 프레스 리허설 초대대상
• 방송국이나 보도국 기자, TV 예술프로그램PD, 공연 평론가, 신문사 기자
• 공연 제작사, 투자사 관계자
• 구전홍보 효과를 위한 저명인사나 연예인 등
• 특별한 경우 우호적인 동호회 또는 팬클럽 회원의 일부만 초대</td></tr>
<tr><td>소주제 3.</td><td>1. 프레스 리허설의 준비
• 보통 공연 1～2일 전에 실시
• 프레스 리허설 일정이 정해지면 어느 정도 수준으로 시연할지 결정
• 프레스 리허설 당일 기자들의 질문을 사전에 대비
• 인터뷰 대상자를 미리 선정하고 관련 자료를 준비하여 제공
• 인터뷰 장소는 사전에 물색하고 복장 및 분장, 소품 등을 확인
2. 프레스 리허설의 진행
• 미리 섭외한 사회자가 안내 자료를 배포하거나 안내방송을 통해 진행 과정을 공지
• 외부인의 출입 통제
• 과열 경쟁을 피하고 취재진의 촬영 편의를 위한 포토라인 설정
3. 프레스 리허설이 어려운 경우
• 주요 공연 장면 위주로 편집된 영상홍보자료를 사전홍보 수단으로 이용
• 스틸사진의 경우 인터넷 홈페이지 게시 또는 기자들에게 메일 발송</td></tr>
</table>

12.1 홍보/PR을 위한 자료 수집

1) 자료 수집의 중요성

문화예술 영역에서 홍보의 중요성은 시간이 가면 갈수록 더욱 높아지고 있다. 소비자들이 광고에 대한 신뢰성이 약해지고 있다는 점은 홍보담당자들이 향후 어떻게 커뮤니케이션 전략을 수립해야 하는지를 생각하게 하는 가장 중요한 대목이다. 또한 문화예술 영역에서 PR이 필요한 이유는 제작된 작품을 널리 알려야 일반 관객과 관람객을 확보할 수 있기 때문이다(임연철, 2007, p.74). 이처럼 PR을 통해 새로운 브랜드를 키워 나가는 일은 광고보다 훨씬 많은 시간과 창의성을 필요로 한다. 그러나 이러한 과정을 성공적으로 수행하게 될 때에는 대규모 광고보다 더 큰 효과를 발휘할 수 있다(전성환, 2007, p.175).

따라서 문화예술 영역에서의 PR활동은 공연 및 전시에 대해 관객들이 지속적인 관심을 갖게 하고 화젯거리를 만들어 가는 여러 가지 수단으로 이루어진다. 이를 위해서 홍보담당자는 사전에 충분한 자료 수집을 통해 전략을 수립해야 한다(전성환, 2007, p.175).

자료 수집의 중요성은 여러 가지 이유로 강조되는데, 첫째, PR의 객체인 수용자가 구체적 이해관계를 가진 집단으로 세분화되기 때문이다. 실제로 문화예술 분야만 하더라도 장르별로 관객유형이 매우 다양하게 구성되어 있다(임연철, 2007, p.75).

둘째, 정보수집이 필요한 이유는 작품을 제작하는 화가나 조각가, 공연하는 음악, 무용, 연극인이 일반 관객과 직접 접촉하는 경우가 좀처럼 드물기 때문이다. 사실 확인 조사를 통한 정보 수집은 예술 활동 주체와 소비자의 간격을 메워주는 주요 요소임은 두말할 나위도 없다(임연철, 2007, p.75).

셋째, 자료 수집은 예술단체나 기관, 예술가 개인이 엉뚱한 곳으로 홍보하는 착오를 사전에 예방할 수 있다(임연철, 2007, p.75).

마지막으로 자료 수집은 PR프로그램의 기초가 되는 사실들을 제공할 수 있다. 이를 이용하여 예술단체나 기관은 PR계획을 수립할 수 있고 사실 그 자체 내용 중 필요한 부분은 홍보 자료로도 사용할 수 있다(임연철, 2007, p.75).

2) 자료 수집을 위한 준비

자료 수집은 기사작성의 원리인 5W1H(who, what, where, when, why, how)에 따라 정밀하게 이루어져야 한다. 다시 말해 문제는 누가 관여되었거나 영향을 받았는가(who), 문제는 무엇인가(what), 문제는 어디에 있는가(where), 문제는 언제 생겼는가(when), 왜 일반인의 관심을 끌게 됐는가(why), 어떻게 문제는 관여되거나 영향을 받았는가(how)를 서면으로 작성해 보는 것이다. 이러한 원리에 의해 수집된 정보는 PR계획을 세울 수 있도록 정보 분석 단계를 거쳐 필요한 정보로 종합해야 한다(임연철, 2007, p.75).

자료 수집을 위해 활용할 수 있는 요소는 다음과 같다(정재왈 외, 2007, p.54).

(1) 기획서

기획취지, 행사명(국문, 영문), 부제, 행사기간, 장소, 장르, 입장권 가격, 프로그램, 레퍼토리, 기획사, 주최사, 협찬사, 주관사, 출연진 명단, 예산규모, 문의처 등 행사의 가장 기본적이고 전반적인 정보가 담겨 있다.

(2) 프로필

받은 그대로 사용하기 보다는 나름대로 간략하게 정리하여 사용하는 것이 좋다. 프로필을 소개할 때 과장되거나 없는 사실을 부풀리는 일은 절대로 없어야 한다.

(3) 과거 기사 기록

신문사, 방송국마다 인터넷 홈페이지에 데이터베이스가 있으므로 이전에 비해 편하게 검색하여 활용할 수 있다. 또한 한국언론진흥재단에서 운영하는 뉴스검색 사이트(www.kinds.or.kr)나 포털사이트의 뉴스검색을 이용할 수도 있다.

(4) 시청각 자료

비디오 테이프, CD, DVD 등으로 직접 공연을 보지 못했다면 더욱 중요하게 활용될 수 있는 자료들이다. 보도자료의 일부로 기자에게 제공하기도 한다.

(5) 사진 자료

글로 쓴 보도자료 못지않게 중요하다. 다양한 종류의 사진을 충분하게 준비해야 한다.

12.2 홍보/PR을 위한 전략 수립

1) 주제 결정

무엇을 홍보할지 구체적으로 설정해야 한다. 공연이나 전시 같은 예술 프로그램, 행사, 인물, 사건이 해당된다. 주로 긍정적으로 보도되게 하는 것이 많겠지만 부정적으로 보도된 것을 긍정적인 방향으로 유도하는 경우도 있다(정재왈 외, 2007, p.55). 전반적으로 홍보 주제는 홍보 전략의 전체적인 개념을 한마디로 정리해 놓은 형태가 되어야 한다. 이를테면 기사 헤드라인으로 바로 잡을 수 있을 내용으로 결정하는 것이 좋다(전성환, 2007, p.175).

2) 목표 설정

PR 대상 일반인과의 커뮤니케이션에서 담당자가 달성하기를 기대하는 결과로 목표가 없다면 PR을 할 필요도 없다. PR에서 목표는 광범위하고 추상적인 것이어서는 안 되며 구체적이고 가능하다면 계량할 수 있는 것이 좋다. 다시 말해, 행사 취지를 구체적이고 계산 가능하며 어떤 시점까지 성취하는 것이 목표라고 할 수 있다. 목표는 목적을 달성하기 위한 방향과 방법을 정하는 데 도움을 주는 것이다. 이 때, 보도자료 작성, 각종 미디어 관리, 그래픽 디자인 담당자 등 홍보 관계자들은 목표 달성을 위한 노력에 유기적으로 동참해야 한다. 장기목표, 단기 목표를 세우고 단계별로 달성여부와 달성정도를 평가해야 함은 물론이다(임연철, 2007, p.76).

3) PR 계획

PR하려는 내용과 그 내용을 수용해야 할 대상이 정보 수집을 통해 확인되면 확인된 사실을 중심으로 PR계획을 수립해야 한다. PR 계획은 PR내용을 수용해야 할 일반인이 원하는 것과 예술 단체나 기관이 알리고자 하는 것의 교차하는 지점에서 수립되어야 한다. 다시 말해 일반이 원하는 것을 기본으로 예술 단체나 기관이 세운 목표를 달성해야 한다는 것이다. 이 과정에서 예술단체나 기관은 설립 이념에 따른 활동 또는 행사의 취지나 의미가 일반인에게 스며들도록 홍보할 수 있고 반대로 일반인의 의견을 수렴할 수도 있다. 정보 수집 단계와 분석을 통해 일반인의 요구는 확인이 됐으므로 예술기관이나 단체의 목표를 설정하고 주제를 정해 PR할 방법을 결정하는 것이 PR 계획 단계에서 해야 할 사항이다(임연철, 2007, p.76).

4) 소재 발굴

뉴스가 될 만한 소재를 선별해 내는 과정이다. 소재는 주제를 구체적으로 드러낼 수 있어야 한다. 홍보담당자는 기획자와의 아이디어 회의, 제작 및 연출 스태프 회의 등 제작과정 전반에 걸쳐 홍보거리로 삼을 만한 것을 끊임없이 만들어 내야 한다. 이러한 과정은 마치 홍보 담당자가 기자가 되어 취재활동을 펼치는 행위와 비슷하다. 다른 동료직원이나 스태프의 협력도 절대적으로 필요하므로 홍보담당자는 전사적인 차원에서 홍보에 대한 마인드를 가질 수 있도록 환경과 분위기를 만들어 나가야 한다. 작품, 관객층, 장르특성, 제작 연출진 등 제작 전반에 대한 분석이 이루어져야 한다(정재왈 외, 2007, p.55).

5) 소재의 가공

소재가 뉴스 가치가 높지 않다면 어떻게 부가가치를 높여 뉴스화, 기사화시킬지를 고민해야 한다. 어떤 점을 주력해서 강조하고 부각시킬지, 어떠한 방식으로 포장할 것인지를 연구하는 것이다(정재왈 외, 2007, p.55). 대체적으로 작품에 대한 이슈 개발과 출연진들에 대한 인물 중심의 이슈화, 마케팅적으로 부각 가능한 이슈 등을 중점적으로 개발하여 사용할 수 있다(전성환, 2007, p.176).

표 12-1 ■ PR 계획 예시(출처: 전성환, 2007, p.176)

단계 설정	노출 계획
1. 주요 배역 발표	• 주요 배역 발표 및 공식 기자 간담회 개최에 따른 인쇄 매체 중심의 노출 최대화 • 일간지 및 월간지 대상으로 주요 배역과 제작진 인터뷰 유도를 통한 노출
2. 미디어 노출	• 연습현장 및 출연진 인터뷰를 통한 언론 노출 유지 • 월간지, 사보 기사화를 통한 노출 작업 • 일간지, 주간지, 뉴스 보도 등 기획 기사를 통한 노출 작업 • 음악 프로그램(TV/Radio) 출연을 통한 노출
3. 미디어 노출 및 리뷰 집중 노출	• 일간지/주간지 중심의 공연 리뷰 및 프레스 콜을 통한 언론 노출 집중화 • 월간지, 사보 기사화를 통한 노출 작업(리뷰) • 주요 미디어 기획 기사 및 핫이슈 제공을 통한 노출 본격화

표 12-2 ■ 문화예술 장르별 홍보 소재 발굴 포인트(출처: 정재왈 외, 2007, pp.56-62)

장르	홍보 소재 발굴 포인트
클래식 음악	• 이번 공연은 한국초연무대인가? 외국인 연주자(단체)의 경우 이번 공연이 첫 번째 내한무대인가? 첫 번째가 아니라면 몇 번째인가? • 창작곡을 연주하지 않는가? 이 경우 작곡가를 내세울 수 있지 않은가? • 음악회에 해설이 곁들어지는가? • 지휘자나 협연자, 연주자의 지명도를 내세울 수 있지 않은가? 유명 콩쿠르 수상경력을 내세울 수 있지 않은가?
오페라	• 주역으로 출연하는 가수가 얼마나 유명한가? • 지휘나 연출 상에 특징이 있는가? 해석상 차이가 있다면 그것은 무엇인가? • 날짜별 캐스팅에 특징이 있는가? • 유명 아리아는 몇 막에서 나오는가?
발레/무용	• 주역 무용수의 캐스팅을 내세울 만하지 않은가? 다른 캐스팅은 어떠한가? • 무대나 의상의 화려함을 특징으로 내세울 수 있지 않은가? • 누가 안무했는지를 내세울 수 있지 않은가? • 안무의 특징을 내세울 수 있지 않은가?
연극	• 연출은 누가 맡았나? • 중후한 연기를 기대할 수 있는 고참배우가 출연하는가? 아니면 새롭고 주목받고 있는 신인배우가 출연하는가? • 유명한 영화배우나 TV탤런트가 출연하는가? • 무대 · 음악 · 분장 · 의상 · 소품에 어떤 특징이 있는가? • 어린이 연극의 경우 어떤 교육적 효과를 기대할 수 있는가?
뮤지컬	• 유명 '뮤지컬 넘버(Musical Number, 뮤지컬 노래)'는 어떤 것이 있는가? • 제작비가 많이 투입되었거나 혹은 그 반대의 경우 이러한 사실을 홍보에 이용할 수 있는가? • 오리지널(직수입) 무대인가? 아니면 라이센스(License, 저작권을 주고 작품을 사와 우리가 제작하는 시스템) 무대인가?
국악/전통예술	• 누구의 수제자이며 어떤 유파(流波)인가? • 전통의 재현인가 창작인가? • 전통악기인가 개량악기인가? • 야외무대인가 실내무대인가? • 인간문화재 등 국가지정 예술가인가 아닌가?

6) 선별적인 정보 및 자료 제공

홍보담당자는 매체들의 특성에 대해 세부적으로 알고 있어야 매체에서 요구하는 다양한 형식과 내용의 정보 요청에 적절하게 대처할 수 있다. 언론 매체별로 선호하는 아이템도 편차가 있으므로 유의해야 하며, 어떤 매체가 어떤 아이템에 비중을 높이 두는지에 대해서도 꾸준하게 관찰하는 습관이 필요하다. 신문의 경우는 기획기사, 칼럼, 인터뷰, 대담, 화제의 인물, 추천행사 등의 꼭지를 점검하는 것이 좋다. 잡지나 방송의 경우도 마찬가지다(정재왈 외, 2007, pp. 55-56).

7) 평가

PR 커뮤니케이션이 이뤄진 후에는 효과와 영향에 대한 평가가 이뤄져야 한다.

표 12-3 ■ 홍보 매체와 형태에 따른 보도 가능 이슈 (출처: 전성환, 2007, p.179)

홍보 매체	형태	대응 이슈 개발
신문(일간지)	스포츠/연예	• 스타 마케팅이 가능한 주요 출연진 인터뷰 • 오프닝(연예인 초대) 리뷰 기사
	경제신문	• 마케팅, 경제적 측면, 문화 산업 등 연계성 있는 기사
주간 잡지	시사	• 공연 리뷰
	경제	• 공연 리뷰
	연예/영화	• 기획 기사 형태
월간 잡지	공연 전문지	• 공연 리뷰와 심층 기사
	패션지	• 주요 배역 인터뷰, 무대 화보 촬영 등
	럭셔리지	• 해외 오리지널팀 서면 인터뷰, 국내 프로듀서 등
	사보	• 공연 소개 형식
방송(미디어)	뉴스	• 주목 효과가 있는 기사 개발 • 문화 트렌드, 이슈거리
	문화/교양	• 주요 배역 인터뷰 또는 출연을 통한 공연 소개 • 연관성 있는 프로그램 공연 소개
	엔터테인먼트	• 배우가 출연 가능한 오락 프로그램 • 음악 프로그램 출연
	라디오	• 공연 소개 가능한 프로그램에 출연진 참여

평가를 하지 않으면 피드백이 이뤄지지 않아 새로운 PR 계획을 수립할 수 없다는 점에서 중요한 의미를 갖는다. 라이트(Wright)는 청중의 범위, 반응, 영향 및 영향을 주는 과정으로 PR 평가 방법을 제시하였는데, 4가지 사항을 평가하기 위해서는 다음과 같은 자문을 해 볼 필요가 있다(윤희중, 2001: 임연철, 2007 재인용, p.80).

- 프로그램은 적합하게 계획되었는가?
- 목표 관객들이 메시지를 이해했는가?
- PR 전략에 더 효과적인 방법은 없었는가?
- 계획대로 메시지가 전달되었는가?
- 목표 관객들에게 메시지가 전달되었는가?
- 예상치 않았던 상황이 메시지 전달 과정에서 문제로 도출되었는가?
- 사전에 수립한 계획 예산은 초과되지 않았는가?
- 앞으로 성공적인 PR을 위해 필요한 것은 무엇인가?

위와 같은 질문에 계량적으로 답하기 위해서는 PR의 양적인 측면을 보고할 수도 있을 것이다. 예를 들면 메시지 전달을 위해 제작 배포한 인쇄물과 영상물의 수량과 빈도 등을 평가해 보는 것이다. 또한 주요 매체에 취급된 빈도와 크기 등을 계량화해 볼 수도 있다. 문제는 이러한 계량적 평가가 정량적으로만 이뤄질 뿐 목표관중의 태도 변화를 나타내는 정성적 변화까지 측정할 수 없다는 점이다. 정성적 변화를 측정하기 위해서는 관객을 상대로 설문조사를 실시하는 방법이 있다. 공연이나 전시에 대해 어떻게 알게 되었는지를 비롯해 입장권 구입동기 등을 질문함으로써 정성적 변화까지 측정할 수 있다(임연철, 2007, pp.80-81).

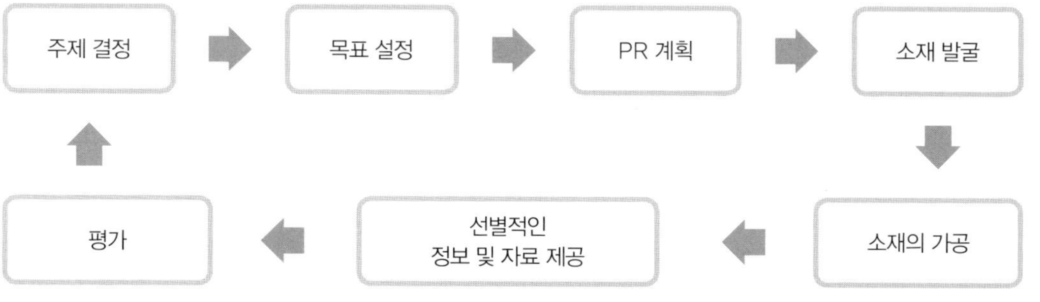

그림 12-1 ■ PR 전략 수립의 과정

12.3 우수 홍보사례(오페라의 유령)

2005년 한국 공연 시장을 점령하였던 '오페라의 유령' 오리지널 내한 공연은 홍보 차원에서 많은 핫 이슈와 아이템을 양산했던 작품이다. 2005년 공개되었던 '오페라의 유령' 오리지널 공연의 실제 기사 게재는 일간지 102회, 주간지 31회, 월간지 67회, 방송 46회로 총 246회가 기록되었다. 이러한 결과는 성공적인 공연 작품 하나가 얼마나 많은 언론의 관심을 받았는지를 알 수 있다. 다시 말하면 '오페라의 유령' PR 담당자들이 지속적인 이슈 개발로 언론의 관심을 유지시켜 준 결과라 할 수 있다. 246회의 기사 노출은 광고비로 환산하기도 힘든 천문학적 경제적 절감 효과를 가져다주었고 이로 인한 공연의 브랜드 파워 효과는 다른 작품과 비교가 될 수 없을 정도였음을 쉽게 짐작할 수 있다. 실제 보도되었던 기사들을 중심으로 각 홍보 단계별 사례를 알아보자(전성환, 2007, pp.181-187).

1) 상하이 프레스 투어를 통한 한국 공연 공지

- 공연/ "당신의 첫 감동 기억을" '오페라의 유령' 오리지널로 6월 국내 다시 온다(세계일보)
- [오페라의 유령] 더 화려하고 더 강렬한 '팬텀'이 온다(파이낸셜뉴스)
- 상하이 '오페라의 유령' 원작 공연 현장/휘몰아친 팬텀 신드롬 "하오 하오"(한겨레)
- '오페라의 유령' 6월 한국 찾는다(서울경제신문)
- 6월 한국 오는 뮤지컬 '오페라의 유령' 주역들 "오리지널의 감동 기대하세요"(문화일보)
- 뮤지컬 '오페라의 유령' 상하이 공연 '오리지널 유령'의 감동(경향신문)
- 뮤지컬 '오페라의 유령' 상하이 공연에 가보니…/장중한 무대 · 친숙한 음악 … 관객압도(국민일보)
- 뮤지컬 '오페라의 유령' 투어팀 6월 한국에/황홀한 원조의 맛(한국일보)
- [상하이에서 본 '오페라의 유령'] 브로드웨이 오리지널팀 첫 해외투어… 6월 한국 공연도 '오페라의 유령' 열기가 뜨겁다.(연합뉴스)

- [연합인터뷰] '오페라의 유령' 주역배우들 "열정적이기로 소문난 한국 관객을 하루 빨리 만나고 싶습니다." '오페라의 유령' 中 관객 홀리다(서울신문)

2) 박스 오픈 및 공연 개막일 공지

- weekend-커버스토리 / 뮤지컬 코리아! 신화가 시작된다.(동아일보)
- 뮤지컬! 그 바람이 뜨겁게 불고 있다. 뮤지컬 '오페라의 유령' 입장권 예매 시작(연합뉴스)
- 주중 · 주말 티켓값 달라진다(매일경제)
- 뮤지컬 '오페라의 유령' 티켓 판매(파이낸셜뉴스)

3) 박스 오픈 첫 날 예매 상황 공지

- 공연시장 봄바람 '솔솔' 티켓 예매 급증 오페라의 유령 · 투란도트 등 매출 10억 훌쩍 관객층 다양화… 일부선 뮤지컬 편중 우려도(헤럴드경제)

4) 주연 배역 공개 및 공연 배경과 제작 환경 소개

- 뮤지컬 '오페라의 유령' 주연배우 브래드 리틀 "팬텀役 1800여 회… 그래도 매력적"(조선일보)
- '오페라의 유령' 브래드 리틀, "열정적인 한국팬 빨리 보고파"(매일경제신문)

5) 2차 티켓 박스 오픈과 1차 티켓 판매 현황 공지

- 뮤지컬 '오페라의 유령' 29일부터 입장권 예매(한국경제신문)
- 공연 브리핑(한국일보)

6) 공연 오픈 재공지 및 프로덕션 진행 현황과 규모, 배우 입국, 리허설 스케줄 등 공지/공연 리뷰까지

- 뮤지컬 '오페라의 유령' 무대 예술의 극치 만나다(매일경제신문)
- 뮤지컬 '오페라의 유령' '원작의 감동' 고스란히 – 브로드웨이 배우들 공연(경향신문)
- '유령' 죽지 않는 인기 왜? / 평론가들이 짚어본 '팬텀 오브 오페라'(한겨레)
- 美브로드웨이팀 출연 '오페라의 유령' / 제 2의 흥행 신화 몰고 온다(서울신문)

- 마술걸린 객석... 찡한 감동에 탄성. 뮤지컬 '오페라의 유령'(한국경제신문)
- 격찬 쏟아낸 '오페라의 유령'(경향신문)
- 리뷰/한국 나들이 나선 뮤지컬 '오페라의 유령'기립 박수 5분…공연 끝나도 멜로디 귓전에(조선일보)
- '오페라의 유령' 가슴 떨린 무대… 감동의 '커튼 콜'(한국일보)
- 공연리뷰 / 뮤지컬 '오페라의 유령'(세계일보)
- 공연리뷰 [오페라의 유령] '유령'의 신화 관객과 통했다(파이낸셜뉴스)
- '오페라의 유령' 한국 관객을 완벽하게 홀렸다(헤럴드경제)
- 10일 막오른 '오페라의 유령' 인기 비결(동아일보)

7) 청소년 할인 판매 시행 공지

- 뮤지컬 '오페라의 유령' 청소년 30% 할인 판매(한국경제신문, 동아일보)

8) 공연 결산 내용 중심

- '오페라의 유령' 30여억 원 벌었다(한국경제신문)
- 막내린 '오페라의 유령' - 100회 공연에 20만 관객(경향신문)

9) Special Issue 1(팬 미팅)

- '오페라의 유령' 주연 배우들 팬미팅 하던 날(동아일보)

10) Special Issue 2(연출자 해롤드 프린스 뉴욕 현지 인터뷰)

- [세계의 Top 예술가들] (3)뮤지컬의 황제 해럴드 프린스"숱한 실수들이 지금의 나를 만들었다" (조선일보)

11) Special Issue 3(샹들리에 셋업 현장 스케치)

- '오페라의 유령' 최고 명당은 S석?(동아일보)

12) Special Issue 4(무대 셋업 현장 스케치)

- 뮤지컬의 신화 '오페라의 유령'(한국일보)
- 뮤지컬 '오페라의 유령' 무대의 비밀은/ 빛의 마술… 150개 촛불을 만들어 내다(조선일보)

13) Special Issue 5(팬필 인터뷰)

- 오리지널 유령에 홀려 나도 모르게 객석 출몰(문화일보)

참고문헌

윤희중 (2001). 〈PR론〉. 서울: 이화여대 출판부.

임연철 (2007). 〈문화예술 홍보론〉. 서울: 커뮤니케이션북스.

전성환 (2007). 〈프로페셔널 공연 기획〉. 서울: 예영커뮤니케이션.

정재왈 외 (2007). 〈현장 문화예술 홍보〉. 서울: 커뮤니케이션북스.

Cutlip, S. M. & Center, A. H. (1971). *Effective Public Relation*. Englewood Cliffs: Prentice-Hall.

<table>
<tr><th colspan="2">정리</th></tr>
<tr><td>소주제 1.</td><td>1. 자료 수집의 중요성
• 수용자의 세분화
• 예술가와 일반 관객과의 직접적 접촉 어려움
• 홍보 착오를 사전에 예방
• PR프로그램의 기초가 되는 사실 제공
2. 자료 수집을 위한 원칙
• 5W1H
3. 자료 수집 방법
• 기획서, 프로필, 과거 기사 기록, 시청각 자료, 사진 자료 등</td></tr>
<tr><td>소주제 2.</td><td>1. 전략 수립 방법
• 주제 결정
• PR 계획 수립
• 목표 설정
• 소재 발굴
• 소재의 가공
• 선별적인 정보 및 자료 제공
• 평가
2. PR 커뮤니케이션 평가 핵심
• 청중의 범위, 반응, 영향, 영향을 주는 과정
3. PR 커뮤니케이션 평가 방법
• 정량적 방법: 홍보자료의 수량과 빈도, 주요 매체에 취급된 빈도와 크기
• 정성적 방법: 설문조사를 통한 관객의 태도 변화</td></tr>
</table>

CHAPTER 13

CULTURAL ARTS PUBLIC RELATIONS STRATEGIES

홍보예산

개요

1.1. 최근 공연예술 작품의 규모와 제작비가 크게 증가하면서 흥행에 대한 부담이 커지고 있다. 이와 관련하여 기존의 홍보 활동으로는 부족해 다양한 마케팅 기법들이 동원되면서 전체 제작비 중 홍보예산이 차지하는 비중이 높아졌다. 이는 홍보예산의 중요성이 강조되는 이유이기도 하다.

1.2. 홍보예산은 다양한 항목으로 구성된다. 주요 구성 항목에 대해 살펴본다.

1.3. 홍보활동의 평가는 당초 목표와 홍보활동이 얼마나 부합했는지 되돌아 볼 수 있는 기회가 된다. 또한 부족한 부분을 확인하여 다음 홍보활동에 반영하면, 시행착오를 사전에 예방할 수 있다. 홍보활동의 결과와 관련한 일련의 과정을 알아본다.

오늘의 이슈

홍보를 잘 모르는 사람들은 홍보가 조직에서 생산성을 높이는 것과는 직접적인 관련이 없다고 생각할 수 있다. 오히려 홍보와 관련한 활동이 비용을 수반하는 활동에 불과하다고 평가할 수도 있다. 사실 각종 보도자료를 및 홍보자료를 제작하는 것에서부터 기자 면담, 광고제작 등과 같이 홍보 활동에는 많은 비용이 투입된다. 그렇기 때문에 '홍보=비용'으로 공식화하여 생각하기 쉽다. 만약 예산담당자가 홍보를 경험하지 않거나 홍보에 대한 이해를 잘 하지 못한다면 홍보 예산을 줄여서 다른 예산 항목에 투입하려고 할 것이다. 그러나 이는 장기적으로 공중과의 호의적인 관계 구축의 잠재적 위험 요소가 될 수 있다. 따라서 '홍보≠비용'이라는 공식이 성립되기 위해서는 무엇보다 홍보담당자가 주어진 홍보예산을 적절하게 활용해야 하며, 이를 위해서는 홍보활동 예산 집행과 관련한 전반적인 사항을 이해할 필요가 있다.

본 장에서는 문화예술 분야에서 홍보예산은 어떻게 구성되며, 이와 더불어 홍보예산이 편성된 활동을 바탕으로 홍보활동의 결과를 평가하는 요소에 대해 탐구하고자 한다.

13.1 홍보예산에 대한 이해

1) 홍보예산의 개념

문화예술 분야의 이벤트와 관련한 예산 설정은 가장 핵심적인 부분으로 설정된 목표를 달성할 수 있는 최적의 예산을 설정하는 것이 중요하다. 이벤트 예산에는 반드시 투자된 비용에 대한 효과를 고려하여 최소의 비용으로 최대의 효과를 얻을 수 있는 경제적 관념이 뒤따라야 한다.

예산 비용은 기본적으로 공연계획에서 파생되는 다양한 프로그램의 제작, 연출비용과 운영계획의 진행에 따른 장비, 시설 비용을 비롯하여 서비스 시설, 안전관리, 주차장시설 투자로 인한 비용투자, 그리고 이벤트를 적당한 수준으로 홍보하기 위하여 소요되는 홍보예산 등이 포함된다(김희진 · 안태기, 2014, p.159).

마케팅 영역의 이벤트 예산을 설정할 때는 시장상황은 물론 제품수명주기(Product Life Cycle)[1]와 예산 편성 주기, 경쟁기업의 동향, 위험부담의 정도 등을 고려하며 종합적인 판단을 세우게 된다. 그러나 문화 · 공연이벤트 영역의 이벤트 예산 집행과정은 객관성, 합리성이 결여된 채 주먹구구식으로 진행되는 경우나 확실한 근거 없이 적당히 예산을 배분하여 짜 맞추는 사례가 많다(김희진 · 안태기, 2014, p.159).

이벤트의 기획의 올바른 접근방식은 설정된 실현 가능한 목표와 이를 달성하기 위한 최적의 세분화된 목표 방문객, 그리고 이들에게 만족감과 감동을 전달, 연출할 수 있는 차별화된 프로그램, 또 합리적인 예산 설정이다. 또한 예산을 효율적으로 관리하고 목적에 알맞게 집행하는 것도 중요하지만 이와 함께 다양한 이벤트 프로그램과 상품 개발에 주력하여 수익성을 높이는데 소홀함이 있어서는 안 될 것이다(김희진 · 안태기, 2014, pp.159-160).

특히, 홍보부서는 언론을 대상으로 하는 홍보 이외에 일반 관객 대상의 판매촉진(세일즈 프로모션), 광고, 마케팅 업무를 함께 담당하는 경우가 많으므로 이러한 업무에 투입되는 예산까지 포함한다면 예산규모는 더욱 늘어나게 된다. 언론을 대상으로 홍보와 관련하여 집행되는 지출예산은 공연의 규모, 성격에

1) 제품 및 서비스가 시장에 도입되고 보급, 발전되어 성숙기에 들어갔다가 점차 쇠퇴하는 일련의 과정을 말한다.

따라 공연별로 차이가 있지만, 일반적으로 이야기한다면 홍보비는 전체 예산의 약 20% 정도를 차지한다(정재왈 외, 2007, p.74).

언론홍보 업무를 홍보회사를 이용하여 외부 용역으로 처리한다고 하더라도 각 기관이나 단체의 홍보부서는 언론홍보와 직 · 간접적으로 관련되는 기본적인 지출예산은 확보하고 있어야 한다(정재왈 외, 2007, p.74). 그러나 홍보예산액을 어떻게 결정하는가에 대해 일정한 기준 같은 것은 없다. 그리고 그것은 기관이나 단체의 대표가 홍보부분에 무엇을 요구하는가에 따라 달라지기도 한다. 즉, 대표자가 홍보에 얼마나 기대하는가의 정도가 예산 설정에 반영된다고 할 수 있는 것이다(현대경영연구소, 2007, p.113).

홍보예산을 편성할 때는 여러 가지 요소들이 영향을 미친다. 그 중 하나는 예술단체의 라이프 사이클 단계와 지역사회에서의 명성이다. 라이프사이클 측면에서 도입 단계에 있는 예술단체는 인지도를 높이고 일단 한번 공연에 참석하도록 하기 위해 가능한 한 많은 광고와 판촉활동을 원할 것이다. 탄탄한 관객층이 형성돼 있는 안정 단계의 예술단체는 이 같은 노력을 줄이면서 기존의 관객에게 집중할 것이다(Kotler & Scheff, 1997/2007, p.532).

홍보예산을 편성할 때 고려해야 할 또 다른 요인은 공연되는 작품 그 자체이다. 어떤 예술형태나 이벤트는 명성이 높은 출연진, 전통적인 레퍼토리, 훌륭한 평론, 그 밖의 여러 요인들로 인해 다른 공연보다 더 강한 관객흡입력을 갖고 있다. 결국 각각의 공연에 대해 어느 정도 수준의 홍보비용을 지출하는 것이 가장 효과적인가 하는 것은 홍보담당자에게 달려 있다. 대중적인 인기가 있는 프로그램이라면 홍보비용을 거의 들이지 않아도 많은 관객을 끌어들일 수 있지만, 공연 자체가 좋지 못하면 어떤 홍보활동을 하더라도 관객을 끌어들이기 어렵다. 따라서 홍보예산은 공연되는 작품에 따라, 그리고 홍보활동의 수준별로 예상되는 관객의 반응에 따라 달라져야 한다. 물론 어느 정도는 유연성 있게 예산을 편성해 놓아야 공연에 대해 호평이 쏟아지거나 예기치 않게 좋은 입소문을 타게 될 경우 이를 충분히 활용해 광고 전략을 수정해갈 수 있다(Kotler & Scheff, 1997/2007, pp.532-533).

그러나 문화예술 단체의 예산 규모는 천차만별이며, 대중적으로 잘 알려진 공연은 많지 않다. 또한 대중적으로 잘 알려진 공연이라고 하더라도 무한정의 예산을 홍보예산으로 편성할 수 없다. 따라서 예산을 편성할 때에는 홍보예산을 절감할 수 있는 방법에 대해서도 생각해봐야 한다. 이와 관련하여 저예산 혹은 무료로 광고할 수 있는 기회를 찾아보는 것도 좋다(Kotler & Scheff, 1997/2007, p.533).

2) 홍보예산 편성 방식

(1) 가용예산 활용방식

많은 예술단체들이 스스로 가용한 예산에 맞추어 홍보예산을 편성한다. 하지만 현재 수준에서의 가용예산에 따라 홍보예산을 편성하는 것은 홍보활동이 갖는 투자로서의 성격과 즉각적인 판매량 증대효과를 전적으로 무시하는 것이다. 또한 이처럼 홍보예산을 편성하면 연간 홍보예산을 어떻게 편성할 것인지가 불확실해짐으로서 장기적인 관점의 홍보기획이 어려워진다(Kotler & Scheff, 1997/2007, p.533).

(2) 매출액 비율 방식

많은 예술단체들이 현재 매출액 혹은 예상 매출액에 따라 일정비율로 홍보예산을 편성한다. 이 같은 방식을 따르면 매출로 확보한 수입액에 따라 홍보비용 지출수준이 달라진다. 티켓 판매와 밀접하게 연계해 홍보예산을 지출해야 한다고 생각하는 재무 담당자들이 이 같은 방식을 선호하며, 예술단체의 경영진도 이런 방식을 통해 홍보비용과 판매가격 및 각 판매당 잉여금 사이의 관계를 고려할 수 있다(Kotler & Scheff, 1997/2007, pp.533-534).

이러한 장점에도 불구하고 매출액 비율 방식은 정당화되기 어렵다. 홍보활동의 결과에 따라 만들어지는 시장확대 효과는 보지 않고 과거 매출액 혹은 예상 매출액에만 의존해 홍보예산을 편성함으로써 순환논법에서 벗어나지 못하기 때문이다. 이런 방식으로 홍보예산을 편성할 경우 과거부터 이어져 온 순환고리를 깨는 시도나 적극적인 지출을 하기 어렵다. 매년 달라지는 매출액에 따라 편성하는 홍보예산으로는 장기적인 기획을 하기 힘들며, 추가적인 홍보활동으로 관객을 확대할 수 있는 아주 좋은 기회를 만나는 바로 그 순간조차도 평소보다 오히려 더 적게 홍보비용을 쓰는 결과를 만들어낼 수 있다(Kotler & Scheff, 1997/2007, p.534).

(3) 경쟁자 기준 방식

동종의 경쟁 상대가 홍보에 어느 정도의 예산을 책정했는가와 어떻게 사용했는가 하는 것이 다른 단체에도 무조건 맞는다고 할 수는 없다. 예술단체가 갖고 있는 명성, 보유자원, 외부 기획, 목표 등은 단체마다 다르기 때문에 다른 예술단체의 홍보예산은 길잡이가 되기 어렵다(Kotler & Scheff, 1997/2007, p.534).

13.2 홍보예산의 구성

일반적으로 홍보업무 수행에 필요한 예산은 크게 기본운영예산과 홍보활동 예산 등으로 구분된다. 기본운영예산은 홍보부 운영예산으로 인건비, 여비, 교통비, 운반비, 외부단체 참가비, 내부시설비, 회의비 등으로 구성된다. 홍보활동 예산은 홍보활동에 필요한 직접적인 비용으로 보도자료 제작비, 우편 발송비, 사진 · 영상물 촬영비, 소모품 구입비, 매체 구독비, 도서 구입비, 광고비, 진행비 등이 포함된다. 지금부터는 홍보활동에 직접적으로 소요되는 비용 항목에 대해 알아보자(정재왈 외, 2007, pp.74-76; 현대경영연구소, 2007, p.113).

1) 보도자료 제작비

작성된 보도자료의 복사, 출력, 제본에 드는 비용이다.

2) 발송비

홍보물을 우편으로 발송하거나 퀵서비스, 택배로 발송하는 데 드는 비용이다. 월간지나 주간지는 보통 자료를 발송하는 데 시간적인 여유가 있으므로 우편을 이용하여 발송할 수도 있으나, 일간지나 방송매체와 같이 배표 시점이 보도시점과 비교적 맞닿아 있는 경우는 직접 방문하거나 퀵서비스, 보도자료 전문 발송기관 등을 이용하여 신속하게 발송하는 것이 좋다.

3) 사진 · 영상물 촬영비

외부의 스튜디오를 사용하는 경우 발생하는 스튜디오 대여비, 사진 작가료 등이 포함된다.

(1) 스틸 사진자료

사진을 촬영하는 시점에 따라 연습사진, 보도자료 사진, 프레스 리허설 사진, 기자간담회 사진, 리뷰사진 등으로 나뉜다. 사진작가에게 지불되는 비용은 지명도에 따라 차이가 크므로 유의하여야 한다. 오히려 금액의 많고 적음을 떠나 공연별로 특성이 있고 작가마다 전문 분야가 있으므로 해당 분야에서 실력이 검증된 작가를 섭외하는 것이 더욱 중요하다. 이 밖에 사진현상 · 인화, 사진 촬영장비의 수선 · 유지 등과 관련된 예산도 포함시켜야 한다.

(2) 동영상 자료

홍보자료로 사용되는 비디오 자료의 촬영비, 복사비 등이다. 비디오 촬영은 6 mm 디지털 카메라나 디지털 파일로 저장할 수 있는 카메라를 사용하여 촬영하는 것이 간편할 뿐만 아니라 방송용으로 사용하기에도 손색이 없으므로 최근 더욱 많이 이용되고 있다. 방송에 보도가 되었는데 해당 장면을 복사하지 못했으면 이러한 서비스만을 전문으로 취급하는 업체를 이용하면 된다.

(3) 기타

사진자료 저장용 공 CD나 USB 구입비, 필름 · 인화지 구입비, 프린터 잉크 구입비, 베타 테이프 구입비 등이 포함된다.

4) 소모품 구입비

봉투 제작비나 라벨 등이 이에 해당한다. 언론사 담당 기자 책상 위에는 하루에도 수십여 개의 보도자료 담긴 봉투가 놓여진다. 이러한 경우에 대비하여 다른 것과 차별화되는 튀는 디자인이나, 색상을 고려해 봄 직하다. 기본적으로 티켓용 작은 봉투, 사진을 넣는 중간 크기의 봉투, A4크기의 보도자료를 담는 대봉투, 기관이나 단체의 로고체나 마크가 인쇄되어 있는 페이퍼 백(Paper Bag) 등을 제작하면 된다. 라벨의 경우 해당 컴퓨터 프로그램에 맞는 용지를 구입하면 된다. 종류는 용도에 따라 사진 캡션(Caption, 사진설명)으로 붙이는 라벨, 주소와 이름을 인쇄하는 라벨 등으로 나뉜다.

5) 매체 구독비

신문 · 잡지의 구독비, 케이블 TV 수신료 등이 포함된다.

6) 도서구입비

업무에 참고가 되는 기본적인 도서 구입, 음반, 비디오테이프, DVD 구입비도 해당된다. 홍보용 자료로 사용하기 위해 구입하기도 한다.

7) 광고비

신문, 방송, 잡지, 인터넷 매체에 광고를 게재하는 데 소요되는 비용이다. 물론 광고 제작 비용, 대행 수수료도 포함시켜야 한다. 대대적으로 광고를 노출시킬 계획이라면 광고대행사를 운영하는 것이 좋다.

8) 진행비

진행비는 언론홍보 등 업무추진비, 식대 등이 포함된다. 해외 공연의 경우 자료를 번역하거나 감수하는 비용도 필요하다.

9) 기타

해외에서 공연을 관람하거나, 홍보 목적으로 취재단과 함께 외국으로 나가야 하는 경우라면 출장비를 확보하고 있어야 한다.

13.3 홍보 결과 평가

홍보계획을 실행한 후 홍보담당자는 타깃 관객을 대상으로 그 효과를 반드시 측정해보아야 한다. 비록 결과가 당초 목표에서 크게 벗어났다고 하더라도 전 과정을 되돌아보며 정리하는 일은 필수이다. 이런 과정을 반복하다보면 시행착오는 훨씬 줄어들게 되고 대신 성공 가능성이 커지게 된다(정재왈 외, 2007, p.76).

홍보 결과를 측정하기 위해서는 라디오를 통해 특별광고를 하거나 신문을 통해 홍보를 하고 있는 경우, 매표소 직원이 전화를 걸어온 사람들에게 어디에서 그 작품에 대해 들었는지 질문해볼 수 있다. 또한 예술단체는 관객들에게 설문조사를 실시하여 어떤 정기간행물을 읽는지, 어떤 라디오방송을 듣는지, 참석하는 공연에 대한 정보는 주로 어디에서 얻는지에 대해 질문할 수 있다. 좀 더 구체적으로는 포커스 그룹을 구성해 이들에게 특정한 홍보메시지를 인식하

표 13-1 ■ 홍보비 항목

구분	세부내역
보도자료 제작비	복사 · 출력 · 제본
발송비	우편발송 · 퀵서비스 · 택배
사진 · 영상물 제작비	스튜디오 대여
	사진작가 인건비
	사진 현상 · 인화
	사진촬영장비 수선 · 유지
	비디오 자료 촬영 · 복사
	공CD · 비디오 테이프
	필름
	인화지
소모품 구입비	봉투제작비 · 라벨
매체 구독비	신문 · 잡지
	케이블TV
도서구입비	도서
	음반
	비디오 테이프 · DVD
광고비	광고비
	광고물 제작비
	광고대행 수수료
진행비	업무추진비
	통 · 번역비
	감수비
기타	출장비/공연관람비

거나 기억하고 있는지, 그러한 메시지를 얼마나 많이 보거나 들었는지, 어떤 부분이 특히 떠오르는지, 메시지에 대한 느낌은 어떠하였는지, 예술단체와 그 작

품에 대한 과거와 현재의 태도는 어떠한지 등의 질문을 해볼 수 있다(Kotler & Scheff, 1997/2007, p.535).

홍보계획에 따른 평가는 대체로 결과 홍보 활동에 대한 결과 분석, 평가, 자료정리 순으로 정리할 수 있다.

1) 홍보활동에 따른 결과 분석

결과 분석은 각 홍보방법별 반응을 점검하는 것부터 시작한다. 어느 행사에 어떤 매체의 누가 왔으며, 그것이 지면(방송)에 어떻게 반영됐나를 되돌아보는 일이다(정재왈 외, 2007, p.77).

(1) 언론홍보

일반적인 기사 제공, 해외 방문 취재, 기자 간담회, 시연회(리허설) 등에 누가 왔으며 그 결과가 어떻게 드러났는가를 세심하게 기록한다. 이런 자료는 추후에 관련 기사를 검색하는 데 요긴할 뿐만 아니라 언젠가 종합적으로 시도될 수 있는 홍보 효과의 계량 분석의 자료로 활용할 수 있다.

(2) 기타 홍보

포스터, 전단, 프로그램 등의 당초 제작 부수와 실제 소비된 부수를 점검한다. 다음 해당 공연과 유사한 프로젝트를 수행할 때 이런 결과는 중요한 자료가 된다. 요즘 새로운 PR매체로 각광받고 소셜미디어나 스마트 미디어를 활용한 리뷰 내용을 비롯하여 이메일과 DM(Direct Mail), 협찬홍보, 동호회 홍보 등의 결과도 이런 식으로 점검하는 것을 잊지 않아야 한다.

(3) 광고

육교 현판, 웹 광고, 잡지광고, 지하철 전지 포스터, 극장 현수막, 시민 게시판, 신문광고, TV광고 등 당초 계획대로 진행된 광고에 대한 결과 분석도 필수다. 만약 TV광고를 했다면 방영시기와 시간대, 등급별 방영횟수 등을 철저히 조사해 계획대로 집행됐는지를 따져야 한다.

2) 평가

평가의 주요 항목은 매체에 나온 비평과 관객들의 반응이다. 간혹 어느 신문에 나온 비평문의 영향으로 매표 상황이 크게 호전되는 경우가 있다. 물론 악평일 때는 반대의 경우도 발생한다. 이런 상황을 객관적으로 정리에 기록으로 남기는 것을 잊지 않아야 한다. 이 과정을 통해 기획, 홍보담당자의 판단 착오를 확인할 수도 있다. 관객들의 '입소문'을 면밀히 검토해 차후 홍보의 갈피를 잡는데 참고한다(정재왈 외, 2007, p.77).

3) 자료정리

공연예고 기사, 리뷰 기사, 포스터, 전단, 프로그램, 사진, 영상자료 등을 나름의 분류 방식에 따라 정리한다. 설문조사 과정 등을 통해 입수한 관객 명단도 중요한 자료 가운데 하나이다. 그 외 자료 정리 대상은 협찬사 명단, 학교 등 티켓 판매 홍보처 명단, 협찬사 광고 필름, 대여 후 반납할 장비 목록 등이 있다(정재왈 외, 2007, p.77).

참고문헌

김희진 · 안태기 (2014). 〈축제 · 이벤트의 전략과 기획 실무〉. 서울: 한울.

정재왈 외 (2007). 〈현장 문화예술 홍보〉. 서울: 커뮤니케이션북스.

현대경영연구소 (2007). 〈홍보 · CI · 광고 올인〉. 서울: 승산서관.

Kotler, P., & Scheff, J. (1997). *Standing Room Only*. 용호성 (역) (2007). 〈전석매진: 필립 코틀러의 공연예술 마케팅 전략〉. 서울: 김영사.

<table>
<tr><th colspan="2">정리</th></tr>
<tr><td>소주제 1.</td><td>1. 홍보예산
• 언론홍보와 판매촉진, 광고, 마케팅 활동에 투입되는 예산
• 외부 용역에 의한 홍보활동이라도 자체적인 예산 확보가 필요
2. 홍보예산 편성에 영향을 미치는 요인
• 예술단체의 라이프 사이클 단계, 지역사회에서의 명성, 공연되는 작품의 명성 등
3. 홍보예산 편성 방식
• 가용예산 활용방식, 매출액 비율 방식, 경쟁자 기준 방식</td></tr>
<tr><td>소주제 2.</td><td>1. 홍보예산의 구성
• 기본운영예산 및 홍보활동 예산
2. 홍보활동 예산 항목
• 보도자료 제작비
• 발송비
• 사진 · 영상물 촬영비(스틸 사진자료, 동영상 자료, 기타 등)
• 소모품 구입비
• 매체 구독비
• 도서구입비
• 광고
• 진행비</td></tr>
<tr><td>소주제 3.</td><td>1. 홍보활동에 따른 결과 분석
• 언론홍보의 계량적 확인
• 포스터, 전단, 프로그램 등의 제작 부수와 실제 소비 부수 확인
• 온라인 홍보물 및 협찬, 동호회 홍보 등의 결과 확인
• 구매체 및 신매체 광고물
2. 평가
• 매체 비평 및 관객 반응
3. 자료정리
• 공연예고 기사, 리뷰 기사, 포스터, 전단, 프로그램, 사진, 영상자료 등의 분류 방식으로 정리</td></tr>
</table>

CHAPTER 14

CULTURAL ARTS PUBLIC RELATIONS STRATEGIES

마케팅 PR

개요

1.1. 문화예술 상품은 마케팅 PR이 효과적이다. 문화예술분야는 항상 '신상품'이므로 시장에서 화제를 조성할 수 있으며, 특히 예술과 문화산업은 소비자들의 관심이 많아 뉴스거리가 되는 부문이기 때문이므로 마케팅 PR의 대상으로 적합하며, 광고주의 의도가 드러나는 광고에 비하여 언론을 통해서 알려진 내용을 소비자들은 더욱 신뢰하기 때문이다. 이런 이유에서 마케팅 PR의 기본적인 이해가 필요한 것이다.

1.2. 해리스는 마케팅 PR을 효과적으로 적용할 수 있는 상품으로 예술, 오락과 같은 서비스 제품 등을 들고 있다. 문화예술분야는 MPR이 효과적으로 적용될 수 있는 대표적인 영역이다. 문화예술 상품을 효과적으로 홍보하는 가장 좋은 수단으로는 광고 이전에 이루어지는 퍼블리시티이다. 마케팅 PR에서 퍼블리시티의 중요성을 알아보고 전략들을 검토한다.

1.3. 마케팅 PR 전략을 구체적으로 적용시키는 활용하는 방안들을 고찰한다.

오늘의 이슈

과거에 비해 문화예술 관객이 즐길 수 있는 다양한 장르의 콘텐츠가 늘어나고 있으며, 문화예술 분야 내에서도 관객을 유도하기 위한 경쟁이 필수가 되었다. 이와 더불어 최근에는 각 문화예술 장르에 경계가 없이 각 장점을 흡수한 마케팅 전략이 눈길을 끌고 있다. 대표적으로 2013년에 열린 김연아의 아이스쇼는 아직 대중들에게 익숙하지 않은 스케이팅이라는 스포츠 분야에 스토리를 가미하고 적절한 마케팅 PR을 더하여 많은 관객을 불러 모은 바 있다. 이 당시 아이스쇼는 그 해 가장 히트를 쳤던 영화인 '레미제라블'을 콘셉트로 레미제라블의 음악, 의상, 무대, 배경 영상을 적용하였고, 뮤지컬 배우들까지 등장하여 영화, 뮤지컬, 책, 아이스쇼를 결합한 새로운 문화 상품을 만들어 세간의 주목을 받을 수 있었다.

이처럼 최근에는 보도자료 배포, 위기관리, 불만해결 등을 통한 관객과의 우호적 관계형성이라는 소극적인 PR활동을 넘어, 소비자들이 필요로 하는 것, 원하는 것, 염려하는 것, 관심을 갖는 것 등을 고려하여 직접적으로 티켓 판매를 촉진하고 각종 이슈를 양산하기 위한 마케팅 PR이 관심을 받고 있다(임연철, 2007, p.82). 본 장에서는 마케팅 PR의 정의와 구체적인 전략 및 활용 방안에 대해 탐구하고자 한다.

14.1 마케팅 PR의 개념과 성장 배경

마케팅 PR(이하, MPR)이란 기업의 이미지와 인지도를 높이기 위한 PR 전략과 상품을 팔아 이윤을 획득하기 위한 마케팅 전략을 통합한 것으로서, 기존 PR처럼 기업의 이미지 제고 단계에 머무르는 것이 아니라 한 단계 더 나아가 제품 판매 증대라는 실질적인 결과로까지 연결시키는 과정이라 할 수 있다. Harris(1993)는 이러한 마케팅 PR은 "신뢰성 있는 정보제공을 통해서 회사나 상품이 소비자의 욕구나 관심 혹은 흥미와 동일하다는 인상을 심어줌으로써 소비자의 구매를 유발하고 만족을 줄 수 있도록 프로그램을 계획하고 집행하고, 평가하는 과정"이라고 규정하고 있다(Harris, 1993, p.12: 이수범, 2005 재인용, p.45).

MPR이라는 명칭이 처음 등장한 것은 1980년대이다. 이때 MPR은 마케팅을 지원하기 위해 사용한 전문적인 PR 테크닉을 PR의 일반적인 기능으로부터 구분하고자 하는 필요에 의해서 생겨난 것이었다. 1980년대, 90년대를 경유하는 시장 환경의 빠른 변화 속에서 마케팅과 PR은 전략적인 결합을 계속해 왔으며, 오늘날 다원화된 시장을 공략할 수 있는 중요한 마케팅 믹스의 하나로 자리잡고 있다(이수범, 2005, pp.45-46).

즉, MPR은 전반적인 PR활동 중 특정 소비자에게 초점을 맞춰 기업과 소비자 간의 상호작용을 다루는 PR의 마케팅 지향적(marketing oriented) 측면으로 PR의 전술적인 도구와 퍼블리시티를 접목시켜 이미지 향상 및 제품판매를 촉진하는 것이다(Kitchen & Moss, 1995: 김주환, 2010 재인용, p.150).

이러한 MPR의 등장은 빠르게 변화해온 마케팅 환경과 밀접하게 연관되어 있다. 먼저 대중 마케팅에서 탈대중 마케팅으로의 변화를 들 수 있다. 산업혁명을 거치면서 근대사회는 대량 생산 체계의 정착과 발전으로 인해 대중 시장(mass market), 대중 마케팅(mass marketing)의 개념을 탄생시켰다. 대중 마케팅은 서로 비슷하고 차별화 되지 않은 규격화된 대중의 소비자들에게 규격화된 대량생산제품을 파는 것을 일컫는다. 기업에게 소비자는 수동적인 구매자로만 취급되었다. 이러한 대중 마케팅을 이루는 마케팅 믹스의 요소로는 통상적으로 4P(product, place, price, promotion)가 제시되어 왔는데, 4P 전략이란 최대한의 이익을 내거나 총비용을 커버하는 선에서 가격을 결정하고, 우세한 유통채널을 이용하기만 하면 되었고, 매스미디어를 통해서 대중적으로 광고를 실시하면 되는 것이었다. 즉 4P 전략에서 프로모션은 광고를 중심으로 이루어졌으며, 이는 대규모 비용을 지출하는 것이었지만, 늘 실패하지 않는 방법으로 여겨져 왔던 것이다(이수범, 2005, p.46).

그러나 1980년대 들어 생산성 향상에 따른 지속적인 공급 증가는 대중적 수요를 이끌어내는데 한계에 봉착했으며 이를 극복하기 위해서 시장 경쟁은 더욱 치열해질 수밖에 없었다. 탈대량화된 생산체제와 탈대중화된 마케팅 전략이 필수적으로 요구되었으며, 시장의 결정권자가 공급자가 아닌 소비자 곧 수요자(buyer's market)로 전환되었음을 인정해야 했다. 이에 따라서 기존의 생산자 중심의 4P 전략은 소비자 중심의 4C(consumer, cost, convenience, communication)전략으로 전환되었다. 이러한 4C 마케팅에서 이전의 프로모션을 대신하여 등장한 커뮤니케이션이라는 새로운 요소는 소비자들의 차별적인 욕구에 부합하는 PR을 주목하게 했다. 대중 소비자들을 향해서 일괄적이고 일방적인 메시지를 전달하는 광고에 비해서 PR은 다양화되고 개인화된 소비자들의 브랜드 접촉점들을 관리함으로써 마케팅 목적을 이룰 수 있도록 하기 때문이었다. 마케팅전문가들은 마케팅의 목적에 부합하도록 PR을 전략적으로 끌어들였으며, PR전문가들이 마케팅 전략 지원 프로그램의 기획 능력을 갖추기 시작하면서 MPR은 폭발적으로 성장하게 되었다(이수범, 2005, pp.46-47).

Harris(1993)는 1990년대에 들어서 더욱 폭발적으로 MPR이 성장하게 된 시장상황을 더욱 세부적으로 나누어 고찰하고 있다. 그 내용을 살펴보면 첫째, 대중 시장의 분화이다. 4C전략의 핵심적인 특징은 다양하고 다원화된 소비욕구와 구매행위를 하게 된 소비자로부터 마케팅 기획이 시작되어야 한다는 것이다. 다양성과 품질에 대한 욕구를 가진, 노련하고 똑똑한 구매자들이 점점 더 늘어나고 있으며, 이들이 선택할 수 있는 기회 역시 다양화되고 많아졌다. 이른바 탈 대중화된 시장이 형성되었으며, 이러한 상황에서 소비자들은 더 이상 광고라는 일괄적인 메시지 안에서 모든 것을 받아들이지 않는다는 것이다(Harris, 1993, pp.17-27: 이수범, 2005 재인용, p.47).

둘째, 기술과 정보의 폭발이다. 90년대 이후 새롭고 다양한 매체의 탄생, 개인용 컴퓨터의 빠른 보급, 인터넷과 IT 기술의 발달 등은 전통적인 대중 마케팅에 변화를 가져온 중요한 요인이다. 정보통신 기술의 발전으로 등장한 새로운 미디어 환경은 정보의 흐름을 촉진하고 있으며, 수신자와 송신자 사이의 거리를 시간적, 공간적으로 단축시키고 있을 뿐만 아니라 소비자의 의견을 실시간으로 반영할 수 있는 쌍방향적 커뮤니케이션을 가능하게 하고 있다. TV를 중심으로 이루어졌던 미디어 수용행위는 정보통신기술과 결합된 다양한 매체들, 이를테면 인공위성, 케이블TV, PC와 같은 다양화된 매체로 분화되었으며, 이러한 커뮤니케이션 환경의 변화는 MPR의 성장을 자극하고 있다(이수범, 2005, p.47).

셋째, 마케팅 경쟁의 심화이다. 대중시장의 분화 속에서도 마케팅 담당자들은 여전히 좀 더 많은 소비자들의 인지와 구매행위를 불러일으키기 위해서 치열하게 경쟁하고 있으며, 마케팅 믹스의 주요 요소였던 광고는 더 이상 최우선의 요소로써 인정되지 않고 있다. 마케팅 전략은 기업 경영의 효율성을 극대화할 수 있는 방향으로 나아가야 하며, 치열한 판매 전쟁에 이용할 수 있는 모든 유용한 도구를 활용할 커뮤니케이션 전략이 요구되고 있는 것이다. 요컨대 마케팅과 커뮤니케이션이 유기적으로 통합된 마케팅 커뮤니케이션 전략이 필요하다. 마케팅이 상품 판매를 위해서 존재하고 PR은 기업의 이미지나 브랜드 홍보를 위해서 존재했던 이분화는 지양되어야 하며, 마케팅을 촉진할 수 있는 다양한 브랜드 접촉점을 관리하여 마케팅의 목적이 달성될 수 있는 유리한 환경을 만들어 주는 PR 전략으로 나아가야 한다(이수범, 2005, pp.47-48).

넷째, 네트워크방송 광고의 영향력이 하락하고 있다. TV 소유자의 4분의 3이 사용하는 리모컨은 시청자의 행동을 변화시키고 있다. 시청자들은 광고방송이 나오면 리모컨을 사용해 채널을 돌려 보고 싶은 프로그램을 골라보며 광고를 피하거나 스쳐지나간다. 광고 소비자들은 행동적으로 뿐만 아니라 심리적으로 중요하지 않은 커뮤니케이션을 무시하거나 혹은 무시할 준비가 되어 있다. 게다가 오늘날과 같은 다채널 다매체의 환경에서 TV 광고는 유일한 매체, 최선의 매체가 될 수 없다. 소비자들은 그들의 심리적, 인구학적 통계에 따라서 특정 매체나 채널에 더욱 호감을 가질 수 있기 때문이다. 그럼에도 불구하고 TV 광고비용은 여전히 증가하고 있다. 비용은 증가하고 영향력에 대해서는 불투명한 오늘날의 TV 광고 시장에서 많은 광고주들과 마케팅 담당자들은 TV 광고를 선택에서 배제하는 대신, 더욱 설득력있게 TV 시청자들에게 도달할 수 있는 방법을 생각해야 한다. 이는 MPR에 대한 무한한 기회라 할 수 있다. 마케팅 목적을 이루도록 기술적으로 수행된 PR은 15초짜리 상업광고보다 더 많은 생산적인 정보를 제공할 수 있기 때문이다. PR의 요소들을 통해서 전달되는 메시지는 광고와 달리 신뢰성을 형성할 수 있다(이수범, 2005, p.48).

마지막으로 광고 효과 자체에 대한 회의적 반응이 점차적으로 늘어나고 있다는 것이다. 오늘날 상업광고는 더 이상 놀라운 것이 아니다. 오히려 엄청나게 많이 쏟아져 나오는 상업광고의 홍수 속에서 소비자들은 공격받고 있다고 생각하거나, 소음이라고 여기고 있는 것이다. 소비자들은 광고에 대해 계속 부정적인 생각을 품어왔으며, 광고가 불필요한 구매를 조장하거나, 상품의 가격을 높이는데 기여하는 것으로 여기게 되었다(이수범, 2005, pp.48-49).

해리스의 논의에서 알 수 있듯이, 오늘날 마케팅 전략은 더욱 다원화되고 빠르게 변화하는 마케팅 환경을 고려해야만 한다. 평균을 근거로 불특정 다수를 겨냥했던 광고 중심의 프로모션 전략은 빠르게 변화하며 세분화되는 시장 환경 속에서 더욱 다양하고 차별적인 방법으로 상품과 접촉하고 있는 소비자들을 따라갈 수가 없다. 또한 매스미디어를 통한 광고는 비용적으로나 효과의 검증 면에서 이제 한계에 봉착해 있다는 평가가 지배적이다. 이러한 종합적인 변화를 고려했을 때, 장단기적으로 마케팅의 목적을 성공적으로 완성하기 위해서는 PR로 적극적으로 활용해야 하며, PR의 기능이 마케팅과 연계되어야 한다(이수범, 2005, p.49).

이전의 대중 마케팅 시대에 PR은 기업과 소비자, 지역주민, 정부, 언론, 종업원 등과 같은 다양한 공중과의 상호관계를 증진시키며 위기상황을 수습하는 포괄적인 기능으로 기업의 마케팅 활동에 간접적인 영향을 주는 것에 한정되어 있었다. 마케팅은 소비자의 욕구를 만족시키기 위한 모든 과정과 활동이다. 이전에는 PR을 기업의 다양한 공중들과 제품에 대한 호의도를 형성해가는 과정과 활동으로 분리시켜, PR은 기업의 이익 창출과는 직접적으로 관계가 없는 활동인 것으로 간주되곤 했다. 그러나 오늘날과 같이 소비자들이 서로 긴밀하게 연결되어 있고 능동적으로 서로 상호작용하는 커뮤니케이션 환경에서는, 공중에 대한 신뢰와 호의도를 관리하는 PR의 기능은 곧 소비자를 관리하는 기능과 합치될 수밖에 없다(이수범, 2005, pp.49-50).

코틀러(Kotler)는 기업들이 매스미디어의 광고가 한계에 다다랐다는 것을 인식했으며, 이 때문에 PR이 폭발적으로 성장하면서 PR과 마케팅의 오랜 애증의 관계가 끝나고 PR이 마케팅에 흡수되었다고 이야기한 바 있다. 광고비의 급증이나 판매 촉진의 수단으로서 광고의 효용 감소에 따른 비용 효과의 측면이 마케팅과 PR을 결합시켜 MPR을 성장시키게 된 계기라는 것이다. 브랜드 충성도가 중요한 오늘날 무분별하게 쏟아지는 광고의 일방적인 메시지로는 자사 제품이나 서비스를 소비자의 마음속에 좋은 이미지로 남게 하는 것은 점점 어려워지고 있다(Harris, 1993, p.4: 이수범, 2005 재인용, p.50).

본질적으로 마케팅과 PR은 모두 판매의 기능을 보조한다. 마케팅이 전적으로 판매의 문제에 집중되어 있는 반면에, PR은 좀 더 포괄적으로 판매는 물론 이해 관계자들과의 관계에도 관련되어 있다. PR은 매체, 행사, 소비자 정보 프로그램 등을 통해 판매를 보조한다. 최근 들어 소비자 단체, 환경보호 단체, 정치가, 법률가, 정부 기구들이 마케팅 영역에 영향력을 미침에 따라 PR의 역할이 더욱 중요해지고 있다(이수범, 2005, pp.49-50).

14.2 마케팅 PR 전략

MPR은 신뢰를 바탕으로 PR의 전술적 도구들을 이용하여 사업초기에 마케팅 수립과 함께 기획되어야 한다. 그리고 전략적이고 장기적인 계획을 가지고 기업의 모든 커뮤니케이션 과정에 MPR이 통합되어 엄청난 시너지효과를 창출하고, 기업이나 브랜드에 대한 소비자를 비롯한 공중들의 충성도를 극대화하는 것이다. MPR은 상품 메시지에 신뢰성을 주는 특별한 능력으로 상품의 부가가치를 형성하는데 도움을 준다. 특히, 메시지가 기자나 방송 캐스터 같은 제3자를 통해 전달될 때 더욱 설득력이 있다(이수범, 2005, p.59).

MPR은 제품 메시지에 신뢰성을 높이는데 독특한 능력이 있으며, 그것을 통해 제품의 가치를 높이기 때문에 매우 효과적이다. 이와 같이 MPR이 효과적이기 위해서는 전략이 필요한데, 해리스(Harris)는 MPR 전략을 다음의 세 가지로 제시하고 있다(Harris, 1993, p.49: 이수범, 2005 재인용, pp.59-60).

첫째, 푸시(push) 전략이란 프로모션이나 판매원을 이용하여 유통 경로에 제품을 밀어 넣는다는 것을 의미한다. 즉, 생산자는 도매업자에게, 도매업자는 소매업자에게, 소매업자는 소비자에게 제품을 내보내는 활동을 적극적이고 공격적으로 하는 전략을 말한다. 그러므로 기업의 입장에서 보면 중간 유통업자나 판매원들이 효과적으로 마케팅을 할 수 있도록 지원하는 전략개념이라 할 수 있다. MPR에서 푸쉬 전략으로 사용하는 대표적인 수단으로는 유통점주 대상 이벤트, 신제품과 판촉 활동에 초점이 맞추어진 안내서, 판매원들이 구매자에게 직접 보여주거나 전달할 수 있도록 복사한 신문이나 잡지 기사들, 상품에 대한 뉴스를 다룬 업계 간행물의 기사 등이 있다. 이와 같은 기사들에는 주로 상품에 대한 광고나 판촉 활동의 평가뿐 아니라 소매점에서의 성공 사례, 제품 관련 전문가와의 인터뷰 등이 포함된다. 맥도날드의 프랜차이즈를 늘리는 푸쉬 전략이 대표적인 성공사례라 할 수 있다. 맥도날드는 퍼블리시티를 이용하여 투자자들의 흥미를 끌고 프랜차이즈 점포의 수를 늘려서 자연스럽게 햄버거의 판매로 이어지게 하였다.

둘째, 풀(pull) 전략이란 소비자 대상의 광고 또는 판촉활동을 통해 수요를 형성시켜 소비자를 제품 쪽으로 끌어온다는 것이며, 유통 과정상 소매점으로 끌어온다는 뜻의 전략이다. 이 전략이 성공적일 경우, 소비자는 소매점에게, 소매점은 도매점에게, 도매점은 생산자에게 제품을 요구하게 된다.

MPR 활동의 결과, 소비자들은 많은 매체를 통하여 브랜드를 접촉하게 되는데, 그런 것들이 소비자를 직접 설득하여 끌어들이는 전략이라 할 수 있다. 풀 전략 수단으로는 대중 매체나 또는 아주 특별한 매체를 통하여 소비자에게 도달하도록 구성하는 것이 일반적이지만, 이벤트와 같은 것들도 포함된다. 예컨대 아일랜드 기업 기네스 맥주사는 오래전부터 세계 최고 기록만을 수록하는 '기네스북(guinnes book of record)'을 정기적으로 발간하여 전세계 소비자들에게 브랜드를 홍보하는 대표적인 풀 전략 매체로 활용하고 있다. MPR의 많은 비용은 풀 전략에서 사용되며, 푸쉬와 풀 전략을 동시에 사용할 수도 있다.

셋째, 패스(pass) 전략이란 최종 소비자가 아닌 집단들이 제품의 시장 진입을 막거나 걸림이 되는 오늘날의 상황에서 그들에 대한 전략이다. 정책 결정자, 정부단체, 국회의원, 규제단체, 정당, 사회활동가 등 어떤 관심 분야를 대표하는 이익 단체들이 바로 이런 집단들인데, 기업의 입장에서 보면 통제할 수 없는 부분이기도 하다. 마케터가 이들을 넘어서야만 목표한 시장에 진입할 수 있다는 뜻에서 패스 전략이라고 한다.

MPR의 역할은 마케터로 하여금 게이트키퍼들을 넘어서서 시장에 진입하는 것을 돕기 위해 전략을 구상하고, 전술을 실행하는데 있다. 패스 전략은 통제 불가능한 스테이크 홀더들과의 관계를 개선하여 그들을 넘어섬으로서 기업이나 상품에 대한 신뢰를 더해가는 것이다. 이를 성공적으로 수행하기 위해서는 이슈관리와 지속적인 커뮤니케이션이 전제되어야 하는 만큼 MPR은 CPR[1] 영역과 상호 협력해야 한다(이수범, 2005, pp.60-62).

공격적인 풀 전략을 수행하여 성공을 한 제품들이 있지만, 유통업자들이 시장에 끼치는 영향이 점점 커지는 것을 감안하면 푸쉬 전략은 풀 전략과 같은 비중으로 고려할 필요가 있다. 또한 패스 전략은 안정성, 효율성을 집중적으로 펴

표 14-1 ■ MPR의 전략(출처: 이수범, 2005, p.61)

전략	대상	구분	수단
푸쉬(Push)	소매상 딜러 유통 배급업자 도매상	MPR	소매 대상 이벤트 업계지 보도 기사화 기사 내용 복사물 정기 간행물
풀(Pull)	소비자/최종 사용자	MPR	미디어 이벤트 미디어 투어 제품관련 이야기 배치 제품 배치 전시회 제품 실연 각종 설문조사 안내서 기업의 입장 발표 심포지움 정기간행물
패스(Pass)	게이트 키퍼 공공이익단체 정부 커뮤니티 리더	CPR	이슈에 대한 평가 조언활동 커뮤니케이션
	공중으로서의 소비자	MPR	합동 자선사업 전국 스폰서 지역 스폰서

1) CPR(Corporate Public Relations)이란 메가 마케팅 상황에서 시장에 진입하기 위해 소비자가 아닌 여러 공중들에게 영향을 끼치려는 PR활동이다. 따라서 CPR은 기업이 공중들과의 관계를 개선하거나 호의를 형성하기 위해 하는 활동을 일컫는다.

블리시티하는 것뿐만 아니라 실연을 통해서 사실을 입증하는 것도 중요하다. 또한 사회가 직면하고 있는 중요한 이슈에 대해서 기업이 어떻게 반응하고 활동하는가를 보여 줌으로서 여러 게이트 키퍼를 넘어야 하는 것이다. 결국 MPR에서는 위의 세 가지 전략을 모두 구사해야 한다(이수범, 2005, p.62).

요컨대 마케팅과 커뮤니케이션이 전략적으로 결합하여 보다 높은 시너지 효과를 창출하는 것이 MPR이라 할 수 있을 것이다. 개별적인 커뮤니케이션 프로그램들과 기업의 마케팅을 위한 노력들은 통합적으로 관리되어 지속적이고 명확한 메시지나 이미지를 전달할 수 있을 때 시너지 효과를 창출할 수 있다. 이러한 측면에서 MPR에서 퍼블리시티(publicity)의 영향력은 막강하다고 할 수 있으며 그 기능 또한 더욱 중요해지고 있다. 퍼블리시티란 대중 매체를 통하여 소비자에게 상품, 서비스, 또는 회사에 대한 정보를 전달하는 것을 말한다. 유료 광고와는 달리 무료로 매스 미디어에 노출될 수 있을 뿐만 아니라 광고주나 기업과 직접적으로 관계가 없는 제3자에 의해서 기사가 다루어짐으로써 더욱 높은 신뢰성을 확보할 수 있다. 퍼블리시티와 병행해 활용하여 온 MPR 전술에는 책자 발행, 콘테스트, 특별이벤트, 팜플렛, 전시회, 미디어 투어, 퍼레이드, 페스티벌, 스포츠 이벤트, 각종 후원, 시사회, 세미나 등이 있다(Harris, 1998: 이수범, 2005 재인용, p.51). 이는 기본적으로는 판매촉진과 중복되지만 퍼블리시티는 이러한 전술의 효과들이 일회성으로 끝나지 않고 미디어에 노출되게 함으로써 목표 공중에게 지속적으로 영향을 미칠 수 있게 하는 활동이라는 측면에서 의의가 있다(이수범, 2005, p.51).

MPR로서 퍼블리시티는 기자회견, 보도 자료 및 프레스 킷(press kit) 배포, 언론인 초청행사, 회사 및 상품에 대한 읽을거리, 기사제공 그리고 다양한 판매촉진을 위한 전술을 이용하여 상품 판매에 유리한 정보가 매체에 실리도록 하는 것이다. 오늘날과 같은 다매체 다채널의 커뮤니케이션 환경은 MPR과 퍼블리시티의 기회를 한층 더 확장시키고 있다(이수범, 2005, pp.51-52).

텔레비전을 이용한 퍼블리시티 기회로는 뉴스 시간, 다양한 간접 광고 및 협찬 광고가 증대된 것을 들 수 있다. 라디오의 경우, 청취자가 전화해서 이야기하는 프로그램이 많아졌고 비교적 인터뷰 시간이 길어져 제품과 관련된 메시지를 전달할 기회가 많아진 것을 들 수 있다. 매스 미디어에 회사 이름을 언급하는 콘테스트나 시상 프로그램이 늘어난 것도 MPR이 중요해진 요인이다. 신문의 경우에는 광고와 더불어 다양한 기업 및 제품 소개 코너가 많아졌다. 잡지에 있어서는 유명지의 주말 편을 독점 스폰서 하거나 전문 잡지의 스폰서가 될 수 있다. 잡지는 독자들이 상세히 읽기 때문에 그만큼 MPR의 효과가 크게 나타난다(Harris, 1998, pp.27-31: 이수범, 2005 재인용, p.52).

따라서 오늘날과 같이 마케팅과 PR의 기능이 마케팅 커뮤니케이션 시스템을 통해서 통합되는 마케팅환경 속에서 MPR은 PR의 전술적 도구와 기존의 퍼블리시티를 효율적으로 접목시켜 마케팅에 직접 도움을 주는 전략으로서 그 중요성이 더욱 강조되고 있다. 기존 PR처럼 기업의 이미지 제고 단계에 머무르는 것이 아니라 한 단계 더 나아가 제품 판매 증대라는 실질적인 결과로까지 연결시키는 과정으로서 마케팅과 PR의 전략적 결합이 강조되고 있으며, 각종 이벤트나 프로모션을 위한 아이디어를 활용한 상품 PR이 면밀한 전략과 전술들을 통해서 언론에 기사화됨으로써 그 성과를 극대화할 수 있다(이수범, 2005, p.52).

14.3 마케팅 PR의 활용방법

구체적으로 MPR 전략은 신제품 퍼블리시티, 문화예술 스폰서십, 스포츠 마케팅, 사회공헌 및 대의명분 마케팅, 대변인 전략, 기존 상품 되살리기 전략 등에서 활용된다.

1) 신제품 퍼블리시티

신제품 퍼블리시티는 상품의 전 라이프사이클을 통해 가장 효과적으로 MPR을 할 수 있는 기회이며 전 생애 주기 동안 단 한 번 있는 절호의 기회이다. 신제품 출시 때 전략적으로 MPR 계획을 수립하여 자사 제품에 대한 뉴스거리를 만든다면 많은 상품들 속에서 미디어로부터 관심이 집중되고 소비자들의 차별적인 인지를 획득할 수 있다. 미디어에 기사화된다는 것은 제품에 대한 1차적 신뢰를 획득한 것이고 향후 집행하는 광고의 효과도 높일 수 있다. 이런 이유로 신제품을 출시하면서 광고, 보도자료, 일회성 이벤트 등 단선적으로 마케팅을 수행하는 것은 중요한 마케팅 기회를 상실하는 것이다. 제품과 관련된 이야기를 드라마화하거나 미디어에 흥미있는 뉴스거리로 노출시키는 것과 같이 체계화된 MPR 전략을 구사하여 신제품을 소비자의 마음속에 각인시켜야 한다. 이와 같이 신제품 소개는 그 최상의 성과를 거둘 수 있는 절호의 기회이다. 신제품 마케팅에 있어서는 PR이 우선이고 광고가 다음이다. 광고가 시작되면 그 상품은 더 이상 '새롭다'는 뉴스 가치가 없어지기 때문이다(김주환, 2010, p.151).

마이크로소프트는 '윈도우 95(Windows95)'와 '윈도우 XP(Windows XP)'를 출시하면서 이러한 신제품 퍼블리시티를 성공적으로 활용하여 큰 성과를 거둘 수 있었다. 마이크로소프트는 윈도우 95가 출시되기 20개월 전부터 퍼블리시티를 활용하였다. 전세계에 있는 5여만 명의 고객에게 신제품을 미리 경험할 기회를 제공하고 이를 보도자료화 하여 기대감을 극대화하는 전략을 펼쳤다. 또한 CEO인 빌 게이츠를 비롯한 핵심 경영진들이 모두 윈도우 95의 홍보 활동에 적극적으로 나섬으로써 언론의 주목을 받기도 하였다(박성혁, 2004, pp.316-317).

2015년에 출시된 '윈도우 10'은 무료 업데이트를 중심으로한 MPR활동을 하였다. 최근에는 '윈도우 10'으로 무료 업그레이드 할 시간이 얼마 남지 않았다는 퍼블리시티를 활용하여 언론의 집중적인 조명을 받기도 하였다.

2) 문화예술 스폰서십

기업은 사람들의 삶의 질을 향상시키는 문화 · 예술 관련 비영리 기관들의 활동을 후원함으로써 기업 이미지를 높일 수 있을 뿐만 아니라 실제로 기업판매에도 영향을 끼칠 수 있다. 기업은 예술과 문화활동을 지원함으로써 기업의 문화적이고 긍정적인 이미지를 부각할 수 있으며 건설적인 사회활동에 참여하고 있다는 생각을 소비자에게 줄 수 있다. 소비자들이 기업이 지원하는 예술 · 문화 활동이나 행사에 참여한 경우 기업에 대한 선호도를 높일 수 있으며, 특히 제품 광고에 대한 거부감을 가지고 있는 소비자들에게는 브랜드에 대한 호감을 강화시킬 수 있다.

KT&G는 복합문화공간인 상상마당을 통해 비주류문화예술의 창작과 소통을 지원하고 순수공연예술 지원을 위해 상상아트홀을 운영하며 고급문화의 대중화에 기여하고 있다. '중앙음악콩쿠르', '세계발레스타페스티벌' 같은 순수예술을 지원하고 '밴드 인큐베이팅'이라는 프로그램으로 실력 있는 인디밴드를 지원하는 등의 활동을 하고 있다(마정미, 2011).

그림 14-1 ■ 세계발레스타 페스티벌 포스터

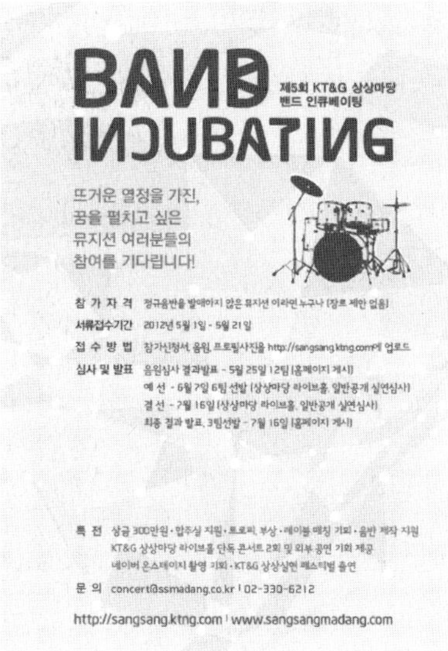

그림 14-2 ■ KT&G 밴드 인큐베이팅 포스터

3) 스포츠 마케팅

글로벌 스포츠는 글로벌 마케팅을 동반하기 마련이다. 후지필름은 1984년 LA 올림픽의 공식 후원사가 됨으로써 그동안 코닥필름에 의해 주도되어온 미국 시장에서의 인지도 제고는 물론 기업의 위상을 크게 높인 사례가 있다. 이후 1988년 서울올림픽의 공식후원사가 코닥으로 선정되자 후지필름은 앰부시(ambush) 마케팅[2]을 전개하여 성공적인 글로벌 브랜드로 성장하였다. 이와 같이 많은 기업들이 올림픽과 월드컵 등을 겨냥하여 공격적인 스포츠 마케팅을 전개하고 있다. 스포츠 마케팅을 MPR 수단으로 인식한 회사는 단순히 기부행위로 인식한 기업보다 높은 경영성과를 올리고 있다. 올림픽이 상업성과 아마추어리즘을 조화시키려고 하는 것처럼 기업도 이윤추구와 사회적 책임의 문제를 동시에 추구하고 있다. 왜냐하면 윤리적 경영으로 사회로부터 신뢰를 받는 것은 기업이 장기적으로 생존하기 위한 조건이기 때문이다. 따라서 기업은 마케팅 목적 이외에 사회와 진정한 파트너십을 형성하고 공헌하겠다는 측면에서 스포츠를 지원하고 있다.

---

2) 앰부시(ambush)는 '매복'을 뜻하는 말로, 앰부시 마케팅이란 스포츠 이벤트에서 공식적인 후원업체가 아니면서도 광고 문구 등을 통해 올림픽과 관련이 있는 업체라는 인상을 주어 고객의 시선을 끌어 모으는 판촉전략이다.

4) 사회공헌 및 대의명분 마케팅

기업이 자선활동을 사회 문제와 연결해서 전략적으로 활용하게 되면 기업의 생존 자체를 보장받게 된다. 대다수 소비자들의 경우 가격과 품질이 같다면 공익과 관련된 브랜드나 구입처를 선택할 의향을 가지고 있기 때문이다. 이러한 소비 성향을 소구하는 마케팅을 대의명분 마케팅(cause-related marketing)이라고 부르는데, 이는 이미지 마케팅, 사회 마케팅, 라이프스타일 마케팅 등을 함께 통합하는 전략이기도 하다. 이와 같은 대의명분 마케팅은 제품이나 서비스에 대한 구매 욕구를 사회적 대의와 관련시켜 자극함으로써 창출되는 마케팅 활동을 말한다. 대의명분이란 환경, 인권, 애국심 등 다양한 영역에 걸쳐 있다. 대의명분 마케팅은 궁극적으로 기업이 이윤을 창출해 내면서 동시에 사회적으로도 좋은 이미지를 쌓아 가는 마케팅 활동이다. 대의명분 MPR 전략은 회사의 명성을 높일 수 있으며, 상품의 인지도를 높이고, 고객의 충성도를 높이며, 판매를 증진시키고, 언론에 보도되는 등 많은 일들을 가능하게 한다.

5) 대변인 전략

다섯째, 대변인 전략은 실존인물 또는 가상인물을 내세워 상품 브랜드의 무한한 마케팅력을 창출하는 전략이다. 얼마나 가시성이 높은 사람이 대변인을 담당하느냐에 따라 MPR의 성패여부가 달려있다. 대변인은 기업을 대표해서 얼굴로 활약하는 것이 대표적인 역할이다. 보통 대변인은 기업의 CEO가 담당하는데 CEO 자체가 영향력이 있고 뉴스가치가 있는 경우에는 적당하지만 그렇지 않은 경우 문제가 있다. 이런 경우 CEO외에 관련 분야의 전문가나 유명인을 대변인으로 활용하기도 한다. 예를 들면 켈로그에서 다른 회사의 시리얼보다 더 많은 양의 식이섬유를 함유하고 있는 신제품을 새롭게 론칭한다면, 의사나 영양학자 등을 많이 동원하여 기자회견을 열어 정보의 신빙성을 높이려 할 것이다(이학만, 2006, p.192). 이에 비해 가상의 대변인은 기업이 원하는 캐릭터를 마음대로 만들어 낼 수 있는 장점이 있다. 바로 이 점이 대변인이 MPR에서 없어서는 안 될 존재가치이기도 하다.

6) 기존 상품 되살리기 전략

기존 상품 되살리기 전략은 기존 상품을 성장기로 재부상시키기 위해 쓰는 방법이다. 상품의 라이프사이클은 일반적으로 도입기, 성장기, 성숙기 그리고 쇠퇴기로 나누어진다. MPR 전략은 성숙기를 더욱 유지시키고 쇠퇴기를 맞은 상품에 다시 생명력을 불어넣을 수 있는 유효한 마케팅 수단이다. 따라서 마케터들은 MPR 전략을 기존 상품을 되살리거나 제 2의 새로운 시장을 공략하는데 활용할 수 있다. 관심을 끄는 주제와 뉴스가치가 있는 이벤트를 통해 상품의 이미지를 새롭게 포지셔닝하거나, 소셜미디어를 이용하여 즉각적이고 효율적인 퍼블리시티를 펼친다.

참고문헌

김주환 (2010). 〈PR의 이론과 실제〉. 파주: 학현사.

마정미 (2011). 기업메세나활동 유형이 기업 평판에 미치는 영향: 기업의 사회적 책임 및 동일시의 매개효과를 중심으로. 〈사회과학연구〉, 22권 3호, 169-200.

박성혁 (2004). 〈대한민국 일등광고의 20법칙〉. 서울: 디자인하우스

이수범 (2005). 〈영화 마케팅 PR론〉. 파주: 나남.

이학만 (2006). 〈돈 안 드는 마케팅〉. 서울: 한스컨텐츠.

임연철 (2007). 〈문화 예술 홍보론〉. 서울: 커뮤니케이션북스.

Harris, T. L. (1993). *The Marketer's Guide to Public Relations*. New York: John Wiley & Son.

Harris, T. L. (1998). *Value-Added Public Relations: The Secret Weapon of Integrated Marketing*. Chicago, IL: NTC.

Kitchen, P. J., & Moss, D. (1995). Marketing and public relations: The relationship revisited. *Journal of Marketing Communication*, 1(2), 105-118.

정리	
소주제 1.	마케팅 PR은 기업의 이미지와 인지도를 높이기 위한 PR 전략과 상품을 팔아 이윤을 획득하기 위한 마케팅 전략을 통합한 것으로서, 기존 PR처럼 기업의 이미지 제고 단계에 머무르는 것이 아니라 한 단계 더 나아가 제품 판매 증대라는 실질적인 결과로까지 연결시키는 과정이라 할 수 있다.
소주제 2.	마케팅 PR은 유료 광고와는 달리 무료로 매스 미디어에 노출될 수 있을 뿐만 아니라 광고주나 기업과 직접적으로 관계가 없는 제3자에 의해서 기사가 다루어짐으로써 더욱 높은 신뢰성을 확보할 수 있다. 퍼블리시티와 병행해 활용하여 온 MPR 전술에는 책자 발행, 콘테스트, 특별이벤트, 팜플렛, 전시회, 미디어 투어, 퍼레이드, 페스티벌, 스포츠 이벤트, 각종 후원, 시사회, 세미나 등이 있다
소주제 3.	마케팅 PR 전략은 신제품 퍼블리시티, 문화예술 스폰서십, 스포츠 마케팅, 사회공헌 및 대의명분 마케팅, 대변인 전략, 기존 상품 되살리기 전략 등에서 활용된다. 그 중 문화예술 스폰서십을 활용하면, 기업은 사람들의 삶의 질을 향상시키는 문화 예술 관련 비영리 기관들의 활동을 후원함으로써 기업 이미지를 높일 수 있을 뿐만 아니라 실제로 기업판매에도 영향을 끼칠 수 있다.

CHAPTER | CULTURAL ARTS PUBLIC RELATIONS STRATEGIES

15 SNS를 활용한 문화예술 PR 사례와 활용

개요

1.1. SNS 콘텐츠를 중심으로 한 문화예술 PR 전략의 중요성이 증대되고 있다. SNS는 기존의 전통 매체가 가진 파급력을 넘어 새로운 정보전달 및 이용자들과의 관계 맺기를 위한 도구가 되어가고 있다. 문화예술 PR을 위한 SNS의 중요성에 대해 논의한다.

1.2. SNS를 활용한 문화예술 분야의 PR 사례에 대해 살펴보고 문화예술 분야의 다양한 활용 가능성에 대해 알아본다.

1.3. SNS는 문화예술 분야에 PR전략 수립을 위한 다양한 기회를 제공하지만 SNS 활용에 대해 신중하게 검토해야 할 사항들도 있다. SNS를 활용한 PR 전략 수립을 위해 고려해야할 사항에 대해 고찰한다.

오늘의 이슈

국내에서 트위터가 본격적으로 알려지기 전인 2009년, 브로드웨이 뮤지컬 '넥스트 투 노멀(Next to normal)'의 트위터(@n2nbroadway)는 일종의 '트위터 퍼포먼스'를 진행했다. 극 중 대사뿐만 아니라 작사가 브라이언 요키(Brian Yorkey)에 의해 새로이 쓰인 대사를 배우들이 직접 트위터에 올림으로써 공연을 본 관객들과 공연을 보지 않은 관객들의 호기심 모두를 잡아내는데 성공했다. 한 달 여 간(2009.05~06) 진행된 이 이벤트는 '넥스트 투 노멀'이 노미네이트되었던 토니 어워드(Tony Award) 직전에 종료하도록 기획함으로써 '팔로워'들의 관심을 '공인된 작품성'이라는 화제로 이어갔다. 당시 3만 여명이던 팔로워는 이 이벤트를 통해 한 달도 채 되지 않아 네 배 이상으로 늘어나 공연을 지속적으로 홍보할 수 있는 기반으로 자리 잡았다. 이러한 '트위터 퍼포먼스'는 트위터를 단순하고 일차원적인 티켓 판매의 수단으로만 보지 않고, 자신들의 콘텐츠를 적극 활용함으로써 장기적으로 공연을 알리고 브랜딩하는 데에 큰 역할을 했다고 볼 수 있다. 이처럼 SNS는 막강한 정보 파급력을 바탕으로 새로운 홍보 수단으로 급부상하기 시작하였다(예술경영지원센터, 2013, p.66).

본 장에서는 문화예술 홍보분야에서 SNS가 갖는 의미를 되짚어보고 PR전략 수립을 위한 사례 검토와 더불어 전략 수립 시 홍보담당자가 유념해야할 요소에 대해 탐구하고자 한다.

15.1 문화예술 PR 전략 수립을 위한 SNS 활용의 필요성

과거 전통매체만을 활용하여 PR 전략을 수립하던 시대에 비해 현대에는 커뮤니케이션을 위해 활용할 수 있는 채널의 수가 다양해졌으며, PR 대상자의 입장에서도 주입식 PR전략보다 자신들이 원하는 정보나 메시지를 선택적으로 수용하는 형태로 변화하였다.

이러한 PR 환경의 변화는 이미 90년대 후반부터 빠르게 보급되기 시작한 인터넷으로부터 시작되었다. 인터넷은 불특정 다수와의 관계 형성과 더불어 정보 습득 및 교환을 위한 채널로 자리매김하였다. 그러나 초기 인터넷을 이용하는 형태는 지금과는 다소 차이가 있었다. 인터넷 속에는 수많은 정보가 존재하지만, 생산자에 의한 일방적인 정보 전달이었으며, 사람들은 제3자의 입장에서 정보를 검색하고 관찰하는 수동적인 수용자에 지나지 않았다(예술경영지원센터, 2010, pp.8-9).

이후 2004년 10월 오라일리 미디어사(O'reilly Media, Inc.)의 대표인 팀 오라일리(Tim O'reilly)에 의해 우리 사회 커뮤니케이션의 큰 변화를 가져온 개념이 등장하게 된다. 바로 'Web 2.0'이다. 'Web 2.0'은 간단하게 말해서 웹이라는 공간이 플랫폼의 역할을 하며, 데이터(또는 정보)가 자유롭게 사용자들에 의해 생산, 공유된다는 개념적 용어이다. Web 2.0 시대는 '개방', '공유', '참여'가 주된 개념이 되는 인터넷 환경으로 우리 사회의 커뮤니케이션 형태 자체를 크게 바꿔놓는 계기가 되었다고 해도 과언이 아니다(예술경영지원센터, 2010, p.9).

2000년대 들어 우리 사회는 또 한 번의 커뮤니케이션 변화를 경험하게 되었는데, 이른바 'Social Network Service'로 대변되는 SNS의 등장이다. SNS는 인터넷을 통해 정보를 공유하고 인맥을 구축하는 목적으로 개설된 커뮤니티 웹사이트를 말한다. 국내에서 싸이월드와 함께 알려지기 시작한 SNS는 블로그, 트위터, 페이스북 등이 가장 일반적인 형식이나 넓게는 기존에 서비스되던 메일, 메신저, 동영상 공유, 채팅, 게시판 등 개인 간의 네트워크를 돕는 서비스 역시 SNS의 범주에 포함될 수 있다. 이러한 SNS는 무엇보다 정보 수용자들이 수동적인 태도에서 탈피하여 검색, 공유, 전파 등을 통해 정보 재생산에 참여하게 되었다는 점에서 큰 의의를 갖는다(예술경영지원센터, 2010, p.11).

문화예술 분야에서 SNS의 활용은 다양한 기회를 열어주었다고 해도 과언이 아니다. 사회의 문화적 다양성, 정서적 다양성 확보의 한 축을 담당하고 있는 문화예술 분야 종사자들 역시 그동안 겪어왔던 홍보에 대한 갈증이 컸다. 또한 한정된 예산과 인력, 시간은 대중의 관심과 참여를 유도하기 위한 필수적인 홍보의 부족을 낳았다. 그러나 많은 비용이 들어 집행할 엄두가 나지 않았던 기존 매체를 활용한 홍보와는 달리, SNS는 운영에 대한 노력과 조직의 운영 의지에 따라 높은 홍보 효과를 기대할 수도 있다. SNS를 효과적으로 활용하면 단순히 전시 및 공연 정보를 고객에게 알리는 것을 넘어 작품과 관객이 상호 연계할 수 있는 PR전략을 수립할 수 있다. 또한 고객의 눈높이에 맞는 균형 잡힌 쌍방향 커뮤니케이션이 가능하기 때문에 작품의 이미지를 효율적으로 관리할 수 있으며, 고객에게 작품에 대한 긍정적인 이미지를 형성하여 장기적으로는 성공적인 전시 혹은 공연으로 성장하는 데 큰 도움을 줄 수 있다(예술경영지원센터, 2014, p.94).

이와 더불어 PR 대상자의 입장에서 가장 큰 변화는 바로 즉각적인 '리액션'을 보여줄 수 있다는 점이다. 우리가 사회적 존재로 살아가는 과정은 기본적으로 상대방과 '관계 맺음' 속에서 상대방의 리액션을 이끌어내기 위한 커뮤니케이션을 실현해 나가는 과정이다. 결국 상대방의 '리액션'을 만들어낼 수 없는 커뮤니케이션은 더 이상 커뮤니케이션으로서의 의미를 갖지 못한다. 과거에는 협소하고 제한적이며, 일대일 위주의 리액션을 만들어내는 커뮤니케이션 형태였다면 지금은 '개방', '공유', '참여'의 물결 속에서 불특정 다수와 폭넓고 지속적인 리액션을 만들어내는 양방향(Interactive) 커뮤니케이션이 중심이 되는 형태로 변모하였다(예술경영지원센터, 2010, p.14).

인지, 행동(구매), 기억, 전파 등 대중이 반응하고 행동하는 모든 과정은 커뮤니케이션 과정에서 주목할 만한 리액션이라 할 수 있다. 대중의 이러한 리액션은 기업(기관)과 브랜드의 인지도뿐 아니라 제품 매출에 직결되는 요소이기 때문이다. 따라서 PR, 광고, 프로모션, 이벤트 등의 모든 활동을 기획 단계부터 대중의 리액션을 이끌어내는 것을 전제로 하는 경우가 많으며, 이러한 활동의 결과(리액션)에 따라 홍보의 성패까지 좌우되기도 한다(예술경영지원센터, 2010, p.14).

그렇다면 대중의 리액션을 유도하기 위해 가장 중요하게 생각해야할 것은 무엇인가? 대중의 리액션을 이끌어내기 위해 가장 중요한 것은 바로 콘텐츠이다. 아무리 철저한 기획과 장치가 있어도 콘텐츠 자체가 관심을 이끌어낼 수 있어야 한다. 또한 이러한 콘텐츠는 생산자 입장이 아닌 수용자 입장에서 기획 또는 제작되어야만 한다. 생산자 입장만을 고려한 일방향적인 주입식 콘텐츠는 리액션을 이끌어 내는 데 한계가 있다(예술경영지원센터, 2010, p.16).

그러나 하루에도 셀 수 없을 만큼 수많은 콘텐츠가 양산되고 사장되는 인터넷 공간에서 콘텐츠만큼 중요한 요소는 커뮤니케이션이라는 대전제가 바탕이 되어야 한다. 특히 인터넷 공간에서의 리액션은 공유와 전파를 통해 빠르게 확산되며, 하나의 여론을 형성하는 모태가 될 수 있다. 그렇기 때문에 커뮤니케이션 요소를 갖추지 못한 콘텐츠는 사실상 의미를 상실했다고 볼 수 있다(예술경영지원센터, 2010, p.17).

커뮤니케이션 요소를 갖춘 콘텐츠의 제작에서 가장 중요하게 고려해야 할 부분은 '관계 맺음', '소통', '속도', '진정성'이다.

기본적으로 리액션은 '관계 맺음' 속에서 발생하는 자연스러운 현상이다. 따라서 관계 맺음에 대한 기본적인 철학도 없이 리액션을 기대할 수는 없다. '소통' 역시 중요한 요소다. 한 번의 관계 맺음으로 소통이 계속 이뤄지는 것은 아니다. 지속적인 소통은 그 만큼의 투자와 노력이 필요하며, 이러한 소통 속에서 리액션도 더 커지고, 폭도 넓어진다(예술경영지원센터, 2010, p.17).

또 하나는 '속도'다. 대부분 의사 결정권 과정은 복잡하고 절차가 까다롭다. 물론 이런 과정에서 올바른 결정이 나오기도 하지만 최소한 리액션을 필요로 하는 커뮤니케이션에서 의사 결정은 시간이 생명이라는 것을 인지해야 한다(예술경영지원센터, 2010, p.17).

마지막으로 '진정성'이 필요하다. 모든 커뮤니케이션은 진정성에서 시작된다는 것은 반론의 여지가 없다. 진실되고, 열린 자세를 요구하는 진정성 있는 커뮤니케이션은 특정한 매체(신문, 방송 등)를 거치지 않고, 직접적인 커뮤니케이션이 이뤄지는 인터넷 공간에서 더욱 가치 있으며, 리액션을 이끌어내는 필수 요소가 된다(예술경영지원센터, 2010, p.17).

양방향의 커뮤니케이션이 일상화된 현대에서 살아남기 위해서는 PR 전략을 다차원적으로 고민할 수밖에 없다. 성공적인 PR을 위해서는 PR의 목표, 타겟, 예산 등을 고려해 가장 효과를 거둘 수 있는 커뮤니케이션 채널을 선택하고 그 안에서 정보 수용자들의 리액션을 끌어낼 수 있는 형태의 콘텐츠를 생산, 유

포함할 수 있는 PR전략이 요구된다. 이와 더불어 기본적인 커뮤니케이션 요소는 '자랑'이 아닌 '대화'라는 점에 주목해야 한다. 수용자의 입장에서 하고자 하는 말만 일방적으로 전달하는 것이 아닌 속을 터놓고 대화하는 방식의 PR이 가장 핵심이자 목표가 되어야 한다(예술경영지원센터, 2010, p.18).

15.2 SNS를 활용한 문화예술 PR 사례

지금부터는 SNS를 활용한 문화예술 분야의 PR 사례를 살펴보고자 한다. 대체로 문화예술 분야에서 SNS는 트위터나 페이스북 등을 통해 기관의 잠재 고객에게 각종 정보를 제공하기 위한 목적으로 가장 많이 활용되고 있다. 또한 기관 이용자 및 잠재 고객에게 각종 문의사항을 전달하고 이에 대한 답변을 주는 등의 고객서비스를 위한 채널로도 많이 활용하고 있다. 그러나 문화예술 분야의 SNS 활용이 가장 효과적인 경우는 적극적인 홍보 또는 마케팅의 채널로서의 활용이라고 할 수 있다. 이 외에도 다른 문화예술 기관과 예술인과의 교류를 통해 같은 분야의 기관이나 예술인을 소개하거나 관심사가 유사한 기관끼리 연계하여 홍보 효과를 기대할 수도 있다. 문화예술 기관이나 예술인에 관심이 비교적 적은 잠재 고객에게는 문화예술과 관련한 상식을 전달하여 관심을 유발시킬 수도 있으며, 문화예술과 관련한 작품을 SNS를 통해 제작하여 시연하는 경우도 있다(정광렬 · 조현성 · 김가진, 2010, pp.282-291).

1) 뮤지컬 마마 돈 크라이의 트위터 활용 사례

뮤지컬의 경우 다른 문화예술 분야와는 다르게 전용 사이트가 존재하지 않는 것이 사실이다. 그렇기 때문에 대부분의 뮤지컬의 경우 제작사의 홈페이지를 통해 정보를 게시하는 것 이외에 작품을 홍보할 기회가 거의 없었다. 최근에는 전용 SNS 채널을 만들어 작품과 관련된 내용만을 게시하는 추세로 흐르고 있다. 뮤지컬 마마 돈 크라이의 경우도 제작사의 트위터를 통해 대중에게 홍보를 진행하고 있다. 자칫 피상적인 정보만을 제공할 수 있는 상황에서 마마 돈 크라이의 경우 기존 뮤지컬 홍보와는 다른 방식으로 자신들의 뮤지컬을 널리 알렸다.

(1) 캐스팅 배우 퀴즈 미션

이 뮤지컬이 트위터 상에서 공연 시작 전부터 주목을 받았던 것은 배우 발표 과정이 독특했기 때문이다. 2015년 1월 26일, 마마 돈 크라이 공식 트위터에 배우의 일부분만 나와 있는 포스터를 공개하였다. 포스터를 공개함에 따라 28일 자정에 캐스팅 배우 모두를 공개한다는 조건과 함께 많은 트위터 이용자에게 미션을 제시하였다. 이 게시물은 트위터 내에서는 물론이고 공연 관련 사이트까지 널리 알려지게 되었으며, 많은 사람들이 공개 시점 전까지 미션을 수행하기 위한 활동을 벌였다. 이후, 캐스팅 결과가 공개되고 배우의 인터뷰 영상을 추가로 게시하면서 다양한 반응을 이끌어 내었다. 배우 맞추기 미션 트윗의 경우 120여 개의 리트윗을 기록하게 되었고, 배우 발표 트윗의 경우 그 이상의 리트윗 기록을 남기게 되었다.

(2) 공연 관련 정보 전달

마마 돈 크라이의 경우 트위터를 주 채널로 정하여 공연 관련 정보뿐만 아니라

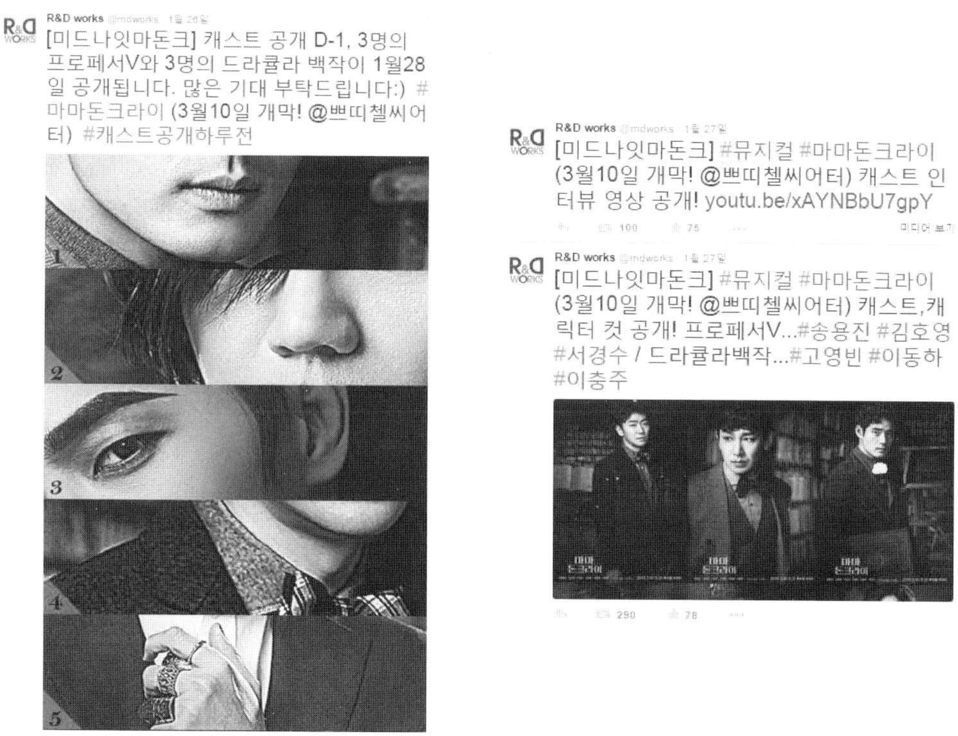

그림 15-1 ■ 트위터를 활용한 캐스팅 배우 퀴즈 이벤트

공연 종료 뒤에 발생하는 이벤트에 대해서도 실시간으로 전달하였다. 트위터의 경우 글자 수 제한이 존재하기 때문에 최대한 핵심만을 전달하거나 세부 정보가 필요한 경우 사진과 함께 관련 트윗을 2~3개 이상으로 분할하여 정보를 전달하였다. 또한 캐스팅 배우가 직접 올린 트윗을 인용하거나 관객의 관람 후기 등을 인용함으로써 공연에 대한 정보가 부족한 사람에게도 공연과 관련된 다양한 소식을 전달할 수 있었다.

또한 트위터를 활용하여 공연과 관련한 문의사항을 처리하기도 하였는데, 트위터의 경우 자신과 관계를 맺은 사람에게 트윗이 전달되는 특징이 있기 때문에 사전에 팔로우를 맺고 있는 사람들에게 모든 문의사항과 이에 대한 답변을 전달함으로서 관객의 신뢰를 향상시키기 위해 노력하였다.

(3) 해시태그(#)의 적극적 활용

공연을 홍보하는 데에 있어 최고의 방법은 이용자의 자발적 홍보이다. 홍보 주체가 실시하는 홍보의 경우 주관적이라고 인식할 가능성이 존재하나 이용자의 후기, 소개 등 자발적 홍보 활동이 이루어질 경우 객관적이라는 인식이 생겨 타인이 받아들이는 데에도 효과적이다. 마마 돈 크라이는 뮤지컬에 직접 참여한 사람의 트윗을 인용하는 방식과 함께 공연의 후기를 인용하는 데에 있어 해시태그를 활용하여 자발적 홍보의 효과를 극대화시켰다.

공식 트위터 계정에서 트윗을 실시할 때 기본적으로 제목에 해시태그를 활용하였으며, 그 형태는 제목의 준말인 마돈크, 배우 이름 등에 해시태그를 활용하여 단문 위주의 메시지를 전달해야 하는 트위터의 특성에 맞는 홍보전략을 활용하였다. 또한 요일, 날씨 등에 해시태그를 달아 노출함으로써 검색영역의

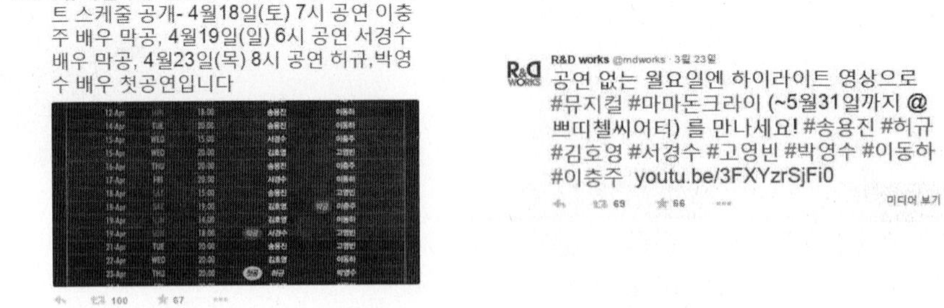

그림 15-2 ■ 해시태그를 활용한 마마 돈 크라이의 SNS 활동

확장을 실시하였다. 그 결과 연극 제목 검색 시 노출되는 것뿐만 아니라 다양한 검색어를 통해 노출됨으로써 홍보의 범위를 확대시켰다.

2) 그린플러그드 서울 2015의 다양한 SNS 활용

그린플러그드 서울은 2010년부터 시행해 온 뮤직 페스티벌로 올해까지 총 6번의 페스티벌을 실시하였다. 100여 팀의 뮤지션을 한 곳에 모아 이틀 동안 진행하는 행사로 서울시의 중요 문화 공연으로 자리 잡았다. 그린플러그드의 경우 다른 행사의 홍보방식과는 다르게 블로그를 메인 홈페이지로 지정하고 여러 SNS를 운영한다는 차이점을 가지고 있다.

그린플러그드는 블로그, 페이스북, 트위터, 인스타그램 등 총 4개의 SNS 채널을 운영하여 많은 참가자들에게 정보를 전달하고 있다. 그러나 각기 다른 성향의 SNS 채널을 운영하는 가운데에서 가장 중심이 되는 채널은 블로그이다. 블로그의 경우 5회까지 진행해온 역사에 대해 따로 카테고리를 편성하여 관련 정보를 노출하고 있다. 올해 진행되는 축제의 일정부터 시작하여 뮤지션 라인업, 이벤트 등 핵심적인 정보만을 게시함으로써 쉬운 정보 검색이 가능하도록 구성하고 있다. 블로그를 제외한 다른 SNS 채널은 특정 일자만을 검색하는 데에서 오는 한계가 존재하는데 이를 블로그가 보완하는 역할을 한 것이다.

블로그가 핵심적인 정보만을 전달하는 채널로 사용되었다면 다른 SNS 채널은 행사 기획 및 진행과 관련된 글을 추가적으로 게시하는 목적으로 활용하였다. 주로 뮤지션 라인업, 티켓 판매 상황, 무대 상황 등 행사 준비 과정에 대한 정보를 제공하였으며, 글을 게시할 때 원문의 주소를 적어놓음으로써 채널 간 연계가 가능하도록 하였다.

3) 문화예술 관련 기관의 SNS 활용 사례

최근 SNS 활용한 홍보전략의 새로운 트렌드는 각 SNS 채널의 특징을 이해하고 각각의 장점을 극대화하기 위해 여러 SNS를 함께 운영한다는 특징을 가지고 있다. 일례로 사비나 미술관과 대림 미술관, LG 아트센터는 SNS를 정보 제공의 새로운 도구로 인식하여 페이스북과 트위터를 통해 전시회 일정, 전시회 내용, 현장 사진 등을 제공하고 있으며 여기에 유튜브 내에 기관 채널을 개설하여 영상 콘텐츠를 게시함으로써 고객들에게 다양한 정보를 제공하고 있다.

사비나 미술관은 트위터로 동영상 스트리밍 주소를 알려주는 방식으로 각 SNS를 연계하여 활용하고 있다. 이를 통해 현재 진행하고 있는 강연이나 세미나 등의 정보를 실시간으로 전달하여 본 행사에 참석하지 못한 관객에게 문화예술과 관련한 정보를 제공하는 것이 특징이다. 페이스북은 사비나 미술관에서 진행하는 전시와 관련하여 홍보의 목적으로 게시물을 올리고 있으며, 대부분의 내용이 전시회 준비 과정, 현장 사진 등이다. 페이스북은 트위터에 비해 더 많은 양의 메시지를 작성할 수 있으며, 동영상과 이미지를 적절하게 활용할 수 있기 때문에 홈페이지 내에서 보여주지 못한 여러 이야기들을 페이스북에 게시함으로써 미술관이라는 경직된 이미지를 탈피하고 있다. 유튜브에서는 사비나 미술관 홈페이지 내에 있는 동영상 게시판인 사비나 채널의 내용을 그대로 게시하는 방식으로 운영되고 있다. 유튜브는 동영상 재생 시 우측에 위치한 연관 동영상 기능을 활용할 수 있다는 점에서 기존의 동영상 정보를 함께 노출함으로서 다양한 정보를 능동적으로 노출할 수 있는 장점을 가지고 있다(예술경영지원센터, 2013, pp.23-32).

대림 미술관에서는 페이스북과 트위터, 유튜브 뿐만 아니라 인스타그램도 활용하고 있다. 인스타그램은 온라인 사진 공유 서비스로서 사진을 찍음과 동시에 다양한 디지털 효과를 적용하여 페이스북이나 트위터와 같은 SNS 채널에 사진을 공유할 수 있다. 트위터나 페이스북은 해당 기관과 관계가 맺어진 사람들에게 선택적으로 노출한다는 단점을 가지고 있지만, 인스타그램에 사진을 공유하여 해시태그 기능을 함께 활용하면, 쉽게 관련 정보를 검색하는 것이 가능하다.

다른 문화예술 기관과 마찬가지로 LG 아트센터에서도 다양한 채널을 통해 일반인과의 소통을 꾀하고 있다. LG 아트센터의 경우 페이스북, 트위터, 유튜브에 계정을 생성하여 기존 관객을 포함한 일반인에게 추가적인 정보를 제공하고 있다. 주로 트위터는 공연과 관련된 핵심 내용만을 전달하고 있으며 티켓 예매와 관련된 사항이나 앞으로의 라인업, 현재 진행 중인 이벤트 등에 대한 사항을 게시하는 데 이용한다. 페이스북은 트위터와 마찬가지로 공연과 관련된 내용이 대부분이지만 트위터와 다른 점은 보도기사의 링크를 걸어 확산시킨다는 점이다. 트위터의 경우 글자 수의 제한이 있기 때문에 실시하지 못했던 인터넷 사이트와의 연계를 페이스북에서 실시하는 것이다. 또한 고객 및 일반인에게

그림 15-3 ■ 사비나 미술관, 대림 미술관, LG아트센터의 다양한 SNS활용

공연과 관련한 홍보 영상을 게시하거나 운영 채널의 콘텐츠를 지속적으로 링크를 걸어둠으로써 단일 채널에서 다양한 종류의 정보를 제공하고 있다. 유튜브는 다른 기관과 마찬가지로 공연 소개, 하이라이트 등의 영상을 게시하는 활동을 펼치지만 제작자 인터뷰 영상이나 공연을 관람한 연예인의 인터뷰 등 특별한 영상을 게시하기도 한다. 연예인의 추천 메시지 영상은 공인이 인정한 연극이라는 점을 알림으로써 단순 홍보영상보다 큰 효과를 기대할 수 있다. 또한 메이킹 필름에서부터 연습 영상, 다양한 버전의 하이라이트 영상까지 게시한다는 점에서 타 기관에 비해 보다 많은 볼거리를 제공하고 있다.

15.3 SNS를 활용한 문화예술 PR 전략 수립 시 고려 사항

SNS는 그동안 PR에 어려움을 겪고 있는 문화예술 분야에 저비용으로 손쉬운 접근과 기획이 가능한 플랫폼을 제공한다는 점에서 큰 의의가 있다. 2009년 11월 아이폰 도입으로 시작된 국내 스마트폰 열풍은 불과 몇년 사이 국내 대부분의 휴대전화 이용자가 스마트폰을 가지고 있을 만큼 폭발적인 성장을 불러 일으켰다. 모든 이들은 손 안에 스마트폰을 쥐고 있고 이들 기기는 웬만한 PC를 능가할 만큼의 성능이 뛰어나다.

스마트폰에서 시작된 디지털 혁명은 한국 사회를 빠르게 바꿔놓았다. 많은 사람들이 모바일과 온라인에서 구매하며, SNS를 통해 소통하고, 뉴스와 이슈까지 소비하고 또 빠르게 확산시키고 있다. 온라인은 무한한 기회의 시장이다. 누구나 시작할 수 있기에 경쟁은 치열하지만 성공적으로 자리 잡을 경우 시간, 비용, 인력 등 오프라인 마케팅에서 발생할 수 있는 여러 제약조건을 극복할 수 있을 만큼의 효율성을 가져다준다(예술경영지원센터, 2014, p.94).

그러나 SNS가 모든 문제를 해결해줄 수는 없다. 또한 무작정 SNS를 활용한다고 해서 PR 효과를 극대화시킬 수는 없다. 따라서 다음과 같은 고려 사항을 신중하게 검토할 필요가 있다.

1) 매스미디어와의 병행 여부

많은 사람들이 착각하는 부분 중 하나는 SNS 하나로 모든 마케팅 활동이 성공적으로 이뤄질 수 있다고 생각하는 것이다. 그러나 현실은 조금 다르다. SNS를 활용한 PR전략의 근간은 근본적으로 관계에 대한 것이다. 사람들이 이미 우리 브랜드에 대해 인지하고 있다면 이야기는 쉽겠지만 사람들이 우리에 대해 잘 모를 경우, 최소한의 인지도나 이미지를 형성시켜줄 수 있는 노력이 필요하다. 누군지도 모르는 사람과 하루아침에 함께 어떤 일을 할 수 없듯, 적어도 사람들에게 우리의 브랜드가 어떤 브랜드인지 정도는 기본적인 인지도를 구축할 수 있어야 한다(예술경영지원센터, 2014, p.101).

그러한 면에서 매스미디어에서의 홍보활동과 SNS에서의 홍보활동을 병행하는 것이 좋다. 광고의 영향력에 부정적인 시선이 존재하지만, 적어도 대중의 브랜드 최초 인지에 있어서 광고의 효과는 여전히 대단하고 강력하다. 대중이 우리 브랜드에 대해 잘 알지 못할 경우 매스미디어를 통해 브랜드 인지도를 높이고, SNS를 통해 관계구축을 시도하는 것이 좋다.

2) 창의적인 콘텐츠의 생산

사람들은 흔한 것에 주목하지 않는다. 흔한 것은 사람들의 주목을 끌 수 없다. 언론계에는 이런 말이 있다. '개가 사람을 물어도 뉴스가 되지 않지만, 사람이 개를 물면 뉴스가 된다'. 이 문장은 사람들의 주목을 끄는 원칙에 대해 말한다. 개가 사람을 무는 것은 너무나 일상적이고 당연한 일이지만 사람이 개를 무는 것은 결코 흔치 않은 일이기 때문에 사람들에게 뉴스거리가 된다는 것이다. 여기서 생각할 수 있는 것은 '누구도 하지 않았던 것'을 해야 한다는 것이다. 사람이 달에 두 번째 착륙한 사람을 기억하지 못하는 것은, 첫 번째는 누구도 하지 않았던 상황에서 등장한 사람이지만 두 번째는 첫 번째 사람의 뒤를 따르는 것일 뿐이기 때문이다. 사람들에게 기억되려면 누구도 하지 않았던 것을 해야 한다. 아류는 사람들에게 주목받지 못한다(예술경영지원센터, 2014, p.102).

3) 누구나 참여할 수 있는 콘텐츠 제작

SNS를 활용한 PR전략의 대부분은 사람들과의 관계를 만들기 위한 차원에서 이루어지고 이는 사람들의 참여를 필수적으로 수반한다. 당연히 많은 사람들이 참여할 수 있을 만큼 쉬워야 한다. 정보의 홍수 속에서 사는 사람들은 복잡한 것을 그리 좋아하지 않는 경향을 보인다. 어렵고 귀찮고 번거로운 일에 적극적으로 참여하지 않는다. 물론 사람들의 마음을 움직일 수 있는 요인, 강력한 보상이나 강한 동기유발이 있다면 다르겠지만, 일반적인 평범한 프로모션에서는 사람들이 쉽게 적극적인 모습을 보이지 않는다. 이는 모든 사람들이 거부감 없이 쉽게 참여할 수 있을 만큼 간단하고 쉬워야 한다는 것을 뜻한다(예술경영지원센터, 2014, p.102).

4) 참여를 위한 명분

사람들을 SNS 안으로 끌어들이기 위한 중요한 요인 중 하나는 사람들이 '기꺼이 참여할 만큼'의 의미나 명분을 지니는 것이다. SNS 이용자들은 공익적 가치에 민감하다. 공익적 정보, 남을 돕는 이타적 활동에 대해 특히 더 관심을 갖고 움직인다. 이는 사람들이 이러한 활동에 참여하고, 그 사실이 SNS를 통해 다른 사람들(내 팔로워나 친구와 같은)에게 알려짐으로써 내가 받게 되는 평판 향상이 만족감을 주기 때문이다. 사람들에게 심리적 만족감을 주는 것은 때로 물질적 보상을 뛰어넘는 힘을 보이기도 한다(예술경영지원센터, 2014, p.102).

5) 효율적인 운영을 위한 가이드라인 및 전담 인력 배치

SNS는 일방적인 의사전달방식이 아닌 쌍방향의 커뮤니케이션이 중요하기 때문에 이용자의 의문사항이나 요구에 즉각적으로 대응할 수 있어야 한다. SNS는 파급력이 커 홍보에 큰 도움이 되는 대신 부정적인 이슈가 발생할 가능성 또한 높다. 뿐만 아니라 SNS는 그 종류가 다양하며, 각각의 특징 및 기능도 다양하다. 그렇기 때문에 문화예술 기관은 정확한 운영 가이드라인을 구축하고 기관에서 사용하고자 하는 매체에 익숙한 직원으로 구성된 전담부서를 운영하는 것이 좋다. 대중은 기관보다는 개인과 소통하는 것을 더 선호하므로 전담 직원의 이름과 부서를 공개하여 인간적인 색채를 강조하여 신뢰도를 높이는 것도 한 방법이 될 수 있다(정광렬 · 조현성 · 김가진, 2010, pp.295-296).

참고문헌

예술경영지원센터 (2010). 2010년 예술경영 아카데미: 미디어 커뮤니케이션.

예술경영지원센터 (2013). 예술경영아카데미 LINK: 문화예술분야 홍보 · 마케팅 사례집.

예술경영지원센터 (2014). 예술경영 길라잡이: 문화예술 분야 홍보 매체의 제작과 활용.

정광렬 · 조현성 · 김가진 (2010). 문화예술기관의 SNS 활성화 방향: 외국사례를 중심으로.

정리	
소주제 1.	**〈문화예술 PR 전략 수립을 위한 SNS 활용의 필요성〉** • 양방향 커뮤니케이션 시대에서 가장 주목해야할 키워드는 '개방', '공유', '참여' • 문화예술 분야에서 SNS는 그동안 홍보 또는 PR을 위한 진입장벽을 낮춰주는 계기로 작용 • 고객의 눈높이에서 양향방 커뮤니케이션을 통한 작품의 이미지와 기관에 대한 긍정적 이미지 형성 가능 • 잠재적 고객을 포함한 모든 고객에게 리액션을 유도하여 우호적인 관계를 형성하고 지속할 수 있는 플랫폼의 역할을 SNS가 담당
소주제 2.	**〈문화예술 분야의 SNS 활용 사례〉** • 단일 채널의 SNS보다 각 채널별 성격을 고려한 병행 전략이 효과적 • 각 콘텐츠를 유기적으로 연결할 수 있는 매체 전략의 활용이 필수 • SNS를 통한 정보전달도 중요하나, 결과적으로 이용자들의 자발적 공유를 유도할 수 있는 콘텐츠 제작이 필요
소주제 3.	**〈SNS를 활용한 문화예술 PR전략 수립 시 고려 사항〉** • 인지도가 부족할 경우 기존의 매체를 활용한 광고 전략과 더불어 SNS를 활용한 PR전략을 함께 고려할 것 • 사람들의 흥미를 끌 수 있는 창의적인 콘텐츠를 생산할 것 • 사람들이 쉽게 참여할 수 있도록 간단하고 쉬운 콘텐츠 제작 • 공익적 가치를 이용하여 사람들이 '기꺼이 참여할 수 있는 명분'을 만들 것 • SNS 운영 가이드라인을 마련하고, 다양한 SNS의 기능과 특징에 익숙한 전담 인원을 배치하여 즉각적인 커뮤니케이션이 가능한 업무 환경을 조성할 것

CHAPTER 16

CULTURAL ARTS PUBLIC RELATIONS STRATEGIES

스마트 미디어를 활용한 문화예술 PR 사례

개요

1.1. 아직까지 전통 매체를 활용한 PR 전략의 수립은 유효하다. 그러나 미디어의 이용 행태가 전통 매체에서 스마트 미디어로 변화하고 있는 상황에서 아직까지 문화예술 분야의 활용 사례는 많지 않다. 문화예술 PR 전략 수립 시에 스마트 미디어 활용의 필요성을 이해한다.

1.2. 스마트 미디어를 활용한 문화예술 분야의 PR 사례에 대해 살펴보고 문화예술 분야의 다양한 활용 가능성에 대해 논의한다.

1.3. 스마트 미디어를 활용하기 위해서는 스마트 미디어와 이를 이용하는 이용자들의 특성을 제대로 이해할 필요가 있다. 스마트 미디어를 활용한 PR 전략 수립 시 고려사항에 대해 고찰한다.

현장의 궁금증

스마트폰이 대중적으로 보급된 이후 빠르게 스낵컬처(Snack Culture) 문화가 확산되고 있다. 스낵컬처 문화는 스마트폰과 같은 모바일 기기로 시간이나 장소의 제약 없이 짧은 시간 동안 쉽고 간단한 정보나 오락물을 즐기는 문화현상을 뜻한다. 2007년 미국 잡지 와이어드에서 '햄버거처럼 쉽고 빠르며 가벼운 식사에 빗대어 소규모 문화를 일컫는 말'로 처음 소개가 되었다. 스낵컬처 현상은 의류, 식품, 출판, 방송, 예술 등의 다양한 문화로 확산되고 있다. 이와 같은 스낵컬처의 인기는 대중의 호기심을 끄는 주제를 골라 필요한 내용만 전달하는 속성에서 비롯되었다. 정보의 홍수 속에서 부담을 줄이고 알고 싶은 것만 보려는 바쁜 현대인을 배려한 문화라고 할 수 있다(박정식, 2015. 07. 14).

스마트 미디어는 어느새 우리 생활에 깊숙이 자리 잡고 있다. 스마트 미디어는 빠른 현대인에게 맞춤형 정보를 제공하기 위한 필수적인 매체가 되었으며, 이를 활용한 마케팅 및 홍보 사례도 적지 않다. 본 장에서는 스마트 미디어가 문화예술 분야에 어떻게 활용될 수 있으며, 그 의의는 무엇인지 알아보고자 한다.

16.1 문화예술 PR 전략 수립을 위한 스마트 미디어 활용의 필요성

1) 스마트 미디어 시대의 환경 변화

2000년대 후반부터 '스마트(Smart)'라는 용어가 우리 사회를 이끌어가는 화두가 되고 있다. 스마트란 기술적으로 소프트웨어나 하드웨어에 관해 말할 때 정보처리 능력을 가지고 있다는 것을 나타내는 용어로서 지금까지는 기대할 수 없었던 정보처리 능력을 가지고 있는 '지능화된 또는 지형(intelligent)'이라는 용어와 같은 의미를 나타낸다(이경렬 외, 2012, p.16).

대부분의 미디어 서비스는 2000년대 후반부터 디지털을 넘어 스마트한 세대로 진화하고 있다. 미디어가 스마트하다는 것은 소비자가 모든 것을 인지하고 기억저장고에 필요한 정보를 저장하지 않아도 소비자의 필요와 욕구에 맞는 정보와 서비스를 제공하고 이를 통해 소비자의 사용경험과 감성을 일깨우며, 나아가 합리적인 돈과 시간의 소비로 소비자를 최대한 만족시킬 수 있다는 것을 말한다(이경렬 외, 2012, p.16).

또한 많은 기업들이 스마트 미디어를 활용하여 고객들과의 커뮤니케이션을 강화하고 있다. 특히, 대(對)고객 서비스의 효율성 제고와 소비자 커뮤니케이션 강화에 SNS와 같은 소셜미디어가 유용하게 활용되고 있다. 이는 스마트폰과 태블릿PC의 확산으로 24시간 다른 사람들과 연결될 수 있는 네트워크 인터페이스 환경이 구축되면서 참여, 공개, 대화, 커뮤니티 그리고 연결이라는 다섯 가지 특성으로 대표되는 새로운 소셜미디어 커뮤니케이션 환경이 도래한 것을 의미한다.

많은 기업들이 SNS와 같은 소셜미디어를 대(對)고객 커뮤니케이션의 중요한 수단으로 활용하는 이유는 소셜미디어가 인터넷 포털의 디스플레이 광고, 카페, 기업 홈페이지의 기능과 일정 부분 유사하지만, 여기에서 생성된 콘텐츠에 개인의 생각, 관련 정보, 감성, 판단 등이 부가되어 다른 사람들에게 전달되고 확산되는 소셜 광고의 형태를 띠기 때문이다. 이러한 점에서 소셜미디어를 활용한 PR전략은 기존의 텔레비전, 라디오, 신문 등과 같은 매스미디어 기반의 푸시(push)형 PR전략과 큰 차이가 있고, 자신과 관련 있는 사람들 간의 관계를 기반으로 소통이 이루어진다는 점에서 포털이나 기존 블로그의 전달방식과도 다르다(이경렬 외, 2012, pp.18-19).

소셜미디어와 같은 스마트 미디어는 디지털과 네트워크 기술을 기반으로 하기 때문에 대중매체의 광범위한 영향력 대신에 상호작용성, 비동시성, 탈대중성, 이동성 그리고 멀티미디어 구현성 등과 같은 차별화 된 특성을 가지고 있다. 이러한 스마트 미디어의 특성은 기존의 대중매체 중심의 소비자 환경에 많은 변화를 가져온다. 예를 들어 스마트 미디어들은 유무선 인터넷을 이용해 정보유통의 양방향성과 상호작용성을 기술적으로 보장해준다(이경렬 외, 2012, pp.19-20).

이러한 양방향성과 상호작용성으로 인해 스마트 시대의 소비자는 과거 대중 미디어 시대의 수동적인 수용자에서 탈피해 적극적으로 정보를 찾아 나서는 능동적인 소비자가 된다. 예를 들어 소비자는 자신이 원하는 시간에 원하는 장소에서 싫어하는 정보는 회피하고 좋아하는 정보에만 선택적으로 접근할 수 있으며, 또한 기업 혹은 광고주에게 즉각적인 피드백을 할 수 있다. 그리고 소비자가 원하는 시간에 원하는 장소에서 시공간을 초월해 언제 어디서든 메시지와 상호 작용을 할 수 있는 비동시적 커뮤니케이션을 할 수 있게 된다(이경렬 외, 2012, p.20).

이러한 이유로 전통적인 대중매체는 광고 메시지를 얼마나 많은 사람에게 얼마나 자주 노출시킬 것인가가 중요한 문제였으나, 스마트 시대의 미디어는 소비자를 광고 콘텐츠에 어떻게 참여시킬 것인가가 중요하다. 또한 이러한 소비자 정보처리과정의 변화로 원하지 않은 정보에 수동적인 노출을 통해 광고효과를 기대하는 대중매체만으로는 광고 캠페인을 효과적으로 수행하기에 한계가 있다. 따라서 스마트 시대의 미디어는 소비자에게 적극적으로 정보탐색을 통한 브랜드 체험의 기회를 제공하고, 수용자들에게 시험 구매를 유도하거나, 구매 후 인지부조화를 감소시키는 등 능동적 정보처리의 기회를 증가시켜야 한다(이경렬 외, 2012, p.21).

2) 스마트 미디어 시대의 광고 환경의 변화

복잡한 환경에서는 적은 수의 광고만 소비자의 기억에 남게 되는데, 그 이유 중 하나가 정보 과부하이다. 정보 과부하란 사람에게 너무 많은 정보가 주어지면 모두 처리하지 못하고 자신에게 필요한 정보, 다른 자극보다 크게 두드러진 정보, 처리하기 쉬운 정보 위주로 받아들이는 것을 말한다. 그렇기 때문에 정보

과부하를 이겨내고 소비자가 기억하는 광고가 되기 위해서는 소비자와 광고가 만나는 환경을 이해하는 것이 중요하다.

스마트 시대의 미디어는 24시간 다른 사람과 연결할 수 있는 네트워크 인터페이스를 기반으로 한 생활밀착형 정보기기로 진화 및 발전함에 따라 고객의 브랜드 접촉점으로서 그 역할이 증대되고 나아가 광고매체로서 그 가치와 효용성이 점차 커지고 있다(이경렬 외, 2012, p.22).

특히, 스마트 시대의 광고 중 스마트폰과 태블릿PC와 같은 모바일 기기 기반의 광고는 누구에게(anyone), 언제(anytime), 어디서든(anywhere) 소비자와 대화할 수 있는 특성으로 인해 광고주들의 주목을 받고 있다. 즉, 스마트 미디어 기반의 광고는 표적시장을 선별해 고객 개개인에게 맞춤형 메시지를 전달할 수 있으며, 시간과 장소의 제약을 받지 않고 언제 어디서든 실시간 정보전달이 가능하다(이경렬 외, 2012, p.23).

전통적인 대중매체 중심의 광고는 시간과 지면의 제약으로(예를 들어 기존의 전통적인 TV광고는 짧은 15초 혹은 20초 안에 광고주의 입장을 담기 때문에 간단한 이미지와 슬로건으로 끝낼 수밖에 없었다) 소비자의 주목을 끌고, 소비자의 합리적인 선택을 할 수 있도록 우리 제품을 알리고, 기억하게 하고, 호감을 높이고, 구매욕구를 불러일으키는 커뮤니케이션 효과에 초점을 맞추고 전개된다. 그러나 스마트 시대의 광고는 양방향 인터페이스 기술을 기반으로 광고주에게 소비자로 일방향으로 끝나던 광고를 소비자와의 상호작용이 가능한 구조로 새롭게 바꾸고 있다. 예컨대 스마트 시대의 광고는 양방향 인터페이스를 이용해 광고 메시지에 노출된 후 이용자들의 선택에 따라서 이벤트와 프로모션 등 다양한 마케팅 커뮤니케이션 활동에 관한 추가정보를 요청할 수 있는 환경을 만들어준다(이경렬 외, 2012, p.23).

이러한 스마트 시대의 광고는, 기존의 대중매체를 중심으로 한 송신자에서 수신자로 이어지는 단선적인 형태의 광고 패러다임에서 벗어나서, 상호작용성에 기반을 두는 새로운 광고 패러다임으로의 변화를 요구하고 있다. 광고 패러다임의 변화는 광고의 개념이 일방향적이 아니라 양방향적으로 전환됨을 의미하며 이 과정에서 기존 광고의 역할이나 기능, 소비자 정보처리 과정 그리고 광고행태도 새 패러다임에 맞게 근본적으로 변화된다(이경렬 외, 2012, pp.24-25).

16.2 스마트 미디어를 활용한 문화예술 PR 사례

문화예술 분야에서 스마트 미디어를 활용한 PR 사례는 아직까지 많지 않다. 앞서 언급한 바와 같이 스마트 미디어는 광고 전략 수립에 최적화된 미디어라고 할 수 있기 때문에 문화예술 분야에서는 활용 범위가 상당히 제한적인 것이 사실이다. 그러나 스마트 미디어에 포함된 기술을 이용하면 스마트 미디어와 문화예술의 융합을 통한 이슈를 확산해 낼 수 있다. 특히, 그동안 일반인의 접근성이 낮았던 순수 예술과 창작 예술 등의 전시를 관람하는 고객들에게 실시간으로 추가적인 정보를 제공하고 참여를 유도함으로서 장기적으로 문화예술 분야와 잠재적 고객 간의 우호적인 관계를 형성하는 것이 가능하다.

1) QR 코드 서비스

QR 코드는 고객들에게 재미와 호기심을 자극하고 포털사이트의 검색창에 검색어를 입력하거나 URL 주소를 직접 입력하는 번거로움 없이 스마트폰에 전용 애플리케이션으로 사진을 찍듯 스캔만 하면 되기 때문에 누구나 손쉽게 이용할 수 있다(한국방송광고공사, 2011, p.32). 일상생활뿐만 아니라 기업의 다양한 마케팅 커뮤니케이션을 강화할 수 있는 수단으로 광고 영역에서는 공중파의 15초 광고나 신문 및 잡지 등의 지면 광고와 같이 정보 전달에 한계가 있는 매체를 보완하는 역할을 하기 때문에 현실과 가상을 연결하는 중간자의 역할로서 활용 가치가 매우 높다. 특히, QR 코드는 미술관이나 전시회에서 활용 가치가 높은 스마트 미디어 기술로 관객의 작품에 대한 이해를 높이고 흥미를 유도하는 방법으로 많이 활용되고 있다.

국내에서는 2010년 이후로 사비나 미술관에서 QR 코드를 활용한 미술관 서비스를 실시하고 있다. 작품을 나열하고 전시를 실시할 때 작품 측면에 작품에 대한 간단한 설명과 함께 QR 코드를 제시함으로서 스마트폰을 실행하여 QR 코드를 인식할 경우, 해당 작가와 작품에 대한 세부 정보를 확인할 수 있다. 또한 작가와 작품에 대한 설명이 음성으로도 관람객에게 전달된다. 관람객은 전시회 내 도슨트의 도움을 받아 작품에 대한 세부 설명을 들을 수도 있지만 QR 코드를 인식한 스마트폰이 도슨트의 역할을 하여 관람객에게 관련 정보를 제공하는 것이다(예술경영지원센터, 2013, p.29).

그림 16-1 ▪ 사비나 미술관의 QR 코드 서비스

그림 16-2 ▪ 뮤지컬 포스터 QR 코드 활용 사례

이 외에도 QR 코드는 시간과 지면에 제약으로 인해 홍보의 어려움을 겪고 있는 광고 매체에 대한 활용성이 매우 뛰어나다. 일례로 포스터를 주요 홍보매체로 활용하는 문화예술분야에서는 기존의 포스터 제작비용으로 많은 양의 정보를 전달할 수 있다는 점에서 광고 전략으로서 활용 가치가 상당히 높다.

2) NFC(Near Field Communication) 기술

NFC 기술은 전자태그(RFID) 기술의 하나로 비접촉식 근거리 무선통신 기술이다. 통신거리가 짧기 때문에 상대적으로 보안이 우수하여 보완의 취약할 수 있는 스마트 미디어 기술에서 각광받는 기술 중 하나다. NFC 기술은 QR 코드와 더불어 미술관에서 볼 수 없는 다양한 콘텐츠들을 제공함으로써 관람객으로 하여금 전시 감상을 보다 다양한 관점에서 접근할 수 있도록 도와준다. 현재 NFC 기술은 안드로이드 기반의 스마트 미디어에서만 활용이 가능한데, QR 코드에 비해 별도의 애플리케이션을 설치할 필요가 없다는 점에서 조작이 간편하다(예술경영지원센터, 2013, p.30).

국내에서는 2011년 김준식 작가의 개인전인 'Between Painting and Sculpture'를 통해 처음으로 소개되었다. 당시 NFC 기술을 활용하여 페이스북에 미리 게시된 작품과 관련한 정보를 실시간으로 연결하여 공유할 수 있는 등의 활용 사례를 선보여 상당히 이슈가 될 수 있었다. 이러한 활용 사례는 전시회에 참가한 관람객들이 전시 작품에 대한 정보를 온라인상에서 지인들에게 전달할 수 있다는 측면에서 직접적인 홍보 효과를 기대할 수 있다.

그림 16-3 ■ 김준식 작가 개인전 전시 공간 내 NFC 태그

그림 16-4 ■ NFC 태그 활용

3) 전시 도록 E-Book 서비스

도록(圖錄)은 전시 내용을 그림이나 사진으로 엮은 목록을 말하는데, 사비나 미술관은 전시 도록을 태블릿PC를 통해 E-Book 형태로 제공하여 전시에 대한 기본 정보와 작품이미지, 작가노트, 작가정보 등의 도록의 내용들을 자유롭게 열람할 수 있도록 관람 편의를 제공한다(예술경영지원센터, 2013, p.30). 도록은 비교적 분량이 많기 때문에 전시 관람객들이 방대한 양의 정보를 읽는 데 많은 어려움이 있다. 그러나 온라인 도록을 활용하면 사전에 홈페이지에 도록을 게시하여 전시 관람 전에 관련 정보를 미리 숙지할 수도 있으며, 전시 관람 중에도 전시에 대한 내용을 한 눈에 찾아볼 수 있다는 장점이 있다.

4) 증강현실(Augmented Reality)

증강현실이란 단어의 구성에서와 같이 실제 공간과 가상객체가 혼합하여 현재 정보를 증강시킨 상태를 의미하며, 구현적 의미로서의 증강현실은 현재 영상

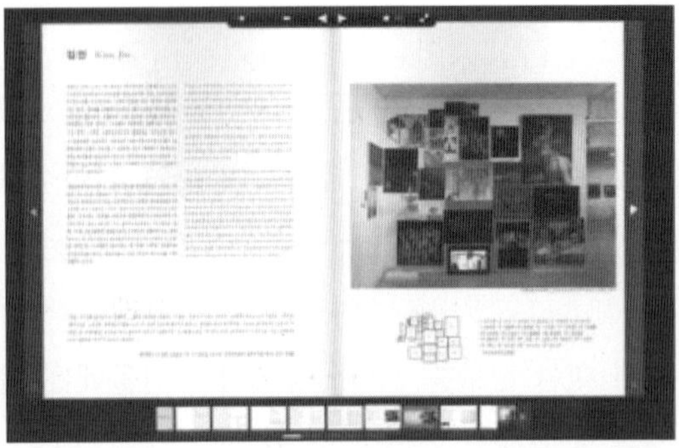

그림 16-5 ■ 도록의 온라인 E-Book 서비스

그림 16-6 ■ 태블릿PC를 활용한 도록 E-Book

을 취득하여 수치적으로 해석하고 그 속에서 특정 정보를 추출한 후 정합된 위치에 3차원 정보를 실시간으로 출력시킨 디지털 공간을 말한다(김태일, 김태균, 2010: 한국방송광고공사, 2011 재인용, p.35). 증강현실은 3차원 입체영상이라는 공감각적 체험을 통해 수용자들의 인지능력을 확장시키고 몰입을 유도함으로서 양방향적 커뮤니케이션을 유도할 수 있다. 즉, 수용자들은 증강현실 기술을 통해 재미와 더불어 정보를 습득하고 재미로 인해 발현된 관심과 흥미가 수용자들의 긍정적 이미지 형성에 도움을 줄 수 있다(백승국 · 이주희 · 안효정 · 채지선, 2011: 한국방송광고공사, 2011 재인용, p.35).

증강현실은 문화예술 분야의 창의적인 부분을 기술적으로 보완해줄 수 있는 가장 획기적인 기술이라고 해도 과언이 아니다. 그렇게 때문에 현재에도 다양한 문화예술 분야에서 증강현실이 이용되고 있다.

2014년 제주아트센터에서 열린 뮤지컬 시카고는 증강현실을 활용한 홍보 전략을 잘 보여주는 사례라고 할 수 있다. 뮤지컬 시카고는 스마트폰에 '시카고 제주AR'이라는 앱을 설치한 뒤 인쇄물(포스터, 리플릿, 프로그램)에 스마트폰을 갖다 대면 뮤지컬 특유의 화려한 영상과 음악을 감상할 수 있도록 하여 많은 이슈를 양산하였다. 이 밖에도 문화예술기관에서도 증강현실을 도입하여 오감을 자극할 수 있는 체험 기회를 관객에게 제공하고 있다. 대표적으로 국립중앙박물관에서는 증강현실을 이용하여 전시물 앞에 있는 안내문을 태그하면 상세한 설명과 더불어 입체적인 유물 설명을 시청취 할 수 있는 기회를 제공하고 있다.

그림 16-7 ■ 뮤지컬 시카고의 증강현실 적용 사례

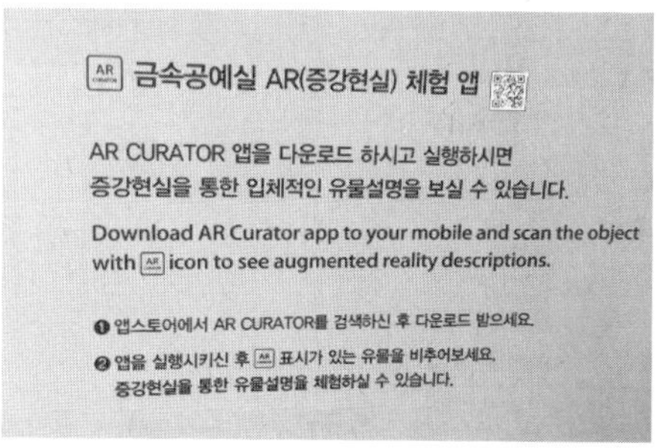

그림 16-8 ■ 국립중앙박물관의 증강현실 적용 사례

5) 모바일 쿠폰 광고

모바일 쿠폰은 모바일폰으로 전송되어 제품 또는 서비스를 구매할 때 할인을 위해 교환할 수 있는 전자 티켓으로 현금할인, 무료증정 등의 기본적인 유형이 있다(한국방송광고공사, 2011 p.27). 대부분의 모바일 쿠폰은 소셜 커머스를 통해 판매가 되고 있다. 현재 국내 모바일 쿠폰의 시장 규모는 3,500억원 규모로 2016년에는 1조원이 넘는 시장으로 확대될 전망이다(손요한, 2015. 01. 06). 그동안 직접적인 홍보 전략에 어려움을 겪고 있는 문화예술 분야에서는 소셜 커머스를 통해 모바일 쿠폰 광고를 실시하여 새로운 판촉 전략을 시도하고 있다. 모바일 쿠폰은 소셜 커머스 애플리케이션을 통해 문화예술 관련 공연 및 전시에 대한 정보 전달과 더불어 직접적인 판매 효율을 기대할 수 있기 때문에 새로운 홍보 전략으로 활용되고 있다.

그림 16-9 ■ 모바일 앱을 활용한 쿠폰 광고

그림 16-10 ■ 소셜 커머스의 연극 관련 모바일 쿠폰

16.3 스마트 미디어를 활용한 문화예술 PR 전략 수립 시 고려 사항

앞서 살펴본 대로 스마트 시대의 PR 전략은 스마트 미디어를 이용한 고객 중심의 전략이라고 할 수 있다. 새로운 시대의 PR을 위해서는 예술인과 문화예술 관련 기관들이 기존의 접근 방법을 달리 인식해야 한다. 변화하는 사회의 흐름을 읽고 적절한 미디어를 활용해 수용자들에게 적시적소에 전달하는 전략이 필요하다.

1) 스마트 미디어를 이해할 것

아직까지 스마트 미디어는 PR전략을 수립하고 이를 실행하는 도구로서의 성격이 강하다. 그러나 스마트 미디어는 분명 공격적이고 적극적인 PR 전략을 실행하는 데 많은 어려움을 겪었던 문화예술 관련 분야에 훌륭한 광고 수단이 될 수 있을 것이다. 그렇기 때문에 스마트 시대에는 다양한 미디어에 따라 차별화된 전략이 필요할 것으로 보인다. 광고의 목적이 예술인 또는 문화예술 관련 기관의 이미지 홍보 또는 티켓 판매 촉진이라는 점에서 아무리 잘 만든 광고라고 해도 이러한 목적을 달성하지 못한다면 좋은 광고라고 할 수 없을 것이다. 따라서 좋은 광고를 만들기 위해서는 우선 광고미디어에 대한 폭넓은 이해가 요구된다(이경렬 외, 2012, pp.74-75).

그러나 사회적으로 영향력이 큰 광고 미디어를 이용하더라도 무차별적인 광고 노출은 막대한 비용을 지출해야 하면서도 소비자의 관심을 끌기는 어렵다. 반면 미디어의 특성을 잘 이용하면 그만큼 효율적으로 광고 집행이 가능하다. 스마트 시대의 미디어는 새로운 기능을 가진 미디어의 등장과 기존 미디어들과의 융합이라는 특징을 가지고 있다. 대체로 스마트 미디어는 PC와의 기능 통합으로 더욱 다양한 형태의 광고 제작을 가능하게 해준다. 즉, 여러 가지 미디어를 통해 진행했던 광고들을 하나의 미디어에서 실행할 수 있게 된 것이다(이경렬 외, 2012, p.75).

최근 스마트폰 보급의 폭발적인 증가로 인해 사람들이 미디어를 소비하는 행태는 스마트폰 중심으로 변화하고 있다. 기존에는 TV와 PC를 통해 이용하던 콘텐츠와 서비스를 스마트폰이라는 통합된 미디어를 통해 이용할 수 있게 되었기 때문이다. 즉, PC와 TV가 담당하던 기능들을 스마트폰이 대체하면서 스마트폰 미디어 이용 시간이 증가한 것이다. 스마트폰은 항상 휴대하는 기기라는 점에서 일상생활에 맞춘 광고가 효과적이다. 이러한 광고의 형태는 일방적인 이메일이나 직접 노출보다는 이용자의 특성을 고려한 맞춤형 광고로, 웹 검색이나 애플리케이션 설치와 같이 부담감이 적은 접근 방식이 유리할 것으로 보인다. 이러한 형태의 광고가 이미 시도되고 있지만, 대체로 광고 효과가 지연되어 나타나기 때문에 그 효과를 측정하기는 쉽지 않다. 다만 광고를 통해 공연이나 전시회의 티켓 판매만을 목적으로 하기보다는 소비자에게 필요한 정보를 제공하는 것에 중점을 둘 때 큰 효과가 나타날 것으로 기대된다(이경렬 외, 2012, p.75).

효과적인 광고를 위해서는 하나의 미디어를 통한 개별 광고보다는 여러 광고 미디어를 조합해 통합적으로 광고하는 기술이 필요하다. 인터넷은 수많은 정보들을 문자, 영상, 이미지 등의 다양한 형태로 제작, 유통, 소비할 수 있는 기본적인 공간이라는 점, 온라인미디어는 다른 사람들과의 연결을 특징으로 인터렉티브한 활동이 가능하다는 점, 모바일미디어는 일상생활에서 가장 빈번하고 밀접하게 사용되며 언제 어디서나 이용하게 된다는 점 등을 종합하여 각 미디어 간의 연동을 바탕으로 하는 통합적 광고가 효과적이다. 즉, 콘텐츠산업에서 나타나는 원소스 멀티유즈 현상[1]이 광고 분야에서도 적용되는 것이다. 구체적으로 인터넷사이트에는 작은 배너형 광고나 팝업 광고로 사람들의 관심을 끌고, 링크된 해당 사이트에서 이에 관한 상세한 정보를 얻을 수 있도록 하며, 외출 중이거나 이동 중에는 모바일 기기를 통해서 실시간을 제공되는 정보를 접할 수 있도록 구성하는 것이다. 그리고 관객들과의 지속적인 관계를 유지하기 위한 커뮤니티 또는 팬페이지를 개설하여 새로운 정보들을 업데이트해주고, 이용자들 간의 인터렉티브 커뮤니케이션을 활성화시켜서 보다 충성도 높은 관객을 형성하는 것도 효율적인 광고 전략 중 하나이다(이경렬 외, 2012, pp.75-76).

이와 달리 다양한 광고미디어 활용 행태를 하나의 미디어를 통해 해결하는 멀티소스 원 유즈 개념도 적용이 가능하다. 스마트폰은 멀티미디어 기능을 갖추고 있어서 스마트폰을 이용할 때, 다른 사람들과 전화통화를 하거나 SMS를 보내는 것 외에 음악을 듣거나 TV를 보기도 하고, 블로그나 소셜 네트워크 사이트에 글이나 영상을 올리기도 한다. 따라서 스마트폰의 애플리케이션에 배너

1) 하나의 콘텐츠를 다양한 매체 형식으로 새롭게 가공하거나 재창조함으로서 콘텐츠의 가치를 높이는 전략.

형 광고를 삽입하면서, 그 광고를 클릭하면 동영상 광고로 전환되어 동영상을 감상할 수 있게 하고 해당 사이트에 접속하거나 SNS를 통한 관계 형성도 가능하게 함으로써 스마트폰 하나로 여러 형태의 광고를 소비할 수 있게 할 수 있다. 이러한 광고는 소비자와의 접점을 극대화시킬 수 있고, 소셜 네트워크를 통해 다른 사람들에게도 그 광고효과가 전달되는 바이럴 마케팅의 성격을 갖는다는 점에서 효과적인 광고 집행을 가능하게 해준다(이경렬 외, 2012, pp.76-77).

또한 스마트폰이나 스마트패드는 이동성을 특징으로 하기 때문에 이용자의 위치 확인을 통한 지역 정보 기반 광고를 하는 데 적합하다. 이용자의 현재 위치에 맞춰 광고를 노출시킴으로써 불필요한 광고들을 줄여주므로 이용자의 관심 분산을 막고 집중도를 높일 수 있다. 이동형 미디어는 시간과 장소의 제약을 받지 않고 이용이 가능하므로 광고에 노출될 가능성이 크고, 공동으로 이용하기보다는 개인이 독점적으로 사용하기 때문에 특화된 광고를 할 수 있다는 장점이 있다. 하지만 이용자들의 의도와 상관없이 무분별한 광고 등장은 오히려 역효과를 낼 수 있고, 처음에는 호기심 때문에 광고에 집중하더라도 시간이 지남에 따라 익숙해져서 광고의 효과가 미비해질 우려가 있다(이경렬 외, 2012, p.77).

2) 스마트 소비자를 이해할 것

스마트 시대에 효율적인 광고를 위해서는 소비자를 이해하는 것이 중요하다. 스마트 시대의 소비자들은 매우 능동적이고, 합리적이다. 이러한 소비자들은 예술인이나 문화예술 관련 기관에서 제공하는 정보에 만족하지 못하고, 그 외의 정보들을 스스로 찾아서 습득하고 공유한다. 또한 직접 광고를 제작하거나 문화예술 콘텐츠와 관련한 정보를 제작하기도 한다. 이처럼 소비자들의 미디어 이용행태를 미리 파악하는 것은 효과적인 광고를 제작하는 데 도움이 될 것이다(이경렬 외, 2012, p.77).

스마트 시대의 소비자들은 능동적으로 정보를 찾기 위해 미디어를 이용한다. 주어진 정보에 만족하지 못하고 또 다른 정보를 모으기 위해 노력한다. 광고보다 인터넷에 게재된 다른 이용자의 관람 후기에 관심을 가지는 것도 능동적인 정보 습득을 반영한다. 자신에게 필요한 정보를 직접 검색, 공유하면서 적극적인 소비활동을 하는 것이다. 대체로 온라인에서는 실물을 직접 보고 선택하는 것이 아니라는 위험부담이 따른다. 이를 해소하기 위해서 온라인 이용자들은 다른 사람들이 남긴 후기나 평점을 보고 결정을 하게 된다. 이러한 현상은 파워블로그의 영향력과도 관련이 있다. 특정 분야에 관한 전문적인 지식을 가진 사람의 의견이 더 신뢰할 만하다는 것이다. 즉, 새로운 미디어들을 이용해 소비자이자 동시에 구매촉진자의 역할을 수행하는 활동이 증가하게 되었다. 보다 적극적인 소비자들은 직접 광고 UCC 동영상을 제작하기도 한다. 재미삼아 제작했던 UCC동영상이 공유사이트를 통해서 확산되어 큰 광고효과를 거두게 된 것이다. UCC광고 제작 콘테스트 형식의 이벤트가 진행되는 것도 이처럼 소비자 참여를 유도하기 위한 것이다(이경렬 외, 2012, pp.77-78).

한편 소비자들은 관심이 없는 분야의 정보는 소음으로 여기는 경향이 있다. 자신에게 적합한 광고에는 주목하지만 적합하지 않은 내용은 무시하는 것이다. 즉, 소비자들이 선택적으로 자신을 광고에 노출시키는 것이다.

소비자들은 인터렉티브 커뮤니케이션을 추구한다. 소비자는 정보 제공자와의 인터렉티브한 관계를 중요하게 생각한다. 예전에는 제품이 마음에 들지 않을 경우에 고객센터에 연락해 항의하는 수준에 머물러 있었지만, 이제는 해당 사이트의 게시판 등을 통해서 보다 적극적으로 판매자와 커뮤니케이션하기에 이르렀다. 문화예술의 관객도 마찬가지이다. 전시 및 공연을 관람하기 위해 소셜 커머스에서 모바일 쿠폰을 구매하거나 관람 중 겪은 에피소드 및 불편사항을 자신의 SNS에 후기로 기록하는 것이 일상화되었다. 따라서 이러한 고객의 피드백을 중요하게 생각할 필요가 있다. SNS상에서 많은 예술인과 관련 기관이 팬 페이지를 개설하고 소비자들과 소셜 네트워크를 통해 실시간으로 커뮤니케이션하는 것도 관객과의 사회적 관계를 유지하여 공감대를 형성하기 위한 것이다(이경렬 외, 2012, p.79).

소비자들의 인터렉티브 커뮤니케이션 추구는 문화예술 분야의 관객들 간의 관계에서도 발견할 수 있다. 공연이나 전시 등의 작품에 대한 정보를 얻는 활동으로는 다른 관객과의 정보 공유가 가장 대표적이다. 이는 주로 인터넷사이트에서의 관람후기나 온라인 커뮤니티 형태로 나타나는데, 최근에는 SNS가 핵심적인 채널로 떠오르고 있다(이경렬 외, 2012, pp.79-80).

소비자들은 관계지향적인 속성이 있다. 스마트 시대의 특징을 가장 잘 나타내는 소셜 커머스에서도 소비자들의 관계 형성이 매우 중요한 요소로 작용한다. 소비자들끼리 좋은 전시나 공연을 추천해주고 여러 명이 모여서 공동 구매하며 가격을 낮추는 방식을 통해 소비자들 간의 인터렉티브한 커뮤니케이션이 이루어진다. 따라서 소비자가 때로는 판매자의 역할을 대신하면서 기존의 사회적 관계들을 마케팅에 이용하도록 유도하는 소셜 커머스는 소비자들 간의 관계 유지 및 합리적 소비 생활에 유용할 것으로 보인다. 고객을 만족시키는 마케팅을 뛰어넘어 고객을 감동시키려는 노력도 이러한 측면을 반영한 것이라 할 수 있다. 이를 위해서는 소비자의 신뢰를 얻는 것이 무엇보다 중요하다. 한번 깨진 신뢰를 다시 회복하는 것은 매우 어렵기 때문이다. 입소문이 효과적인 이유는 판매자가 아닌 신뢰할 만한 다른 개인의 의견이기 때문이다. 이처럼 소비자들은 신뢰할 만한 관계에서 유통되는 정보에 의존하는 경향이 있기 때문에 신뢰 관계 형성과 유지는 중요한 홍보 수단이 될 것이다(이경렬 외, 2012, p.80).

참고문헌

김지인 (2011). 새로운 시장을 선도하는 스마트비즈니스 전략. 서울: KT경제경영연구소.

김태인, 김태균 (2010). 증강현실이 적용된 광고의 개발 방향에 관한 연구: 프레즌스와 만족도 평가를 중심으로. 〈인포 디자인 이슈〉, 24호, 49-59

박정식 (2015, 07, 14). 모바일 '스낵컬처' 바람. 〈중앙일보〉. URL: http://news.jtbc.joins.com/article/article.aspx?news_id=NB10962025

백승국 · 이주희 · 안효정 · 채지선 (2011). AR 광고콘텐츠와 문화기호학적 접근. 〈한국프랑스학논집〉, 제 73집, 295-313.

손요한(2015, 01, 06). 1조원 모바일쿠폰 시장에 도전장 내민 스타트업 '비블로즈'. 〈Platum〉. URL: http://platum.kr/archives/32740

예술경영지원센터 (2013). 예술경영아카데미 LINK: 문화예술분야 홍보 · 마케팅 사례집.

이경렬 · 이수범 · 강형구 · 이희복 · 변상규 · 김유경 (2012). 〈스마트 시대의 광고 미디어〉. 파주: 한울.

한국방송광고공사 (2011). 통합적 커뮤니케이션 시대의 스마트미디어 광고효과연구. 한국방송광고 진흥공사 연구보고서.

정리	
소주제 1.	**〈문화예술 PR 전략 수립을 위한 스마트 미디어 활용의 필요성〉** • 대부분의 기업들은 스마트 미디어를 활용하여 고객과의 커뮤니케이션을 강화하고 있으며, 스마트 미디어는 참여, 공개, 대화, 커뮤니티, 연결의 특성을 구현해 줄 수 있는 환경을 제공 • 스마트 미디어 시대의 소비자들은 능동적 태도를 바탕으로 양방향성과 상호작용성을 중요하게 생각 • 기존의 대중매체를 중심으로 한 송신자에서 수신자로 이어지는 단선적인 형태의 광고 패러다임에서 탈피, 상호작용성을 기반으로 하는 새로운 광고 패러다임으로의 변화를 요구
소주제 2.	**〈문화예술 분야의 스마트 미디어 활용 사례〉** • QR 코드는 정보 전달의 어려움을 겪고 있는 매체의 지면 및 시간적 한계를 초월하여 추가적인 정보 제공과 더불어 수용자의 호기심을 자극 • NFC 기술과 SNS를 연동하여 활용하면 별도의 애플리케이션 설치 없이도 온라인 정보로 연결이 가능 • 영상 및 음향의 영향이 큰 문화예술 분야에 증강현실을 활용하여 수용자들의 오감을 자극하는 전략을 구사 • 모바일 쿠폰 광고를 통해 직접적인 판매효율을 기대
소주제 3.	**〈스마트 미디어를 활용한 문화예술 PR전략 수립 시 고려 사항〉** • 각 스마트 미디어가 가진 특성을 이해하고 다양한 광고 미디어 활용행태를 하나의 미디어를 통해 해결하는 원소스 멀티유즈 전략이나 멀티소스 원 유즈 전략을 구사할 필요가 있음 • 스마트 미디어 시대의 소비자들은 능동적이며 적극적으로 정보를 탐색하고 소비하기 때문에 직접적인 참여를 유도할 수 있는 전략을 구사하고 각 소비자들 간의 관계 형성 과정을 주목하여 이를 PR전략에 활용해야 함

찾아보기

한글 찾아보기

영어 찾아보기

문화예술 PR 전략

2016년 6월 27일 | 1쇄 인쇄
2016년 6월 30일 | 1쇄 발행

지은이 | 이수범
발행인 | 김은중
발행처 | 서울경제경영출판사
북디자인 | (주)우일미디어디지텍

주 소 | 03367 서울특별시 서대문구 신촌로 203 (대현동)
전 화 | 02)313-2682
팩 스 | 02)313-8860
등 록 | 1998년 1월 22일 제5-63호

ISBN 978-89-97937-51-6 • 93320 • 정가 18,000원

※ 잘못된 책은 바꾸어 드립니다.